Logiques sociales
Collection dirigée par Bruno Péquignot

En réunissant des chercheurs, des praticiens et des essayistes, même si la dominante reste universitaire, la collection « Logiques Sociales » entend favoriser les liens entre la recherche non finalisée et l'action sociale.

En laissant toute liberté théorique aux auteurs, elle cherche à promouvoir les recherches qui partent d'un terrain, d'une enquête ou d'une expérience qui augmentent la connaissance empirique des phénomènes sociaux ou qui proposent une innovation méthodologique ou théorique, voire une réévaluation de méthodes ou de systèmes conceptuels classiques.

Dernières parutions

Jean-Noël MARZO, *Une caisse commune pour une allocation universelle*, 2023.

Claude GIRAUD, *De la violence, sociologie des liens négatifs*, 2022.

Evelyne Elsa CHENAUD, *Les représentations en médiation interculturelle. Cas des travailleurs sociaux français et québécois*, 2022.

Georges JOURDAM, *Travail, pouvoir et emploi dans la société d'Ancien Régime. Résonnance avec la période actuelle*, 2022.

Noël JOUENNE, *La simplicité apparente du vélo face aux enjeux de société. Exploration d'un objet technique et social*, 2022.

Catherine DELCROIX, Bénédicte GOUSSAUT (dir.), *L'éducation, ça se partage !*, 2022.

Nicole ROELENS, *Manifeste pour la décolonisation de l'humanité femelle, La démarche autogérée de décolonisation (Tome 6)*, 2022.

Marie MARSAL, *Le management dans le secteur associatif, Les effets des nouvelles pratiques sur les systèmes de valeurs des bénévoles*, 2022.

David SIERRA G., *Le passage de la nature à la culture. Essai exploratoire de la théorie historico-génétique de la culture*, 2022.

ÉMERGENCES MAROCAINES

© L'Harmattan, 2023
5-7, rue de l'École-Polytechnique ; 75005 Paris

http://www.editions-harmattan.fr/

ISBN : 978-2-14-029139-5
EAN : 9782140291395

Claude Vautier

ÉMERGENCES MAROCAINES

Relation, individu, système et événement

Préface de Simon Laflamme

Du même auteur

Claude Vautier, *Raymond Boudon. Vie, œuvres, concepts*, coll. Les grands théoriciens, Ellipses, 2002, [repris dans Alain Bruno (dir.), *Les grands sociologues*, Ellipses, 2012, p. 313-360].

Claude Vautier, *Le repli et l'imagination. Modélisation complexe d'un territoire*, Saarbrüken, Presses académiques francophones, 2015.

Claude Vautier et Simon Laflamme, *La notion de relation en sociologie*, Paris, L'Harmattan, coll. « Logiques sociales », 2021.

Claude Vautier, *Sociologie et relation. La théorie iconoclaste de Siméon Lafortune*, Paris, L'Harmattan, coll. « Logiques sociales », 2022.

À Sarah

*

[…] s'il existe une science des sociétés, il faut bien s'attendre à ce qu'elle ne consiste pas dans une simple paraphrase des préjugés traditionnels, mais nous fasse voir les choses autrement qu'elles n'apparaissent au vulgaire ; car l'objet de toute science est de faire des découvertes et toute découverte déconcerte plus ou moins les opinions reçues.

Émile Durkheim, *Les règles de la méthode sociologique,* Paris, Puf, 1999 [1937], Préface à la première édition, p. VII.

Ce ne sont point les relations « matérielles » [sachliche] des « choses » qui constituent la base de délimitation des domaines du travail scientifique, mais les relations conceptuelles des problèmes : ce n'est que là où on s'occupe d'un problème nouveau avec une méthode nouvelle et où l'on découvre de cette façon des vérités qui ouvrent de nouveaux horizons importants que nait aussi une « science nouvelle ».

Max Weber, *Essais sur la théorie de la science* [Section « L'objectivité de la connaissance dans les sciences et la politique sociales, 1904], Paris, Plon, 1992 [1965], p. 142-143.

La méthode, au départ, était de l'anti-méthode : c'était justement d'oser partir, en dépit du ricanement, pas seulement extérieur, mais aussi le pire, intérieur. C'était d'avoir pour seul viatique ce dont il est impossible de faire la preuve, même à soi-même : de la curiosité, de la passion, de l'ouverture et, au moins, le *sentiment* de la complexité.

Edgar Morin, *La méthode* T. 1, *La Nature de la Nature,* Paris, Seuil, 1977, p. 385.

En se donnant des modèles tridimensionnels qui acceptent de sortir des perspectives anthropomorphiques où l'acteur social est au centre, où tout ce qui est social transite analytiquement par l'individu, il (le sociologue – NDA) parvient à comprendre la dépendance de ces acteurs à l'égard d'autres composants sociaux, par exemple, les biens (ou les services) et les idées, et arrive à saisir non seulement le rapport des biens (ou des services) et des idées par référence aux personnes, mais aussi celui des personnes à l'égard des biens (ou des services). Ce faisant, il devient à même de relativiser toute thèse trop éminemment politique et de lui donner une latitude théorique.

Simon Laflamme, *Suites sociologiques,* Sudbury, Prise de parole, 2006, p. 106-107.

Chacun décidera pour lui-même de ce que veulent dire les quatre citations mises en exergue. Pour ce qui me concerne, elles sont une façon d'accompagner et d'éclairer le projet de ce livre.

Ce qu'elles disent, pour moi, c'est que toute science évolue *contre*, contre elle-même telle qu'elle se fait en un temps donné, contre ceux qui la font en ce temps-là, contre ceux qui la reçoivent, parfois aussi contre celui-là même qui tente de la faire évoluer.

Le choix des auteurs est suggéré par l'histoire de la discipline et par celle de mes rencontres.

Durkheim, puis Weber inscrivent ma réflexion dans ses fondations. Morin lui apporte une ouverture indispensable vers la prise en compte de la complexité du monde. Laflamme apporte une orientation féconde pour mettre en scène autrement la pensée complexe en adoptant une vision plus interdisciplinaire qu'il n'est courant et en passant d'une approche substantialiste à une approche relationnelle[1].

---

[1] De façon plus triviale et peut-être plus claire, il s'agit d'abandonner l'étude de catégories en elles-mêmes. Cet abandon se fait au bénéfice de l'étude des relations entre ces catégories qui ne sont pas pour autant supprimées de l'analyse, mais qui n'apparaissent qu'à travers les relations qu'elles ont les unes avec les autres et qui les modifient en permanence.

AVERTISSEMENT AU LECTEUR

Cet ouvrage est né d'une recherche menée au Maroc entre mars 2018 et septembre 2019, période au cours de laquelle la pandémie de Covid se préparait silencieusement à envahir le monde.

Elle a été menée à l'initiative de l'École centrale de Casablanca qui souhaitait une modélisation pour déterminer quels éléments entraient en jeu dans l'émergence socio-économique de certains sites du pays alors que d'autres n'émergeaient pas. Cette inégalité devant la capacité de ces sites à muter vers des modes et des niveaux de vie plus enviables paraissait associée à une importante disparité d'autonomie conçue comme l'absence d'une prise en main par l'État, les Régions, par une ONG ou tout autre organisation marocaine ou internationale subventionnant durablement le site en émergence. Le projet de l'École était donc de déterminer les principales situations observables et les vecteurs potentiels de développement *autonome* des sites en émergence. Comme il était convenu, j'ai utilisé un modèle mis au point dans le courant des années 2010[2].

---

[2] Claude Vautier, « La longue marche de la sociologie relationnelle », *Nouvelles perspectives en sciences sociales*, vol. 4, n° 1, 2008, p. 77-106 ; « La faille et la brèche : réflexions sur un dépassement possible des controverses contemporaines en sociologie », *Nouvelles perspectives en sciences sociales*, vol. 9, n° 1, 2013, p. 289-317 ; « De l'intérêt d'une approche relationnelle dans la modélisation des systèmes complexes », *Nouvelles perspectives en sciences sociales*, vol. 11, n° 2, 2016, p. 323-350 ; « La revue *Nouvelles perspectives en sciences sociales* et la sociologie contemporaine. Un programme de refondation », *Nouvelles perspectives en sciences sociales*, vol. 11, n° 2, 2016, p. 23-41 ; avec Denis Martouzet : « La représentation du projet : de l'acteur pilote à l'acteur impliqué », dans Denis Martouzet (dir.), *Le projet fait les acteurs. Urbanisme, complexité, incertitude,* Presses Universitaires de Tours, 2018, p. 401-412 ; « Un petit monde en Ontario. Application d'un modèle relationnel trialectique à la vie d'une communauté canadienne », *Nouvelles perspectives en sciences sociales*, vol. 13, n° 1, 2017, p. 403-458 ; « Cette étrange pliure à partir de laquelle rien n'est plus pareil. La question de la contingence en sciences sociales : l'événement », *Nouvelles perspectives en sciences sociales*, vol. 13, n° 2, 2018, p. 265-291. Denis Martouzet et Claude Vautier, « La représentation du projet : de l'acteur pilote à l'acteur impliqué », dans Denis Martouzet (dir.), *Le projet fait les acteurs. Urbanisme, complexité, incertitude,* Presses universitaire de Tours, 2018, p. 401-412 ; avec Mélanie Girard, « La nécessaire et insuffisante dialectique de l'individu et du système. Pour une trialectique de l'individu, du système et de l'événement », dans Denis Marouzet (dir.), *Le projet fait les acteurs, op. cit.*, p. 77-108.

Le format du livre a rendu impossible de présenter un grand nombre de tableaux (les tableaux d'affectation des valences aux relations étudiées dans le cadre du modèle, pour chaque site, chaque événement, chaque personne). Ces tableaux sont cependant accessibles à l'adresse suivante :

https://www.editions-harmattan.fr/complement/27949

ou via ce flashcode :

Ils mettent à la disposition des lecteurs désireux d'entrer dans la « mécanique » du modèle les éléments permettant de refaire l'analyse pour valider et/ou critiquer celle-ci.

REMERCIEMENTS

Ce travail a bénéficié des compétences et de la participation active de diverses personnes. Ce sont en particulier :

Équipe Chaire de l'École Centrale de Casablanca (ECC)

Elmahdi Benabdeljalil (Titulaire de la chaire) ; Hervé Arribart (Responsable scientifique) ; Majda El Khou (Gestion du projet) : Léa Wester (coordination pédagogique)

Comité directeur ECC

Ghita Lalou (Directrice générale) - Serge Delle Vedove - Philippe Dufourcq – puis Adnane Boukamel (actuel directeur adjoint)

Comité scientifique ECC

Hervé Arribart ; Ahmed Benabadji (Open Village) ; Amar Drissi (Maghreb Steel) ; Thierry Dore (Agro ParisTech)

Partenaires stratégiques

Amine Belemlih, Loubna Zemmouri (association Les Citoyens)
Avec une mention particulière pour :
Hervé Arribart et Léa Wester avec lesquels les échanges ont été permanents et qui ont contribué à orienter les enquêtes et la modélisation.
Mélanie Girard, Simon Laflamme et mon épouse Sarah qui ont participé à des séances de travail pour vérifier divers aspects de l'étude et suggérer des modification ou aménagements.
Simon Laflamme, encore, avec qui j'ai eu un dialogue soutenu au long de l'étude et qui a accepté de me remplacer temporairement, lorsque l'adversité m'a mis pour quelques temps dans l'incapacité de poursuivre.
Mon épouse a su affronter mes absences périodiques lors des réunions de travail à Casablanca et tout le temps passé en rédaction de rapports, puis de cet ouvrage, qui en est issu.
Merci à tous pour leur présence et leurs avis critiques qui m'ont permis de mener à bien cette étude et cet ouvrage.

PRÉFACE

Il y a encore des théoriciens des sciences sociales pour lesquels le fonctionnalisme est inconcevable parce que la personne humaine leur apparaît comme libre, et donc comme affranchie des structures sociales. Il y a encore des théoriciens pour lesquels les approches centrées sur l'individu sont inadmissibles parce la dimension collective de l'activité humaine leur apparaît comme évidente, et donc comme déterminée par les structures sociales. La plupart des théoriciens accordent désormais quelque fondement à chacune de ces deux positions, en appuyant souvent sur l'interprétation individualiste, parfois sur la représentation fonctionnaliste, et donc en maintenant la dualité. Rares sont ceux pour lesquels cette perspective duelle est comprise comme dépassée. Encore plus rares sont ceux qui proposent des modélisations qui la dépassent.

Claude Vautier a bien vu que l'alternative liberté ou détermination n'était plus pertinente dans les théories en sciences sociales, car on ne peut percevoir les humains qu'en tant qu'à la fois libres et déterminés. Il a compris que le dualisme des individus autodéterminés et des structures déterminantes était insuffisant pour appréhender l'activité humaine, car le binarisme n'est pas conciliation. Il a proposé un ensemble conceptuel qui prend appui sur une humanité dont il est établi qu'elle est paradoxalement libre et non libre et qui entend repousser les limites des modélisations duelles. Il y est arrivé en se dotant d'assises relationnelles. Ces fondations lui permettent :

i. d'aborder tout objet dans son rapport avec d'autres objets, par exemple un acteur social en lien avec d'autres acteurs sociaux ou avec son environnement ;
ii. d'incorporer les éléments des paradoxes, comme, par exemple la conscience et l'inconscient ;
iii. de développer des modèles dont les catégories analytiques existent les unes par rapport aux autres, par exemple l'individu et le système) ;
iv. d'opérationnaliser ces modèles sur des phénomènes humains pour en révéler la complexité.

C'est fort de cette épistémologie que Claude Vautier a créé en 2013 un modèle qui invite à approcher les objets humains et sociaux par la trialectique de l'individu, du système et de l'événement[3]. Ce modèle reprend la catégorie individu, peut-être la plus usitée dans les sciences sociales. Il intègre celle de structure, commune elle aussi, en l'insérant dans celle de système. Les référents de ces deux concepts ne sont plus intelligibles que dialectiquement : il n'y a désormais d'activité individuelle que s'il y a système, comme il n'y a plus de système social que s'il y a des individus qui agissent. À ces deux catégories analytiques s'ajoute celle d'événement ; trouve ainsi sa place dans le modèle ce qui marque l'histoire symboliquement et ce par quoi il y a une dialectique de l'individu et du système. La dialectique de l'individu et du système entretient alors une relation dialectique avec l'événement. Plus encore, toute combinaison de deux catégories est interprétable à la lumière de sa combinaison avec la troisième : individu et système dépendent d'événement, puis système et événement dépendent d'individu, et ainsi de suite. Grâce à cette trialectique, les sciences sociales peuvent conserver les catégories communes d'individu et de structure, bien inscrites dans l'histoire des théories, et peuvent les extraire des logiques binaires tout en leur donnant la part d'événement qui se réalise dans leur dialectique.

Son innovation, Claude Vautier l'utilise ici pour faire la lumière sur des développements sociaux. Trois groupes humains marocains ont été interrogés et analysés. Ils l'ont été parce qu'ils semblent avoir réussi à émerger de façon autonome, contrairement à beaucoup d'autres. Cette étude a été engagée dans l'optique de comprendre ces émergences afin de les aider et, ainsi, d'améliorer le sort des citoyens. Il importe de connaître la nature de chacune de ces émergences ; Claude Vautier examine alors patiemment, selon les exigences du modèle, chacun des cas, puis il compare les résultats des trois analyses. Avant d'entreprendre ce travail empirique, il prend le temps de situer l'approche relationnelle et sa trialectique par rapport aux autres cadres théoriques des sciences sociales, notamment de la sociologie. Au terme de ce positionnement, il devient difficile de ne pas accepter de le suivre dans son aventure théorique et de ne pas sentir en soi-même s'éveiller quelque curiosité quant aux aptitudes de son modèle à rendre compte du développement des trois communautés marocaines.

Simon Laflamme, université laurentienne,
Sudbury, Ontario, Canada

---

[3] Claude Vautier, « La faille et la brèche : réflexions sur un dépassement possible des controverses contemporaines en sociologie », *op. cit.*

INTRODUCTION GÉNÉRALE

De la crise à la « grande transformation » ?

1. Crise

À lire l'histoire des sciences sociales, on a le sentiment que ces dernières ont traversé le temps au travers d'une crise permanente, de même que (et en lien avec) les sociétés dont elles émanaient[4].

> Toute combinaison entre les termes « crise » et « sociologie » pourrait provoquer, si l'on ne précisait pas, un mouvement d'impatience et d'irritation. Les auditeurs et les lecteurs les moins bien disposés seraient même, peut-être, enclins à parler d'un « scandale », en oubliant d'ailleurs que ce qui paraît « scandaleux » aux savants de seconde zone et aux médiocres est habituellement ce qui fait avancer une science…La « crise de la sociologie », dira-t-on non sans raison apparente, quelle banalité ! La sociologie, depuis sa naissance bien récente – une centaine d'années compte peu pour une science – a-t-elle fait autre chose que passer par des crises ?[5]

Des auteurs comme Edgar Morin ou Yves Barel nous ont suggéré que la crise est « un moment indécis et décisif à la fois[6] », et que « le déblocage est à l'œuvre au sein même du blocage[7] ».

Cela signifie, dans les deux cas, non que la crise soit sans importance et sans gravité, mais que, quelle que soit cette importance et cette gravité, il y a dans la crise l'opportunité de son dépassement. C'est le moment du diagnostic, dit Morin, dans l'ouvrage précédemment cité, celui où tout devient possible, y compris le pire, évidemment.

---

[4] Raymond Boudon le remarque dans *La crise de la sociologie*, Genève, Paris, Librairie Droz, 1971, p. 9 : « Comme l'écrivait Georges Gurvitch, "La sociologie est une science qui fait des bonds, ou au moins fluctue avec chaque crise de quelque envergure" ».
[5] Georges Gurvitch, « La crise de l'explication en sociologie », *Cahiers internationaux de sociologie*, Nouvelle série, vol. 21, juillet-décembre 1956, p. 3.
[6] Edgar Morin, *Sociologie*, Paris, Librairie Arthème Fayard, 1984, p. 177.
[7] Yves Barel, *La société du vide*, Paris, Seuil, 1984, p. 30.

Il y a récurrence, on en sort toujours, « fut-ce de manière très pénible ou dans la catastrophe » écrit Barel[8].

S'il y a une crise actuelle de la sociologie, elle peut peut-être s'appeler « émiettement », « dualisme », « substantialisme », voire « disciplinarité ». « Émiettement », parce qu'ayant renoncé à l'ambition d'une méthode générale unificatrice et poppérienne des approches, elle se réfugie dans des sociologies singulières, interstitielles : sociologie du genre, de la religion, du langage, du travail, etc. Bien entendu tous ces domaines sociologiques sont légitimes et pertinents, mais ils ne sont pas en eux-mêmes *la* sociologie dont avaient rêvé Émile Durkheim et Max Weber. « Dualisme », parce que la ligne de fracture qui s'est développée, dès son berceau, entre approches macroscopique et microscopique est toujours active, de même que celle séparant la volonté d'explication de celle de compréhension ou celle séparant approches quantitative et qualitative. « Substantialisme », parce que cette sociologie n'a de cesse de s'intéresser à des objets-substance : ainsi de l'acteur ou du système que l'on veut étudier en eux-mêmes, oubliant que la définition de la sociologie sur laquelle s'entendent, au moins en façade et avec des acceptions passablement différentes, les sociologues contemporains, est celle qui dit qu'elle est la science des relations. « Disciplinarité », enfin. La plupart des sociologues et des institutions organisant la discipline « sociologie » déclarent un intérêt pour l'interdisciplinarité, mais la pratique ne s'en ressent guère. Sous le vocable interdisciplinarité, on encourage la multidisciplinarité, au mieux, et les grands appels à projet de recherche (CNRS, ANR, Projets européens…) font périodiquement assaut de vocabulaire interdisciplinaire tout en appliquant une définition minimaliste de cette interdisciplinarité : la juxtaposition des disciplines flatte la façade sans remettre en cause les fondations, les habitudes, les pré-carrés de chacun[9].

Je n'ai pas la prétention de traiter dans ce livre l'ensemble des aspects de ce que l'on voudra ou non appeler une crise de la sociologie. Mon propos se

---

[8] Ce diagnostic qui vaut globalement pour les éco-anthropo-systèmes, n'est évidemment pas aussi assuré pour les êtres vivants eux-mêmes pour lesquels la crise peut aussi signifier la mort.

[9] Je ne soutiens pas l'idée selon laquelle l'approche disciplinaire serait forcément négative. Aucun chercheur contemporain n'est capable de maîtriser toutes les disciplines qui devraient être conjointes pour comprendre la complexité d'une société humaine. La multidisciplinarité est un moyen de pallier cette difficulté. Cependant, cette juxtaposition de domaines de connaissances apparaît insuffisante : « peut-on se satisfaire d'un système fragmentaire alors même que les chercheurs, les enseignants, les responsables académiques, les décideurs et les citoyens sont de plus en plus immergés dans un univers de connaissances complexes, entrelacées et localement et globalement interdépendantes, dont la signification se co-construit en migrant d'un champ de savoir à l'autre en mettant en contact des domaines apparemment disjoints ? C'est dans cet entre-deux, cet interstice entre les domaines du savoir que la reconfiguration permanente des connaissances a lieu », écrivent Gloria Origgi et Frédéric Darbellay (s.d.), *Repenser l'interdisciplinarité*, Genève, éd. Slatkine, 2010, p. 7-8. La démarche interdisciplinaire (et plus encore transdisciplinaire) est difficile à instaurer et mettre en pratique, comme le montre l'ouvrage cité ci-dessus qui organise une sorte d'agora autour du thème des disciplines, de leur évolution, de la transgression des frontières disciplinaires.

concentre pour commencer (et on verra que c'est déjà assez vaste) sur une question fondatrice de la sociologie abordée par Durkheim dès *Les règles de la méthode sociologique* en 1895 :

> Mais, dira-t-on, un phénomène ne peut être collectif que s'il est commun à tous les membres de la société ou, tout au moins, à la plupart d'entre eux, partant, s'il est général. Sans doute, mais s'il est général, c'est parce qu'il est collectif (c'est-à-dire plus ou moins obligatoire), bien loin qu'il soit collectif parce qu'il est général. [...] *Il est dans chaque partie parce qu'il est dans le tout, loin qu'il soit dans le tout parce qu'il est dans les parties*[10].

L'essentiel est dit dans ces quelques lignes. Deux positions se confrontent sous la plume de l'auteur. Soit un phénomène collectif est dans chaque partie parce qu'il est imposé par le tout où se trouve sa source, soit il est initialement dans chaque partie et, de ce fait, apparaît dans le tout. Soit l'approche holistique est la seule (ou, au minimum, la plus) pertinente (ce que dit Durkheim), soit c'est l'approche individualiste (en langage actuel) qui l'est[11].

Son contemporain, Weber, considèrera pour sa part que le phénomène est « dans le tout parce qu'il est dans les parties », autrement dit que ce sont les interactions entre les individus qui sont productrices des phénomènes sociétaux, et c'est dans la psyché de ces derniers, leur rationalité et le type de celle-ci, qu'il cherchera les facteurs explicatifs de ces phénomènes.

Ma question, ici, est donc de savoir si la fracture méthodologique présentée ci-dessus (qui n'est évidemment pas aussi brutale que le terme « fracture » peut le laisse penser : des positions intermédiaires, y compris des deux fondateurs nommés ici, existent) est toujours utile, indépassable, voire si les approches qu'elle oppose peuvent ou non être rassemblées dans une optique nouvelle. De nombreux auteurs se sont attelés à ce rapprochement.

2. UNE TENTATIVE DE SYNTHÈSE

En 1960, le premier numéro de la *Revue française de sociologie*, par la plume de Georges Davy, qui fut initialement un élève contraint de Durkheim et en devint un fervent et fidèle disciple, évoque le risque d'une sociologie réduisant l'homme à sa seule dimension sociale, l'amputant d'une part de lui-même :

---

[10] Émile Durkheim, *Les règles de la méthode sociologique*, Paris, Puf, 1937 [1895], p. 10. C'est moi qui souligne.
[11] Lorsque, deux ans plus tard, Durkheim publie *Le suicide*, il reprend l'idée de la prééminence des facteurs extérieurs (extérieurs à l'individu, ceux qui viennent de la société) sur ceux qui viennent de l'intérieur, de la psychologie du sujet : « les causes de mort sont situées hors de nous beaucoup plus qu'en nous et elles ne nous atteignent que si nous nous aventurons dans leur sphère d'action ». Émile Durkheim, *Le suicide*, Paris, Puf, 1930 [1897], p. 3.

[...] il apparaît que si l'explication sociologique devait imposer plus que la priorité, mais le monopole aussi, du facteur social, comme si tout individuel signifiait arbitraire et danger de naufrage scientifique, elle réduirait, sans vraie raison, l'homme à sa seule dimension sociale. Elle l'amputerait d'une part de lui-même : de cette singularité propre où il se croit parfois le droit de se reconnaître...[12]

Après avoir écrit, en 1911, que : « la sociologie est donc vraiment et plus complètement que la psychologie une science de l'homme », Davy, que des auteurs comme Daniel Essertier présentent comme un durkeimien résolu, reste sur une position de compromis : « Il ne faut plus réduire la sociologie à n'être que la science des sociétés. En même temps que la société, elle saisit l'homme... »[13] Ce faisant, Davy se positionnait comme un précurseur de la psychologie sociale ou, pour nous qui vivons la fin d'une querelle assez proche de celle de années 1930, comme l'ancêtre d'une sociologie non dogmatique, capable de se référer à des principes contradictoires en apparence, mais susceptibles d'être rassemblés dans des synthèses bienvenues.

« Ce que ce dernier (Daniel Essertier, NDA) ne percevait pas, c'est que Davy était déjà sur la voie de la synthèse entre psychologie et sociologie »[14] écrit Jean Stoezel.

Nous pouvons considérer que la « synthèse » recherchée par Georges Davy n'est pas la voie qu'a empruntée principalement la sociologie de la seconde moitié du XXe siècle. Pour la caractériser à grands traits, on peut admettre qu'en suivant Davy, elle aurait eu pour projet de développer une science humaine et sociale dans laquelle l'humain n'est pas tout tandis que la société n'intervient également que de façon partielle.

Mais, dans les années 1960, Raymond Boudon se prépare à imposer en sociologie l'individualisme méthodologique qui existe depuis deux siècles en économie et ce courant, qui sera si bien en phase avec la « science économique » des années 1970, va déferler sur la sociologie et imposer une vision de la société dans laquelle la synthèse de Davy se limite à accorder la suprématie de l'explication à l'individu, celui-ci étant enrichi d'une psyché plus finement représentée. La sociologie dans les années 1980-2010 environ est une sociologie qui se réclame résolument de l'agent, de l'acteur, de l'individu (homme ou femme), en tant qu'atome de la vie sociale[15]. Ce sont

---

[12] Georges Davy, « Émile Durkheim », *Revue française de sociologie*, vol. 1, n° 1, 1960, p. 24. [en ligne] :
http://www.persee.fr/web/revues/home/prescript/article/rfsoc_0035-2969_1960_num_1_1_1733, consulté le 5 avril 2015.
[13] Georges Davy, L'homme : le fait social et le fait politique, Paris, Mouton, 1973, cité par Jean Stoezel, « *In memoriam*, Georges Davy, 1883-1976 », *Revue française de sociologie*, vol. 17.2, 1976, p. 161-62.
[14] Jean Stoetzel, *Ibid.* p. 162.
[15] Ces « acteurs » peuvent aussi être collectifs, institutions sociales diverses comme les firmes, l'État... Mais ils sont le plus souvent des individus dans les explications ou théories individualistes ou interactionnistes.

ses caractéristiques d'humain, son intentionnalité, sa rationalité, ses valeurs, ses capacités cognitives, qui lui permettent d'agir et, ainsi, de créer la société, par les interactions qu'il a avec les autres agents, acteurs, etc. D'une certaine façon, ce qu'il reste du projet de Davy, c'est le côté psychologique. Mais, la psychologie est réduite à des capacités encore caricaturales et la société se trouve réduite à un ensemble d'interactions même pas socialisées ni socialisantes. L'acteur de l'individualisme méthodologique est, quoi qu'ait pu en dire Raymond Boudon, un imbécile partiellement rationnel, et autiste de surcroît, puisque ses interactions ne changent rien à ses décisions. On a beau peaufiner sa rationalité de principe, voire la limiter, y mettre du manque d'information, des émotions susceptibles de brouiller ses cartes[16]… rien n'y fait. Les modèles sociologiques, comme les modèles économiques, ne peuvent rendre compte d'une réalité qu'ils appauvrissent beaucoup trop.

Nous devons sortir de cette impasse qui paraît nous contraindre, soit à croire et/ou propager l'idée que (à peu près) seule la lutte des classes explique l'évolution historique des nations ou que les positions sociales des individus sont essentiellement déterminées par la distribution des positions sociales de leurs parents, qu'il n'y a donc pas (ou très peu) de possibilité d'évolution d'une structure sociale ; soit à penser et/ou écrire, à l'inverse, que l'individu est forcément responsable de son destin puisque ses choix rationnels lui appartiennent et que, sauf ou malgré les effets pervers, les individus, qui ont toujours de bonnes raisons de faire ce qu'ils font, parviennent à imposer collectivement leurs choix dans les systèmes sociétaux[17].

3. COMPLEXITÉ ET RELATION[18]

Le premier de ces deux termes, désormais entré dans un vocabulaire commun, a eu tendance à se dégrader, à s'affadir au fur et à mesure qu'il s'imposait dans le langage vernaculaire et même dans celui, *a priori* plus

---

[16] Le concept d'émoraison, décliné parfois comme émorationalité, a été proposé, à ma connaissance, par Simon Laflamme (Simon Laflamme, *Communication et émotion. Essai de micrologie relationnelle*, Paris, L'Harmattan, 1995. Voir p. 25 à 34. C'est à la page 32 qu'apparaît la première occurrence du terme), Il peut être utilisé au moins dans deux directions : il peut être considéré comme une amélioration du concept de rationalité et servir dans des modélisations basées sur les jeux d'acteurs ; mais il peut également être utilisé en arrière-fond pour comprendre ce qui revient à l'humain, dans une modélisation relationnelle trinitaire où l'individu est l'une des catégories agissantes aux côtés du système et du temps. De ce point de vue, et contrairement à certaines critiques selon lesquelles l'approche relationnelle ne serait, au final, qu'un avatar du holisme, l'individu prend toute sa place – mais aussi rien que sa place – dans les modélisations qui s'en réclament.

[17] Voir les derniers textes de Raymond Boudon consacrés à la Démocratie, par exemple, dans Claude Vautier, « Raymond Boudon », éd. Ellipses, coll. « Les grands théoriciens », 2002 et repris dans Alain Bruno (dir.), *Les grands sociologues*, Paris, Ellipses, 2012, p. 313-360.

[18] Claude Vautier, « La revue *Nouvelles perspectives en sciences sociales* et la sociologie contemporaine. Un programme de refondation », *op. cit.*, p. 34-41 (2.2 Complexité et relation).

clairement spécifié, des scientifiques. Nous sommes amenés à constater fréquemment que des auteurs utilisent le terme complexité sans réelle tentative de définition, sans référence à ceux qui ont dessiné des contours à ce concept. Or, le terme « complexité » est loin d'être fixé, clarifié. Il est au contraire polysémique, comporte des zones d'ombre, des plages floues, des incertitudes, des orientations discutées et sans doute discutables[19].

Le terme « relation » est moins prégnant dans la langue des SHS (sciences humaines et sociales). Il est cependant, lui aussi, sujet à des interprétations divergentes : entre la relation telle que la conçoit Simon Laflamme et la manière dont les adeptes de la théorie des réseaux la voient, il y a un écart important. Pour l'un, la relation est fondatrice, première, elle est le postulat de base : les individus sont *toujours déjà en relation*, en dehors de leur volonté même. Pour les autres, c'est parce que les acteurs *décident de se mettre en relation* qu'apparaît un réseau. Malgré des proximités indéniables entre les deux approches, la coupure est nette sur ce point central.

On peut considérer que la relation est associée aux « comportements réactionnels[20] » dont parle Weber et au fait que comprendre une activité significative ne puisse se faire que « sous la forme d'un comportement d'une ou plusieurs personnes *singulières*[21] ».

Mais on peut aussi, comme le fait Laflamme, écrire que : « L'approche relationnelle à laquelle nous souscrivons met aussi l'accent sur le lien plutôt que sur les objets qui sont reliés […]. L'acteur social est actif dans le champ des relations ; mais son action procède de relations[22] ».

Je montrerai plus loin que cette autre forme de prise en compte des relations est essentiellement analytique. C'est une stratégie de recherche qui est ainsi désignée et non une forme ontologique de la relation.

4. COMPLEXITÉ RELATIONNELLE

La juxtaposition qui apparaît dans l'expression « Complexité et relation » plus haut me semble en fait au moins tautologique. Dans mon esprit, la systémique complexe se devrait d'être relationnelle, ce qu'elle n'est pas forcément. Par ailleurs, pour ce qui est de l'approche relationnelle elle-même, on

---

[19] L'Association Européenne Modélisation de la Complexité et l'Association pour la Pensée Complexe (MCX-APC), puis le Réseau Intelligence de la Complexité (RIC), créés et dirigés par Jean-Louis Le Moigne et Edgar Morin, regroupent de très nombreux chercheurs de disciplines diverses dont les travaux offrent des réflexions approfondies sur les critères de ce que l'on nomme, à leur initiative, et particulièrement à celles d'Edgar Morin et de Jean-Louis Le Moigne, « la complexité », http://www.mcxapc.org/
[20] Max Weber, *Économie et société*, 1. *Les catégories de la sociologie*, Paris, Plon, coll. Pocket, 1995 [posthume, 1921], p. 29.
[21] *Ibid.*, p. 40.
[22] Simon Laflamme, « Sciences sociales et approche relationnelle », *Nouvelles perspectives en sciences sociales*, vol. 5, n° 1, 2009, p. 84.

pourrait montrer qu'elle se devrait d'être complexe, par nature, pourrait-on dire. Sur ces deux points, je renvoie au moins à Morin, dans *La Méthode 1*[23].

Les modélisations des systèmes complexes pouvant être mises en œuvre[24] sont susceptibles d'être classées en deux grandes catégories. Elles peuvent mettre en scène des acteurs que l'on essaie de rendre complexes, en leur accordant des psychés de convention moins élémentaires : de la rationalité, certes, mais aussi de l'émotion, en les plaçant dans des systèmes eux-mêmes complexifiés par l'existence en leur sein de contradictions ou paradoxes (principe dialogique), de récursivité organisationnelle, d'hologrammie, de projectivité, et en soumettant l'ensemble acteurs-système à des conditions s'inscrivant contre les axiomes généralement admis d'identité, de non-contradiction et de tiers exclu... De telles approches, si elles améliorent l'appréhension des phénomènes sociétaux, souffrent cependant de la nécessité persistante de faire des hypothèses sur les raisons des choix et des actions des individus. Outre que ces hypothèses constituent une gangue de l'analyse et en remettent en question la validité, au moins partiellement, cette approche fait comme si les acteurs, agents, sujets, individus... étaient définissables en eux-mêmes, comme si rien dans le système social (à part les autres individus, en approche interactionniste) ne venait altérer cette définition de l'identité accordée aux individus. Nous aurons de nombreuses occasions de revenir sur ce point.

Les modélisations des systèmes complexes peuvent aussi se centrer, non sur les individus ou sur les structures, mais sur les relations elles-mêmes. Dans ce cas, ce sont souvent les interactions entre individus qui sont mises au cœur de l'analyse. Ce qui ramène finalement à nouveau à exhausser le rôle des individus, considérés généralement comme les créateurs des réseaux par leurs décisions et actions, comme en individualisme méthodologique, bien que les tenants de l'approche par les réseaux prennent soin de dire que l'analyse des réseaux inclue, par nature, les aspects structuraux dans la réflexion. Et si cela est recevable, en effet, cette façon de raisonner reste *a minima*, puisque, là encore, l'individu créateur des réseaux joue toujours le jeu social en fonction d'une rationalité qui lui est principe de choix et d'action. Simplement :

> Une des principales différences avec la vision atomistique [individualiste méthodologique – NDA] tient à ce que le principe de rationalité n'exige plus que l'acteur fasse le meilleur choix possible pour un observateur extérieur réputé être parfaitement informé. Il suffit qu'il agisse par rapport à ce qui lui paraît être son intérêt compte tenu des fins qu'il poursuit.

---

[23] Edgar Morin, *La Méthode* T. 1, Paris, Seuil, 1977, p. 123-124, « Au-delà du holisme et du réductionnisme : le circuit relationnel » : « ni la description ni l'explication d'un système ne peuvent s'effectuer au niveau des parties, conçues comme entités isolées, liées seulement par actions et réactions ».

[24] Je renvoie au numéro spécial de *Nouvelles perspectives en sciences sociales*, sur le thème de la modélisation, vol. 7, n° 2, mai 2012.

Ce qui guide l'action n'est pas seulement l'intérêt objectif, mais aussi l'intérêt subjectif, c'est-à-dire un intérêt fixé *relativement* aux contraintes de l'interdépendance ou de la situation de l'acteur vis-à-vis de l'ensemble des relations[25].

Ce court extrait permet d'illustrer ce qui vient d'être dit, à savoir que c'est encore l'individu (certes un individu plus élaboré, empruntant, notamment à Herbert A. Simon le concept de rationalité procédurale) qui est à la barre, une fois doté de ses propres principes de rationalité conventionnelle.

Simon Laflamme procède autrement. Mettant en relation trois catégories analytiques, les personnes, les idées et les biens il étudie comment s'effectue la circulation de chaque catégorie dans le champ des deux autres ou, dit autrement, comment chacune des catégories intervient dans la relation entre les deux autres[26]. Cela revient à dire que le sociétal est un nœud de relations qui font que les décisions individuelles dépendent potentiellement des personnes, mais aussi des biens dont elles disposent et des idées qu'elles professent, ainsi que des liens qui rassemblent biens et idées ; que les idées dépendent potentiellement des personnes et des biens dont elles disposent, mais aussi des liens qui se nouent entre biens et personnes ; enfin, que les biens dont disposent les personnes sont influencés potentiellement par ces personnes et leurs idées de même que par la relation établie entre personnes et idées...

C'est alors le degré d'influence de chaque relation sur chaque catégorie et des relations entre elles qui exprime la situation de la société étudiée. Laflamme détermine ainsi que si le Canada ne se défait pas, malgré le lourd débat autour de la francophonie, c'est parce que cette question clivante est la seule à pouvoir mettre en danger la cohésion nationale, toutes les autres idées étant ouvertes au débat public et très partagées entre les individus, quelle que soit leur catégorie sociale, leur lieu de résidence, leur niveau de scolarité...[27]

Un tel modèle est bien moins incarné. Il est bien moins intuitif. Il ne semble pas nous fournir une représentation évidente ou « réaliste » de ce qu'est une société. Pourtant, les êtres humains y sont, leurs idées, émotions et représentations également ; les biens (et services) au sens économique du terme sont également dans la boucle et circulent, s'échangent, le système vit

---

[25] Alain Degenne et Michel Forsé, *Les réseaux sociaux. Une analyse structurale en sociologie*, Paris, Armand Colin, 1994, p. 13. On voit que, même si les auteurs introduisent les contraintes de l'action collective, ils confèrent toujours aux acteurs une rationalité, certes imparfaite, mais à la base de la construction des réseaux.

[26] Simon Laflamme, *La société intégrée. De la circulation des biens, des idées et des personnes*, New-York, San Francisco, Berne, Baltimore, Franfort, Berlin, Vienne, Paris, Peter Lang, 1992 et Simon Laflamme, *Des biens, des idées et des personnes au Canada (1981-1995) : un modèle macrologique relationnel*, Sudbury/Paris, Prise de parole/L'Harmattan, 2000.

[27] Et, ainsi, Laflamme tord-t-il le cou à une idée par trop simpliste selon laquelle c'est essentiellement l'appartenance à une classe sociale qui explique le comportement individuel.

avec ses normes, ses règles, sa re-production (avec un trait d'union), comme disait Barel[28].

5. LA QUESTION DE LA RELATION

Je viens d'évoquer l'écueil qui apparaît quand on parle de relation. Nous venons ainsi de voir que, parlant de relation, on évoque généralement une *interaction* entre des éléments. Les sociologies interactionnistes, telles celles des Écoles de Chicago, sont en fait des individualismes méthodologiques avant la lettre qui essaient de prendre véritablement en compte les échanges, les influences réciproques entre les individus, leur production de sens... Le progrès apporté par cette pensée consiste en cela. Mais les interactions qui existent en théorie, restent lettre morte dans les modèles fondés sur l'individu qui se développent à partir des économistes néoclassiques. Les agents économiques, comme les agents sociologiques auxquels ils ont servi de modèle initial, sont des monades, leur psyché n'est jamais modifiée par ces interactions théoriques. Au moins, dans les écoles interactionnistes y a-t-il une construction progressive de la société dans et par les transformations qui s'opèrent dans les représentations des individus sous l'influence des autres représentations auxquelles elles sont confrontées.

Mais on peut aussi envisager sous le vocable « relation » quelque chose qui n'est pas seulement une interaction (ou une « relation entre » des éléments séparés). Cette autre conception désigne plutôt une liaison des catégories analytiques[29]. Cela signifie que la relation n'est plus une interaction, un flux (de produits, de sentiments, plus généralement d'informations...). Cette conception exprime le fait qu'aucune catégorie analytique utilisée dans la modélisation ne joue un rôle isolé, en tant que telle, ontologiquement. L'idée de liaison signifie qu'en aucun cas l'individu ne peut être considéré comme un facteur d'évolution de la société, si on le prend seul, en l'absence d'un contexte qui est l'ensemble qu'il constitue avec les autres catégories analytiques. Car, chacune des catégories fait partie du contexte dans lequel elle joue[30].

---

[28] Pour Barel, le terme « re-production » avec un trait d'union signifiait qu'une reproduction à l'identique ne se réalisait jamais et que les systèmes se re-produisaient, c'est-à-dire se produisaient à nouveau, et, plus généralement, se produisaient sans cesse.

[29] Ce faisant, on inverse la situation : au lieu de mettre en scène des éléments séparés reliés, on donne à voir des éléments qui ne sont jamais séparés, ne peuvent l'être, sont en situation de dépendance mutuelle, plus encore, se fondent les uns dans les autres. C'est cette fusion qui est alors étudiée.

[30] Morin écrit : « Aussi l'explication réductionniste d'un tout complexe dans les propriétés des éléments simples et les lois générales qui commandent ces éléments, désarticule, désorganise, décompose et simplifie ce qui fait la réalité même du système : l'articulation, l'organisation, l'unité complexe. Elle ignore les transformations qui s'opèrent sur les parties, elle ignore le tout en tant que tout, les qualités émergentes (conçues comme simples effets d'actions conjuguées), les antagonismes latents ou virulents. La remarque d'Henri Atlan concernant les

Pour en rester aux deux grandes catégories évoquées jusqu'ici, l'individu fait partie du contexte formé entre individu et système et le système fait partie du contexte qu'il forme avec l'individu. L'écologie a perçu, depuis près d'un demi-siècle, cet aspect de la modélisation et l'exprime en disant que l'on ne peut séparer l'humain de son environnement. L'humain fait partie de son environnement, pour autant que le terme « environnement » garde un sens acceptable, puisqu'il veut dire qu'il y a quelque chose autour de l'humain, quelque chose qui l'entoure, alors que nous pensons plutôt aujourd'hui que le système écologique est indivisible, c'est-à-dire comprend ce qu'on prétendait, il y a encore peu de temps, être enveloppé dedans sans en être consubstantiel.

La sociologie relationnelle se sépare donc de tous les interactionnismes dans la mesure où elle constitue une approche théorique et méthodologique dans laquelle toute catégorie individualisée doit au moins être passée au crible de ses liens permanents avec les autres catégories utilisées.

Nous devons changer notre mode de pensée et la structure même de nos approches, dit en substance Bateson[31]. C'est pourquoi le travail effectué depuis de nombreuses années par quelques auteurs (dont Simon Laflamme, Pierpaolo Donati, Mélanie Girard, Paul Jalbert, Roger Gervais, Pierre Bouchard ou encore Margaret Archer et quelques autres), s'est résolument tourné vers d'autres façons de raisonner. La sociologie relationnelle que je propose avec la plupart de ces auteurs est une sociologie :
– dans laquelle, individu et système ne sont pas séparés. L'individu ne peut exister sans la société, laquelle n'existe pas sans individu
– dans laquelle à l'individu et au système il faut ajouter une troisième catégorie, l'événement.
– dans laquelle, il faut comprendre la dynamique du métissage qui se produit en permanence, faisant des individus, des systèmes et des événements des poly-hybrides.

Une telle approche théorique permet de définir des « configurations », selon le terme de Norbert Elias, qui sont explicatives de ce qui se produit, tant l'état des choses que les dynamiques qui ont produit cet état et le modifient sans cesse. Bien entendu, il y a aussi des hypothèses dans une telle sociolo-

---

organismes vivants s'étend à tous les systèmes : « Le simple fait d'analyser un organisme à partir de ses constituants entraîne une perte d'information sur cet organisme » (Atlan, 1972, p. 262) », cité par Edgar Morin, *La Méthode 1, op cit*, p. 124.

[31] « L'enseignement dont nous sortons tous est assez monstrueux. Il remonte en fait à Locke, à Newton, à Descartes et au dualisme. [...] Descartes a créé trois des principaux outils de la pensée contemporaine : 1) la coupure entre l'esprit et la matière ; 2) les coordonnées cartésiennes, le graphique – vous mettez le temps en ordonnées et vous montez une variable ; 3) le *cogito* – « je pense donc je suis ». Ces trois choses vont ensemble, elles ont tout bonnement mis en pièce le concept de l'univers – et nous vivons dans ses lambeaux », Grégory Bateson, *Une unité sacrée. Quelques pas de plus vers une écologie de l'esprit*, Paris, Seuil, 1996 [New York, Harper & Row, 1991], p. 403.

gie. Mais ces dernières concernent désormais une configuration donnée, ce que *fait* un individu (et non *pourquoi* il le fait) mêlé de système et d'événement, comment *se comporte* un système mâtiné d'événement et d'individu, en quoi un événement constitué aussi de système et d'individu *prend-t-il du sens* dans la figure qu'ensemble constituent les trois catégories analytiques ainsi mêlées. Bien sûr, également, toute modélisation est une réduction du réel. Mais celui-ci ne nous est accessible que par le biais de cette réduction. Nous devons nous efforcer de ne pas réduire outrageusement et de nous souvenir que le modèle n'est pas la vie, mais qu'il en est une interprétation, parmi d'autres d'ailleurs, mais jugée suffisamment plausible, explicative par le modélisateur et ceux qui utilisent son modèle pour pouvoir être mise en œuvre de façon empirique.

6. LE « MANÈGE DU TEMPS »[32]

D'autant qu'un autre élément important doit être inséré dans la manière de faire de la sociologie : le temps. La plupart des modèles sociologiques sont statiques. Lorsqu'ils introduisent le temps, c'est sous la forme d'une statique comparative : deux situations séparées dans le temps sont étudiées, chacune de façon statique et le rapprochement des résultats au temps 1 et au temps 2 permet de parler d'un éventuel changement.

Cependant, rien n'apparaît quant au processus qui est à l'œuvre et qui a permis le passage de l'état 1 à l'état 2. Nous devons généraliser la prise en compte du temps et je crois que c'est par des formes différentes de modélisation des systèmes complexes que nous pourrons y arriver. J'ai déjà signalé que j'introduis à cet effet, dans la modélisation que je propose, une catégorie qui a pour but de matérialiser le changement sous les formes de l'évolution ou de la rupture, de la transformation ou de la bifurcation. Cette catégorie est l'« événement » – catégorie qui, selon Morin, introduit l'histoire –, l'histoire perturbatrice, transformatrice, désorganisatrice et réorganisatrice[33].

Associée aux catégories d'individu et de système, elle forme avec elles un ensemble au caractère unitaire et complexe, analytiquement peu décomposable. On verra cependant, en cours de travail, qu'il est possible de traiter de chaque catégorie individuellement et donc de décomposer analytiquement, ce qui pourrait passer pour une contradiction (ci-dessus, « peu décomposable »). Mais cette dernière expression signifie en fait qu'aucune conclusion générale n'est jamais tirée avant que chaque catégorie n'ait été envisa-

---

[32] Je reprends ici le titre d'un ouvrage récent de Bernard Ancori, *Le manège du temps*, Paris, ISTE, 2019. Je renvoie aussi à nouveau à Morin : « Tout système physique est pleinement un être du temps, dans le temps, que le temps détruit. Il naît d'interactions, il a une histoire (les événements externes et internes qui le perturbent et/ou le transforment), il meurt par désintégration », Edgar Morin, *La Méthode 1*, p. 136.
[33] *Ibid.*, p. 136.

gée « tissée » avec les deux autres. C'est toujours ce « tissage » qui agit, modifie, fait évoluer la société, la « métisse ».

7. CRISE ET SORTIE DE CRISE

Y a-t-il vraiment une crise contemporaine de la sociologie et des sciences sociales ?

On peut répondre par oui et par non à cette question.

Dire non, c'est prendre en compte le fait que les sciences, en général, les sciences sociales, en particulier, n'évoluent qu'à travers des querelles de conception, de positionnement, autrement dit, au travers de querelles épistémologiques, de querelles de théories et de méthodes... et qu'ainsi la science en crise, c'est toujours un peu la science, souvent la science des autres, d'ailleurs, la façon dont elle se fait, le point de vue d'où elle parle. C'est pourtant bien cette pluralité du discours, cette controverse permanente qui donne à penser, qui ouvre – ou ferme – des voies (parfois provisoirement) et offre un futur à la réflexion.

On peut cependant considérer que, oui, il y a crise, puisque la sociologie et, plus généralement, les sciences humaines et sociales (SHS), ne permettent qu'imparfaitement de saisir ce que l'on nomme la « complexité du monde ».

Parmi les critères de cette complexité, apparaissent diverses idées : celle que la « réalité » que nous observons est modifiée par cette observation même[34], la contradiction ou le paradoxe, la dialectique ou la dialogique des phénomènes ainsi que le caractère macroscopique, mais aussi, et en même temps, microscopique des phénomènes observés, c'est-à-dire leur caractère hologrammique[35]. Enfin, caractère encore peu aperçu et/ou pris en compte, me semble-t-il, le caractère fondamentalement et nécessairement relationnel[36] des modèles destinés à représenter les phénomènes à décrire et explorer.

Ces diverses caractéristiques des systèmes complexes demandent que leur étude se déplace de la méthode analytique cartésienne (l'analyse ou le découpage du tout en ses parties les plus élémentaires avant de rassembler ensuite ces parties dans un tout postulé au cours d'une synthèse quelque peu problématique) vers une méthode prenant en compte la simultanéité de leurs aspects contradictoires, leur historicité et leur relationalité.

Parmi les éléments de la « crise contemporaine » des SHS, cet ouvrage veut explorer ceux qui conduisent en particulier la sociologie à découper,

---

[34] Un autre grand critère de ce que Morin appelle la « complexité » est la récursivité qui se développe dans les phénomènes : la causalité linéaire qui conduit de la cause à sa conséquence se double d'un mouvement inverse où la conséquence devient à son tour cause de ce qui était antérieurement interprété comme sa cause.
[35] Ou « hologrammatique », selon la terminologie adoptée par Edgar Morin.
[36] C'est-à-dire que le « moteur » du modèle est constitué par les relations qui lient et modèlent les catégories analytiques.

difracter son objet pour le rendre préhensible, à l'exfiltrer du temps pour le pouvoir étudier dans une sorte d'idéal immuable. Faire du social une somme d'actes individuels, tout comme en faire une totalité insensible au singulier, considérer qu'une structure est capable de figer cet objet pour le livrer à notre contemplation comme à nos dissections, accepter qu'il y ait du changement, mais en prenant bien soin d'éviter que ce dernier ne perturbe notre vision... tout cela conduit à étudier un monde qui n'existe pas. Non pas à étudier un modèle imparfait du monde, non pas à se mouvoir dans un monde « idéal-typique », ce qui est légitime, bien que limitant. Mais un monde imaginaire qui ne peut même pas nous servir de modèle efficient.

8. Individus, systèmes et événements

Pour résumer, disons que ce devrait être aujourd'hui une banalité que de dire que l'individu est rationnel, mais n'est pas que rationnel, qu'il est aussi émotionnel ; qu'il est intentionnel, mais qu'il n'est pas seulement intentionnel, qu'il est aussi saisi par le jeu social auquel il répond ; qu'il est libre ou autonome, mais qu'il est aussi dépendant ; qu'il est intéressé, mais qu'il peut aussi être autrement, altruiste, charitable... Enfin, qu'il est stratège, mais n'est pas seulement cela, qu'il peut aussi aller à l'encontre de ses propres intérêts, parce qu'il se trompe ou parce qu'il est attentif à d'autres valeurs, à d'autres que lui, empathique, amoureux, poète[37]... Cet individu est doté d'une psychologie de convention (Max Weber) très restrictive dans les modèles individualistes. Or, cette convention constitue une hypothèse (hypothèque) tellement lourde qu'elle finit par invalider la théorie qui l'adopte. Qu'ainsi, les connaissances obtenues par l'application de telles théories, sous de telles conditions, ne décryptent que bien peu de situations sociétales.

Mais alors, ne devrait-on pas revenir aux approches holistes dans lesquelles, effectivement, les individus manquent de rationalité parce qu'ils sont bridés, conditionnés par le système social, comme le professait Pierre Bourdieu ?

Les auteurs contemporains ont fait quelques tentatives pour échapper à ce retour et concilier les deux approches. Ainsi de Michel Crozier et Erhard Friedberg, pour qui on peut parler de « fonctionnalisme stratégique », approche hybride par l'individu-acteur et par le système, contre/avec/dans lequel il faut jouer. Cette façon de faire permet de réconcilier les deux approches (il y a l'acteur et le système[38] qui forment un cadre dans lequel se joue la pièce). Mais la psychologie des acteurs reste de convention. Un autre essai réside dans la théorie des réseaux, où les individus sont pris dans un

---

[37] Voir Simon Laflamme, « Les acteurs sociaux et la modélisation phénoménologique », *Revue canadienne de sociologie*, vol. 49, n° 2, 2012, p. 138-150.
[38] Michel Crozier et Erhard Friedberg, *L'acteur et le système. Les contraintes de l'action collective*, Seuil, 1977.

labyrinthe de relations, labyrinthe qu'ils forment par leurs interactions et qui les contraint du fait de la forme que le hasard et les effets de composition boudonniens lui donnent. L'apport est dans l'idée que c'est la relation qui compte, plus que les individus en relations. Les contraintes de la structure laissent une liberté à l'individu tout en le limitant dans ses possibilités. Malheureusement, ici, les relations ne sont toujours que des interactions entre individus. Malheureusement, ces interactions restent dans le cadre d'une sociologie où ce sont les « briques élémentaires » (les individus) qui fabriquent le tout social par leurs interactions. Malheureusement, ces individus ne sont pas différents de ceux que met en scène l'individualisme méthodologique, ses façons d'agir sont toujours commandées par les « bonnes raisons » de Boudon. Malheureusement, cette façon de penser l'interaction entre l'individu et la structure est une manière de les penser séparément, ce qui en stérilise en partie l'analyse.

Le but de cet ouvrage est de proposer une approche différente et d'appliquer celle-ci à l'évolution socio-économique de groupes humains dans le Maroc contemporain.

Si le lecteur veut bien admettre que la « crise » de la sociologie provient de ce qu'elle se heurte à des limites difficiles à dépasser dans ses conditions actuelles d'exercice, s'il veut bien croire qu'un déplacement du regard, le développement d'une autre épistémologie, l'application d'autres méthodes, l'utilisation de nouveaux concepts sont possibles et nécessaires, alors il pourra cheminer, de manière critique mais non dogmatique[39].

J'espère qu'au terme de ce cheminement, lui sera venu à l'esprit que l'on peut raisonner autrement, je ne dis pas obligatoirement, mais *possiblement*, pour tenter de résoudre les énigmes qui sont aujourd'hui – et, je le crains, risquent d'être de plus en plus – hors de notre portée, si nous ne faisons un effort de renouvellement de nos paradigmes et de nos méthodes.

9. PLAN DE L'OUVRAGE

L'ouvrage comporte quatre parties.

La première partie retrace rapidement la trajectoire de la sociologie à partir de propositions qui considèrent que ce sont les humains qui construisent la société par leurs interactions, jusqu'à celles qui, contestant ce rôle central des individus dans les évolutions de la société, prennent le contrepied et avancent que ce sont les sociétés qui font les humains. J'évoque alors les solutions proposées par certains pour réconcilier ces conceptions apparem-

---

[39] Tout au long de cette réflexion sera affirmé l'intérêt des approches qui ont constitué la sociologie depuis deux siècles. Être reconnaissant des apports passés tout en en transgressant les modes et les règles, voilà deux attitudes parfaitement légitimes, bien qu'apparemment contradictoires. Mais la question de la contradiction ne fait-elle pas partie du travail scientifique depuis les débuts de celui-ci ?

ment si opposées, ce que l'on nomme souvent le « hol-individualisme, c'est-à-dire la conjonction du holisme et de l'individualisme méthodologiques. Partant de là, je passe en revue quelques traits fondamentaux de ces sociologies, certains de ces traits d'ailleurs partagés par les deux courants adverses, et tente d'en montrer les limites et les dangers. J'essaie alors de faire apparaître que l'introduction de la relation comme catégorie analytique centrale marque un progrès dans l'évolution de la sociologie. J'évoque ainsi les nombreuses approches interactionnistes. Mais j'essaie aussi de convaincre que ce progrès reste insuffisant, que le changement paradigmatique qu'il peut représenter reste au milieu du gué et qu'il faut aller plus loin, passant d'une relation de nature interactionnelle et ontologique à une relation de type épistémique pour accomplir la « grande transformation » souhaitée.

La seconde partie décrit un modèle sociologique relationnel qui a été utilisé pour modéliser des groupes humains dans le Maroc contemporain, soit deux douars et une plateforme de commerce de proximité (PCP) dans un quartier d'une ville marocaine[40].

La troisième partie détaille la mise en œuvre du modèle, notamment la construction des données issues des entretiens sur le terrain.

La quatrième et dernière partie, intitulée « Force des relations et émergence dans les sites », traite des résultats obtenus par le modèle et en donne l'interprétation.

Cette modélisation a permis de donner une compréhension des raisons de l'émergence de ces groupements et de leur développement depuis quelques années. Bien entendu, je ne me positionne pas en économiste. Le modèle

---

[40] Ce modèle a d'abord été testé pour tenter de valider ou d'invalider les propositions opposées de Bourdieu et Boudon concernant la réussite et l'échec scolaire et leurs causes. Voir Mélanie Girard et Claude Vautier, « La nécessaire et insuffisante dialectique de l'individu et du système : pour une trialectique de l'individu, du système et de l'événement », dans Denis Martouzet (dir.), *Le projet fait les acteurs. Urbanisme, complexité, incertitude*, Tours, Presses universitaires François Rabelais, 2018, p. 77-108. Ce travail a pu montrer que le décrochage de certains élèves d'une cohorte suivie durant 8 années n'est pas significativement corrélée aux principales variables explicatives possibles, notamment celles ressortant des positions de Boudon et de Bourdieu, montrant que l'explication du phénomène était à rechercher, non dans quelques variables bien choisies mais dans l'intrication de certaines d'entre elles et leur effets mutuels, ainsi que l'existence de phénomènes imprévus, d'événements générant des changements, voire des bifurcations plus ou moins brutales. Je fais ici référence aux ouvrages respectifs de Pierre Bourdieu et Jean-Claude Passeron, *La reproduction. Éléments pour une théorie du système d'enseignement*, Paris, Éditions de Minuit, 1970 et de Raymond Boudon, *L'inégalité des chances*, la mobilité dans les sociétés industrielles, Paris, Armand Colin, 1973. Le modèle a également été utilisé pour étudier le fonctionnement et l'évolution d'une communauté humaine en Ontario (Canada) : Claude Vautier, « Un petit monde en Ontario », *op. cit.*, Ce travail-là a permis de montrer que la vie communautaire ou, plus largement, sociale peut être modélisée en préservant la complexité qui gît dans l'ensemble des relations ou liens qui rendent indissociables les catégories mises en évidence dès les débuts de la discipline, l'individu, les structures (ou les éléments de système) et l'événement si longtemps refoulé. Ce sont les configurations que génèrent les relations entre ces catégories analytiques qui donnent à voir la dynamique d'un système sociétal.

sociologique que je propose permet, cependant, de résoudre certains problèmes rencontrés dans diverses sciences sociales, notamment dans celle qui traite d'économie politique. Dans le cas qui m'occupe ici, c'est de développement socio-économique qu'il s'agit et, dans ce cadre, de phénomènes d'émergence qui se produisent ou non.

Bien entendu, le terme « émergence » sera précisé en cours de route. Pour l'heure, il suffit de considérer qu'une « émergence » désigne une situation dans laquelle la somme des parties d'un tout (système) est plus que le tout lui-même. Autrement dit, une émergence signifie que la mise en présence des parties d'un tout fait naître « quelque chose » qui n'existait pas dans les parties... Ainsi John Stuart Mill considérait-il que l'eau est irréductible aux qualités de l'hydrogène et de l'oxygène : l'eau, c'est de l'hydrogène et de l'oxygène, mais avec « quelque chose » de plus... Le lecteur familier des principes de la complexité retrouvera là cette notion qui prescrit aussi, à l'inverse, que la somme des parties peut être moins que le tout lui-même. Dans ce cas, certaines qualités des parties sont inhibées et, ainsi, disparaissent en cours de processus.

PREMIÈRE PARTIE

Du contrat social rousseauiste au relationnisme contemporain

Leibniz, dans une expression célèbre, se demande : « Pourquoi y a-t-il quelque chose plutôt que rien[41] » ? Au-delà de l'immense débat philosophique qui anime cette question, depuis au moins Platon, disent certains philosophes, un sociologue contemporain pourrait se demander dans un autre registre : « Pourquoi y a-t-il une société, plutôt que rien ? », « rien », ici, signifiant des individus séparés vivant leur vie de façon solitaire et autonome. Cette question est récurrente dans ce que l'on peut appeler la « pré-sociologie », jusque vers le milieu du XIXe siècle (Comte, Spencer, Tocqueville, Stuart Mill, Marx, Pareto, Quételet sont-ils sociologues[42] ?), comme dans la « sociologie », si l'on fait commencer celle-ci avec Durkheim, Weber, Simmel...

---

[41] Gottfried Wilhelm Leibniz, *Principes de la nature et de la grâce fondés en raison*, édition de 1740.
[42] Toute classification est contestable par nature, quelles que soient les raisons invoquées pour l'étayer. Ainsi, dans un ouvrage classique, *Les étapes de la pensée sociologique*, Paris, Gallimard, 1967, Raymond Aron écrivait-il : « L'expression même de pré-sociologue met en lumière la difficulté de l'enquête historique à laquelle je voulais procéder. [...] À quelle date commence la sociologie ? Quels auteurs méritent d'être tenus pour les ancêtres ou les fondateurs de la sociologie ? » (p. 15). Il choisissait ensuite de classer Montesquieu, Comte, Marx et Tocqueville dans les « précurseurs », tandis qu'il regroupait Durkheim, Pareto et Weber dans la « génération du tournant du siècle », considérant les uns et les autres comme la source vive de la discipline à laquelle Auguste Comte donnera son nom. Cette classification est reprise par de nombreux ouvrages se donnant pour objectif de faire l'histoire de la sociologie ou faisant un détour par elle, tel l'ouvrage de Jean-Michel Berthelot (dir.), *La sociologie française contemporaine*, Paris, Puf, 2000, ou l'ouvrage de Simon Laflamme, *Théories en sciences humaines au XXe siècle*, tome 1 : L'autonomisation des sciences humaines, Paris, L'Harmattan, coll. « Pour comprendre », 2016.

1. Vers le relationnisme

1.1. Individus et société : construction de la société et contrat social

Parmi les premières réponses à la question ci-dessus, celle de Jean-Jacques Rousseau consiste à dire que tout individu, en naissant – par sa naissance même –, souscrit un « contrat social » qui l'oblige en tant qu'individu à respecter diverses lois, règles et normes et, en contrepartie, oblige la « société » à lui apporter divers avantages tels que la sécurité, par exemple :

> Trouver une forme d'association qui défende et protège de toute la force commune la personne et les biens de chaque associé, et par laquelle chacun, s'unissant à tous, n'obéisse pourtant qu'à lui-même, et reste aussi libre qu'auparavant. Tel est le problème fondamental dont le Contrat social donne la solution. [...] À l'instant, au lieu de la personne particulière de chaque contractant, cet acte d'association produit un corps moral et collectif, composé d'autant de membres que l'assemblée a de voix, lequel reçoit de ce même acte son unité, son moi commun, sa vie et sa volonté[43].

Cette conception fonde l'idée selon laquelle la prise en compte des individus et de la société, pour en faire deux protagonistes qui peuvent contracter comme s'opposer, ouvre la voie à deux approches possibles de cette entité que l'on appelle société : on peut prétendre que les individus *font* la société ou *agissent sur* elle pour la transformer ; on peut prétendre également que c'est la société qui fait les individus et agit sur eux pour les transformer, pour les « socialiser ». Aron dénonce le caractère caricatural de l'opposition binaire entre ces approches théoriques en termes d'individualisme et de holisme[44], suivi en cela par de très nombreux auteurs : Boudon lui-même critiquait cette tendance en faisant notamment de Durkheim un auteur à cheval sur les deux positions, holiste par préférence, individualiste par carence du holisme et obligation, pourrait-on ainsi dire, ainsi que le suggère Boudon[45]...

Dans tous les cas, quelle que soit l'approche choisie, le résultat est sensiblement le même dans le sens où la conception qui la sous-tend est celle d'une dissociation entre l'individu et la société. Dans sa version la plus simpliste, cette façon de voir consiste à tenter de démontrer que les sociétés sont nées du rapprochement d'individus ayant intérêt à se regrouper, pour se défendre, pour améliorer leur capacité de production des biens leur étant nécessaires... Le point de départ est donc celui d'individus *non encore en société*.

---

[43] Jean-Jacques Rousseau, *Du contrat social ou Principes du droit politique*, édition numérique produite par Jean-Marie Tremblay à partir du texte publié en 1762, Le monde en 10-18, p. 1 à 198, Union Générale d'Éditions, Paris, 1963, p. 17 et 18, [en ligne] : http://classiques.uqac.ca/, consulté le 19 août 2014.
[44] Raymond Aron, *Les étapes de la pensée sociologique*, op. cit.
[45] Notamment dans : Raymond Boudon, *Études sur les sociologues classiques*, T. 1, Paris, Puf, 1998, Chap. III, « Durkheim et Weber : convergence de méthode », p. 93-136.

C'est l'agrégation de ces individus qui crée la société, ce sont leurs actes et décisions qui génèrent le système social. Avec Marx, soutenant que cette société exploite les individus (tout au moins certains d'entre eux, la plus grande part), ou Bourdieu, selon qui cette société impose aux individus des habitus et une violence symbolique qui les privent, au moins en partie, de leur liberté d'agir, on reste dans un cadre de séparation et on prolonge la querelle entre les deux visions individualiste méthodologique et holisme méthodologique. Comprendre la genèse ou l'évolution d'une société se pourrait alors en empruntant deux entrées contradictoires : par les individus producteurs de la société, par la société productrice des caractéristiques profondes et vitales des individus.

1.2. Les « bonnes raisons » : l'approche interactionniste et ses limites

L'histoire de cette approche dualiste passe par de nombreux apports parmi lesquels ceux des Écoles de Chicago qui développèrent dès 1892 (date de l'ouverture d'un département de sociologie dans l'université de cette ville) un modèle de sociologie interactionnelle qui se cristallisa en interactionnisme symbolique et en ethnométhodologie. Dans son principe, l'interactionnisme pose que la structure sociale est un effet émergent des interactions entre les individus, ce qui apparaît comme une proposition tout à fait acceptable, bien que partielle. En contrepartie, il a pu essuyer la critique (Habermas, Crozier, Friedberg...) de se focaliser sur la construction subjective que font les acteurs de leur monde, sans référence réelle à des normes sociales qui n'y apparaissent que comme des constructions subjectives de sens, des ressentis purs (stigmatisation, étiquetage).

En prolongeant cette interprétation et en la radicalisant, l'ethnométhodologie apporte un éclairage sur « la construction sociale de la réalité » par les individus en interaction, souligne leur compétence quasi universelle à comprendre les phénomènes sociaux dont ils sont partiellement créateurs et gomme la frontière entre connaissance profane et connaissance savante, par l'application d'un « sens pratique » (les « méthodes » ou « ethnométhodes ») qui leur permet de régler les problèmes de leur vie quotidienne.

Globalement, l'une et l'autre de ces deux positions ont exploré l'idée essentielle selon laquelle la structure sociale n'est qu'une émergence des interactions entre les individus et celle, non moins essentielle, qui est que le monde social est aussi lié à l'émergence d'un sens produit inter-individuellement et partagé. Cependant, on a pu également leur reprocher (en particulier à l'ethnométhodologie) de s'être essentiellement focalisées sur l'interaction : c'est presque dans un face à face entre deux individus que se joue la vie sociale, à travers un langage commun et la réalité sociale ne serait plus que ce qu'en disent les acteurs. Les aspects institutionnels, les normes et valeurs partagées (quand bien même elles sont produites par les individus en interaction, mais aussi intériorisées et pas seulement dans une situation précise dans l'espace et le temps) deviennent singulièrement absents.

Et, pourtant, la critique elle-même n'est pas exempte de reproche. En insistant sur l'absence des normes intériorisées par les acteurs, celle-ci renvoie à une position dans laquelle les acteurs deviennent (ou restent) le centre de l'analyse. Ainsi que l'écrivent Alain Degenne et Michel Forsé :

> Parti d'un dispositif supposant l'indépendance des unités d'analyse, on en arrive très logiquement à des explications psychologisantes : les individus qui ont le même comportement partagent les mêmes normes ou ont la même conscience collective, qui les pousse à agir de la même façon. En un mot, les normes sont des causes. Le point de vue de l'analyse structurale est très exactement inverse. Les normes sont des effets de la situation structurale des individus ou des groupes. [...] Il est donc possible de se passer du recours aux explications selon lesquelles les acteurs sont mus par des forces (des normes intériorisées, des forces collectives ou plus récemment des habitus), c'est-à-dire en fin de compte d'un recours à une causalité abstraite synonyme d'un âge métaphysique pour reprendre le vocabulaire de Comte[46].

Il ne me paraît pas excessif de penser que les courants de pensée interactionnistes, dans leur développement même, en se recentrant sur une communication entre individus ayant des compétences dans les situations qu'ils vivent, avec une rationalité implicite qui devient le principe sous-jacent de toute interaction sociale, restent très éloignés de ce qu'ils auraient pu apporter.

1.3. Un holisme et un individualisme tempérés : le hol-individualisme

Même en évitant la caricature de l'opposition frontale entre holisme et individualisme refusée par la plupart des sociologues contemporains, même en associant les deux positions en un « hol-individualisme » reconnaissant qu'individus et systèmes se produisent mutuellement, on reste sur l'idée que les individus et le système sont des termes séparés qui *interagissent*. Et l'on peut alors trouver légitime de chercher à savoir lequel des deux termes agit le plus sur l'autre, d'une certaine manière, élimine l'autre de l'explication.

C'est, me semble-t-il, ce que font les sociologues depuis plus d'un siècle.

En parlant d'une « hominisation » conçue comme « anthropo-sociogenèse », Edgar Morin développe l'idée que la culture, inséparable des systèmes génétique, cérébral et écologique, a joué un rôle indispensable dans ce

---

[46] Alain Degenne et Michel Forsé, *Les réseaux sociaux. Une analyse structurale en sociologie*, Paris, Armand Colin, 1994, p. 6-7.

processus qui semble bien faire passer l'espèce du chimpanzé à l'hominien[47], ce qu'il résume en un certain sens de la façon suivante :

> [...] l'espèce, la société, l'individu. On a toujours tendance à scotomiser deux de ces termes au profit de l'un, on a des difficultés à les penser ensemble. Or chacun de ces termes renvoie à l'autre, aucun ne peut être pensé et conçu comme la fin de l'autre. Il y a un circuit sans commencement ni conclusion entre espèce, société, individu et nous avons vu que tout ce qui concerne la complexité de l'un concerne la complexité de l'autre, que le développement de l'espèce, de la société, de l'individu sont interrelationnés[48].

Si Morin a raison, alors il est vain de vouloir séparer les termes, ici individu et société, auxquels, je l'ai dit plus haut, j'associe le terme « événement »[49], tout comme de chercher le point de départ de la boucle pouvant exister entre eux. Ces trois termes sont liés par une relation « trialectique », écrit Donnadieu[50] en référant ce mot à Morin qui l'utilise pour toutes sortes de relations triadiques qu'il envisage au long de *La Méthode*, comme dans de nombreux autres ouvrages.

---

[47] Edgar Morin, *Le paradigme perdu : la nature humaine*, Paris, Seuil, 1973, p. 61 à 104.
[48] *Ibid.*, p. 103.
[49] Le concept d'événement veut saisir l'historicité du monde en général et du monde social en particulier. Edgar Morin, dans un texte qui me semble assez peu commenté, « Le retour de l'événement », dans le numéro thématique « L'événement », *Communications*, Seuil, 1972, évoque une événementialisation du monde qui en est une historicisation. Pour ne prendre qu'un extrait très court de ce texte, je vais à ses dernières lignes (p. 19-20) : « Système et événement ne devraient-ils pas enfin être conçus de façon couplée ? La théorie des systèmes disposant d'une information organisatrice génératrice (auto-organisée, auto-programmée, autogénérée, automodificatrice, etc.) a besoin d'intégrer l'événement accident-aléa dans sa théorie. Peut-on entrevoir déjà la possibilité d'une théorie des systèmes événementialisés anacatastrophisables ? Une telle théorie permettrait d'envisager enfin une science du devenir. » Ma conception de l'introduction de l'événement dans la théorie des systèmes complexes est d'introduire l'aléa, l'accident dans le système et d'en faire l'une des catégories qui expliquent le fait que l'histoire se déroule. Ce sont évidemment les actions humaines, bien entendu aussi les évolutions structurales organisationnelles du système qui sont à la fois le moteur et le symptôme de l'histoire en marche, mais ce sont aussi ces événements inattendus, aléas, accidents. L'assassinat de John Fitzgerald Kennedy, le 22 novembre 1963 à Dallas a eu des conséquences quasi impossibles à anticiper, puis, de nos jours, à déterminer concernant les humains et le système américain (et, bien sûr, mondial), mais cet événement ne peut être occulté quand on s'interroge sur l'évolution historique des États-Unis. Ce n'est cependant pas non plus sur lui qu'on doit faire reposer toute cette évolution. D'où, comme le lecteur le verra un peu plus loin, l'intérêt d'associer les trois catégories conceptuelles, individu, système et événement dans un modèle trialectique. J'ai fourni une bibliographie qui peut aider le lecteur, dans l'article « Cette étrange pliure à partir de laquelle rien n'est plus pareil. La question de la contingence en sciences sociales : l'événement », *Nouvelles perspectives en sciences sociales*, vol. 13, n° 2, mai 2018. En ligne : https://www.erudit.org/fr/revues/npss/2018-v13-n2-npss03950/1051117ar.pdf.
[50] Gérard Donnadieu, « De quelques illustrations de la trialectique », En ligne : http://www.afscet.asso.fr/resSystemica/Crete02/DonnadieuTrialectique.pdf consulté le 30 mai 2014, (non paginé).

Le terme de trialectique, repris de l'œuvre d'Edgar Morin, désigne le jeu interactif entre au moins trois composants par lequel se manifeste très souvent la complexité. Ce jeu à trois articule entre eux les principes de la logique systémique : reliance dialogique, reliance récursique et reliance hologrammatique[51].

Tentant de réconcilier, selon son expression, les deux approches décrites plus haut, Donnadieu propose un modèle reliant système organisationnel, système culturel et système des acteurs, fondé sur l'idée qu'« ainsi, la trialectique se trouve au cœur de la dynamique sociale, mettant en évidence son caractère à la fois déterminé et libre[52] ».

De plus, le sociologue ne saurait se passer du temps long, ajoute-t-il, faisant écho aux critiques adressées naguère par Braudel à Gurvitch en ces termes : « Dans le langage de l'histoire (tel que je l'imagine), il ne peut guère y avoir de synchronie parfaite[53] ».

1.4. La sociologie peut-elle être asynchronique ?

C'est qu'une autre difficulté apparaît dans la sociologie contemporaine. C'est, nous l'avons déjà évoqué, son caractère largement synchronique. Non seulement les principales théories sociologiques ont tendance à séparer l'individu et le système, mais encore elles s'en tiennent le plus souvent à une analyse statique des situations et phénomènes qu'elles étudient. Il est vrai que la mise en dynamique des études sociologiques suppose de se doter d'outils et de concepts qui sont rarement présents dans ces théories et, plus généralement, dans la discipline. Plutôt que la notion de « fait social », telle que l'utilise Durkheim, avec ses connotations substantialiste et déterministe, il faut aller vers celle de « processus social », dans laquelle les concepts d'« irréversibilité », de « désordre » et de « désordre organisateur », de « bifurcation »... peuvent être mobilisés.

L'École de Chicago, par exemple, avait vu l'importance de cette orientation vers la question des processus sociaux, vers l'idée que rien n'est fixé, ni les personnalités, ni les institutions, ni les données culturelles, etc. Mais ses représentants développent une théorie sociologique qui s'éloigne peu d'une « psychologie sociale ». George Herbert Mead, William Isaac Thomas et Robert Ezra Park, parmi les auteurs principaux du mouvement, prennent une posture interactionniste, c'est-à-dire que ce sont les interactions entre les

---

[51] *Ibid.*
[52] *Ibid.*
[53] Fernand Braudel, « Histoire et sciences sociales : la longue durée », *Annales. Économie, Société, Civilisations*, 13e année, n° 4, 1958, p. 739. Sur le débat entre Gurvitch et Braudel, voir Fernand Braudel, « Georges Gurvitch ou la discontinuité du Social », *Annales*, n° 3, 1953, p. 347-361. Sur les termes « synchronie » et « diachronie », on se référera plus loin à Edgar Morin, « L'Événement-Sphinx », Numéro spécial « L'événement », *Communications*, vol. 18, n° 18, 1972, p. 173-192.

individus (ou encore entre individus et valeurs sociales, comme chez Thomas) qui génèrent et transforment les institutions sociales.

L'exemple de l'École de Chicago permet de voir que les deux problèmes dont, comme d'autres, je souligne la présence dans la théorie sociologique depuis sa naissance[54] ont été aperçus par de nombreux auteurs qui ont tenté de les résoudre, à moins qu'ils n'aient considéré que l'approche méthodologique devait faire des choix privilégiant ce qu'ils pensaient susceptible d'apporter une plus grande efficacité analytique : partir de l'individu plutôt que de la société, traiter de faits sociaux plutôt que de processus, ce qui est une manière de chercher sa clé non pas où on croit l'avoir perdue, mais là où il y a de la lumière[55]…

La mise en relation de ces diverses approches possibles, cependant, est rare.

Après les grandes disputes du début du XXe siècle autour du rôle de l'histoire et de sa mise en œuvre dans les explications en sociologie[56], les études sociologiques se fondent essentiellement en synchronie, rejettent comme des scories l'événement et l'imprévisibilité ; c'est le cas pour les approches structuralistes aussi bien que pour les diverses formes d'individualisme méthodologique.

C'est surtout à partir des années 1990 que la question de l'introduction de la « contingence[57] » dans l'analyse sociologique, de celles de la bifurcation, de l'imprévisibilité et de la mutation du système, se pose à nouveau avec des auteurs comme Jean-Michel Berthelot[58], Robert Boyer, Bernard Chavance,

---

[54] C'est-à-dire la séparation analytique de l'acteur et du système et l'exhaussement de l'un par rapport à l'autre, d'une part, d'autre part, notre incapacité à introduire de la dynamique véritable dans les modèles.

[55] Cf. Jean-Louis Le Moigne, *La modélisation des systèmes complexes*, Paris, Dunod, 1995 [Bordas, 1990], p. 6. Cela signifie que l'on conditionne sa question de recherche aux outils disponibles et non les outils à sa question de recherche.

[56] Voir Michel Grossetti, *Sociologie de l'imprévisible. Dynamique de l'activité et des formes sociales*, Puf, 2004. Grossetti s'est intéressé depuis de nombreuses années à la question de l'imprévisibilité, de la contingence et de l'événement. Voir, par exemple, « Éléments de discussion pour une sociologie des bifurcations (contingence, événements, et niveaux d'action », communication pour le colloque « Anticipation », janvier 2003 ; « L'imprévisibilité dans les parcours sociaux », *Les Cahiers internationaux de sociologie*, 2006, n° 120, pp. 5-28, en ligne : http://hal.archives-ouvertes.fr/docs/00/47/63/74/PDF/CIS-imprevisibilite-2006.pdf consulté le 30 juillet 2014. Michel Grossetti rappelle, dans l'ouvrage cité ci-dessus, la charge portée par François Simiand, en 1903, contre certains des historiens de son époque, et son appel à un « principe d'exclusion de la contingence (*i.e.* de l'imprévisibilité – NDA) des explications scientifiques qui sera repris une trentaine d'années plus tard par Lucien Febvre et Marc Bloch dans la revue *Les Annales d'histoire économique et sociale…* », *Ibid.*, p. 24.

[57] J'emprunte ce terme à Grossetti qui indique qu'il l'utilise à la manière de François Simiand, comme synonyme d'imprévisible. *Ibid.*, p. 24.

[58] Jean-Michel Berthelot, *Les vertus de l'incertitude*, Puf, 1995.

Olivier Godard[59], François Dubet, Olivier Cousin, Jean-Philippe Guillemet[60], Michel Grossetti[61]...

1.5. Vers une « sociologie de l'imprévisible » ?[62]

Que l'individu ait assez d'autonomie et de rationalité pour être à la source de ses actes, qu'en même temps le système soit assez prégnant pour atténuer cette autonomie et influer sur les choix individuels, cela paraît indéniable. Que l'étude sociologique puisse, et même doive, être dynamique et tenir compte des évolutions permanentes, de la re-production au sens d'Yves Barel, passe encore, cela devrait être la moindre des choses à admettre aujourd'hui. Mais invoquer l'aléa, le hasard ? Ce « concept entièrement négatif, vide, donc sans intérêt scientifique », ainsi que l'écrivait René Thom[63], peut-il raisonnablement et scientifiquement apporter une aide aux efforts de production scientifique de connaissance ?

Si l'on veut bien se reporter à la note 49 de ce texte, on retrouvera l'argument, appuyé par les réflexions d'Edgar Morin, selon lequel lier individu et système ne suffit pas, puisque cela laisse échapper cet aspect, l'aléa, le hasard, qui, toujours selon Morin, est indissolublement lié au système.

Sans encore entrer dans le vif du sujet pour ce qui concerne l'événement[64], on peut faire valoir l'ambigüité du terme, ambigüité qui devra présider à une formulation épurée.

---

[59] Robert Boyer, Bernard Chavance, Olivier Godard (dir.), *Les figures de l'irréversibilité en économie*, éditions de l'École des hautes études en sciences sociales, 1991.
[60] Francois Dubet, Olivier Cousin, Jean Philippe Guillemet, « Sociologie de l'expérience lycéenne », *Revue française de pédagogie*, janvier à mars 1991, http://www.chez.com/b105/resumes/expelyc.htm consulté le 31 juillet 2014.
[61] Michel Grossetti, *Sociologie de l'imprévisible, op. cit.* Mais aussi, Marc Bessin, Claire Bidart et Michel Grossetti, *Bifurcations. Les sciences sociales face aux ruptures et à l'événement*, Paris, La Découverte, coll. « Recherches », 2009. À signaler également, le très intéressant projet ANR Bipaje (2011-2014) en partenariat avec le CRSH : « Les bifurcations dans l'entrée dans la vie active : une comparaison France-Québec », dont l'équipe, composée de sociologues et d'économistes de plusieurs nationalités comprenant, notamment, Michel Grossetti et Claire Bidart déjà cités, entend mener une étude longitudinale à partir de données qualitatives et quantitatives pour mettre en évidence les ruptures et bifurcations qui apparaissent dans les parcours professionnels des jeunes en France, au Québec et en Argentine.
[62] Selon le titre de l'ouvrage de Michel Grossetti, *Sociologie de l'imprévisible, op. cit.*
[63] René Thom, « Halte au hasard, silence au bruit », dans Krzysztof Pomian, Edgar Morin, Isabelle Stengers, Ilya Prigogine, Henri Atlan, Antoine Danchin, Jean Largeault, Jean Petitot, René Thom, Stefan Amsterdamski, Ivar Ekeland, David Ruelle (collectif), *La querelle du déterminisme : philosophie de la science d'aujourd'hui*, coll. « Le Débat », Gallimard, 1990, p. 75.
[64] Cette question de la définition précise du terme événement pour en faire un concept opératoire sera traitée un peu plus loin dans l'ouvrage. Il s'agit ici seulement en quelque sorte, de réhabiliter la notion, d'en affirmer l'intérêt après des décennies de bannissement dans les sciences humaines et sociales.

Ici, il est bien certain que je n'ai pas dominé la trop grande richesse de la notion d'événement ; j'ai posé une bipolarité, et l'immense champ entre les deux pôles est resté obscur. Premier pôle : tout ce qui advient dans le temps, c'est-à-dire tout ce qui a naissance et fin. Second pôle : ce qui est improbable, singulier, accidentel[65].

Je ne cherche pas non plus ici à dominer cette trop grande richesse. En prenant l'événement au sens de « ce qui est improbable, singulier, accidentel, qui advient dans le temps », je reste à un niveau de compréhension intuitive plus que conceptuelle, mais ce niveau me paraît pour l'instant suffisant pour poser les bases de mon raisonnement global[66]. Une question y préside : à la *Force du destin*[67] pourrait-on opposer ou, mieux, associer la force du hasard[68] ? Non pas, donc, pour exhausser celle-ci au-dessus de tout le reste, je veux dire les parts d'autonomies respectives des individus et du système, mais pour introduire ce hasard dans la boucle reliant individu et système.

L'ouvrage de Grossetti *et al.* évoqué plus haut vise à introduire ce hasard qu'il nomme « imprévisible ». L'ouvrage est une tentative pour convaincre de la possibilité et de l'intérêt d'introduire la contingence, l'imprévisibilité, l'imprédictibilité, le hasard dans la méthode sociologique. Cette tentative particulièrement salutaire, permet de dessiner des contours à ce que pourrait être une sociologie renouvelée. Sa conclusion invite à « ouvrir (ou rouvrir) le chantier de l'étude des dynamiques sociales en partant du principe qu'il faut faire une place à l'imprévisibilité[69] ». Cette volonté d'introduire l'histoire dans les SHS et le hasard dans l'histoire me semble tout à fait nécessaire. L'ouvrage, de ce point de vue, est important pour les sociologues et tous ceux qui font de la recherche en SHS.

---

[65] Edgar Morin, « L'événement-Sphinx », *Communications*, numéro thématique « L'événement », *op. cit.*, p. 177.
[66] Je reviendrai plus loin sur le sens de l'événement dans la modélisation que je propose.
[67] Selon le titre de l'opéra de Verdi datant de 1862.
[68] « Hasard ! Dieu méconnu ! Les Anciens t'appelaient destin ! Nos gens te donnent un autre nom... », Pierre-Augustin Caron de Beaumarchais, « La mère coupable », Acte II, scène X (1791), dans *Œuvres complètes de Pierre-Augustin Caron de Beaumarchais*, Tome deuxième, Théâtre II, éditeur Léopold Collin, Libraire, 1809, p. 379. C'est le paradoxe, avec le hasard : inintentionnel, il s'oppose à la providence. Providentiel, il redevient intentionnel. Pour le croyant, le hasard n'existe pas, il n'y a que la Providence. Pour Einstein, « Le hasard, c'est le déguisement que prend Dieu pour voyager incognito » (cité par Marion de Sirius, *L'île sans nom ou le mystère des perles du Pacifique*, Books on Demand Éditions, 2014, p. 21). Pour Cournot, c'est la « rencontre de deux séries causales indépendantes. » Voltaire en fait « la cause ignorée d'un effet connu », mais pour Berlioz ou Camus, le hasard est respectivement « ce dieu inconnu, qui joue un si grand rôle dans ma vie... » et « La seule divinité raisonnable. » La controverse ancienne autour du hasard est largement celle de l'intentionnalité : l'absence de celle-ci est peu supportable pour les humains et les sociétés, aussi celles-ci et ceux-là veulent-ils la mettre partout et créer ainsi de la rationalité généralisée. Enfin, je ne peux ignorer Jacques Monod citant Démocrite : « tout ce qui existe dans l'univers est le fruit du hasard et de la nécessité », exergue dans *Le hasard et la nécessité. Essai sur la philosophie naturelle de la biologie moderne*, Paris, Seuil, 1970.
[69] Michel Grossetti, *Sociologie de l'imprévisible, op. cit.*, p. 208.

1.6. Une sociologie incluant le hasard et/ou l'événement

Le problème, avec le mot « hasard » est la difficulté de le spécifier, tant reste vif le débat autour de son existence ou non ou plutôt, de son importance ou non dans les phénomènes, notamment sociétaux. La question sur ce point devient : que veut et/ou peut représenter le hasard dans un modèle sociologique ? Pour répondre à la question, nous pouvons en poser une autre : qu'est-ce qui manque fondamentalement à la plupart des modèles cherchant à comprendre et expliquer les phénomènes rencontrés en SHS ? La réponse que je trouve chez Morin comme chez Laflamme (mais aussi chez d'autres auteurs, Elias, Simmel...) est : l'histoire ou l'historicité. La grande difficulté de développer des modèles diachroniques conduit généralement à faire l'impasse sur le fait que les phénomènes sociétaux étant des processus, ils sont éminemment historiques. Mais comment introduire l'historicité ? Par ailleurs, sembler réduire l'historicité à du hasard n'a pas de sens, en particulier dans l'optique que j'adopte : l'histoire ne peut être issue du seul hasard, elle ne peut l'être que de la combinaison entre diverses forces traduites dans le modèle en catégories sociologiques. Ainsi, ai-je proposé trois catégories, l'individu, le système et l'événement, pour développer une modélisation relationnelle[70].

Le concept d'événement, lui aussi polysémique comme on l'a vu plus haut, me semble pour l'instant, le plus adapté (ou le moins inadapté) à représenter l'introduction de la temporalité dans le modèle que je tente de développer. Le terme « histoire » est trop large et englobe les deux autres catégories (individu et système), de même qu'il inclut aussi potentiellement l'événement. Le terme hasard est trop polémique et restrictif. L'événement désigne un mouvement repérable dans le temps en ce qu'il est rupture. « Quelque chose » se produit dont on peut faire raisonnablement l'hypothèse qu'il n'est pas sans rapport avec un changement de trajectoire du processus que l'on étudie. Bien entendu, si l'événement est une rupture, encore faut-il avoir des moyens de repérer cette rupture (*i.e.* qu'il y a bien « rupture ») et cela demande généralement du recul. Tel « événement » qui se produit aujourd'hui ne peut pas forcément être aujourd'hui appelé ainsi et il faudra peut-être attendre quelques jours ou mois ou années pour repérer s'il a bien été un événement... D'une certaine manière, en empruntant un peu à Bateson, on peut dire que l'événement est événement quand il annonce ou fait advenir des nouvelles d'une différence[71]. Il faut donc que cette nouvelle nous parvienne pour décider si telle chose est ou non un événement, ce qui peut

---

[70] Claude Vautier, « La faille et la brèche : réflexions sur un dépassement possible des controverses contemporaines en sociologie », *op. cit.*
[71] Gregory Bateson, *Une unité sacrée. Quelques pas de plus vers une écologie de l'esprit*, Paris, Seuil, 1996 [1991], notamment, p. 299-302. Ici, ce qui ressort de ce rapprochement, c'est qu'un événement ne peut être tel que pour ceux qui ont reçu la « nouvelle d'une différence ». Mais le modélisateur peut décider, en fonction de son intuition et des éléments tirés du terrain, s'il peut faire l'hypothèse que tel phénomène aperçu peut être considéré comme événement ou non.

être très rapide ou très lent. Ce qui me frappe, c'est que le temps, celui (long) de l'histoire et celui (court) de l'événement[72] naissent l'un de l'autre et inversement : la bifurcation liée à un « incident » ou « accident » de parcours contribue à façonner la « grande histoire » et celle-ci permet la survenue matérielle ou la construction sémantique de l'événement[73]. Plus important, en introduisant le hasard sous l'espèce de l'événement[74] dans le nœud borroméen du modèle relationnel que je propose, je tente de rendre le modèle intrinsèquement dynamique : le temps ne s'écoule plus à l'extérieur du système social, n'est plus une simple échelle de mesure, mais constitue à la fois l'un des moteurs du modèle en même temps qu'il en est le produit. En fin de compte, ce que nous livre le modèle relationnel, c'est l'histoire du phénomène que nous saisissons dans le cours des temporalités propres aux individus, de celles propres au système et de celles de la survenue des événements.

1.7. Une modélisation relationnelle des systèmes complexes

La spécificité d'une approche relationnelle de la modélisation des systèmes complexes consiste à considérer que les acteurs, tout comme les systèmes en présence ne peuvent être ni éliminés ni survalorisés dans la modélisation du social. Pour ce qui est des systèmes, leur prégnance dans les modélisations holistes est depuis longtemps remise en question. En ce qui concerne les acteurs, leurs positions dans les modélisations les plus nombreuses en sociologie en font la source dominante du social, en particulier depuis les travaux de Raymond Boudon. C'est pourquoi ils sont aujourd'hui à la frontière entre deux approches sociologiques opposées, l'une reposant sur eux, leur intentionnalité, leur rationalité, leur capacité de choix et d'action, l'autre considérant que si les acteurs existent, s'ils agissent, quelles que soient leurs raisons (bonnes ou mauvaises pour faire un clin d'œil à Raymond Boudon) et quelles que soient

---

[72] Façon lapidaire de dire les choses. N'y a-t-il pas un temps court de l'histoire et un temps long de l'événement ? En écrivant qu'il souhaite « comprendre la Révolution française comme un événement qui dure un siècle », François Furet est à la fois provocateur et novateur, puisqu'il inscrit l'événement dans le temps long. François Furet, *La Révolution 1770-1880. De Turgot à Jules Ferry*, Paris, Hachette, 1990, Présentation de l'ouvrage.

[73] Ce qui signifie que les bifurcations éventuelles de l'Histoire (avec volontairement un « grand H ») permettent de repérer des phénomènes auxquels on pourra accorder le statut d'événement, par mise en intrigue dirait Paul Ricœur, par reconstruction *a posteriori*. On retrouve là un aspect de la méthode que Durkheim, nous dit Boudon, pratique contre sa propre profession de foi : « Si la théorie de Durkheim nous paraît convaincante, c'est qu'elle *reconstruit* de façon convaincante ce qui se passe dans la tête du magicien », Raymond Boudon, *Études sur les sociologues classiques* I, Paris, Puf, 1998, p. 117. C'est moi qui souligne.

[74] En fait, les termes « hasard » et « événement » ne sont pas réellement synonymes, contrairement à ce que nous laissons peut-être penser ici et dans les développements qui précèdent. Mais ils se recouvrent partiellement.

les valeurs ou les croyances qui les font agir, ils ne sont qu'une force parmi celles qui se confrontent pour former ce que nous nommons société humaine. Ces acteurs sont affrontés à des systèmes de règles, de normes, de relations multiples avec des humains, des objets, des institutions... mais aussi à des phénomènes temporels, parfois historiques[75].

C'est de ces confrontations (parcourues ici de façon non exhaustive) qu'émerge une situation. La modélisation relationnelle invite le chercheur qui s'y essaie à ne plus centrer son travail sur une catégorie principale autant que principielle, que ce soit l'individu (ou l'acteur ou encore l'agent), le système ou les éléments de systèmes (ou les sous-systèmes) organisant les institutions, les règles, les cultures, les valeurs... Elle l'invite à admettre que toutes ces « choses », individus, objets, sociétés, événements, participent de ce processus qu'est le monde et qu'il est vain de vouloir à tout prix discriminer *ex ante* ce qui est le plus important pour expliquer et comprendre ce qui se passe, pour en faire la fondation d'un système théorique capable d'une exhaustive révélation[76]. La mise en œuvre d'une approche relationnelle propose donc la construction de modèles qui associent un ensemble de catégories pouvant être construites autour de ce maelström dont seuls nous parviennent les échos qui nous touchent.

De son côté, la modélisation des systèmes complexes, ainsi que Jean-Louis Le Moigne l'a définie[77], peut s'effectuer selon plusieurs voies. Dans les voies de l'individualisme comme du holisme méthodologiques, celles qu'empruntèrent Raymond Boudon ou Pierre Bourdieu, de nombreux travaux occultent ou oublient l'historicité des phénomènes, perdant ainsi « ce résidu [...] qu'ils appelaient dédaigneusement l'événement ; c'était aussi une bonne part de la vie la plus intimement individuelle[78] ».

D'autres « résidus » sont susceptibles d'être ignorés par les modélisations supportées par des logiques exclusives d'acteurs ou de systèmes. C'est l'un des grands enjeux des approches relationnelles que d'essayer de développer des modèles qui laissent échapper le moins possible de ces « résidus ». Il en est d'autres (mais ce sont aussi des moyens pour atteindre celui dont parle Marc Bloch), et, parmi eux, celui de rompre avec la sociologie subjectiviste,

---

[75] Denis Martouzet et Claude Vautier, « La représentation du projet : de l'acteur pilote à l'acteur impliqué », dans Denis Martouzet (dir.), *Le projet fait les acteurs. Urbanisme, complexité, incertitude*, Presses Universitaires de Tours, 2018, p. 401-412.
[76] Bien entendu, un modèle fondé sur les configurations sociétales (un champ relationnel), peut nous révéler que telle relation est plus importante que telle autre pour expliquer tel phénomène (et pas forcément un autre), mais, d'une part, ce ne sont pas les catégories qui sont ainsi discriminées, mais des relations et, d'autre part, le raisonnement mené ne se résume plus à une recherche de causalités, recherche bien incertaine dans les SHS.
[77] Jean-Louis Le Moigne, *La modélisation des systèmes complexes, op. cit.*
[78] Marc Bloch, *Apologie pour l'histoire ou métier d'historien*, Paris, Armand Colin, 1974 [7e édition/1ère édition en 1949], p. 27.

c'est-à-dire de promouvoir « une sociologie qui ne sera pas arrimée à une conscience individuelle », nous dit Simon Laflamme[79].

Modéliser des systèmes perçus complexes[80] suppose, à mon avis, de rompre avec toute modélisation qui demande que l'on s'interroge obligatoirement sur la psyché des acteurs. Trois courts exemples vont me permettre d'évoquer ce point : la simulation multi agents (SMA), la sociologie de l'action organisée et la théorie des réseaux que j'ai déjà évoquée.

Ainsi, la simulation multi agents permet-elle de se doter de ce que l'on peut considérer comme un laboratoire virtuel, permettant de faire et refaire des expérimentations en nombre *a priori* illimité, ce qui la fait entrer dans le cercle des disciplines susceptibles de validation expérimentale, même si ce n'est que virtuellement. Cependant, elle repose sur une base individualiste, ce sont des individus en interaction et dotés d'une psyché de convention très simpliste (rappel de la psychologie de convention de Weber) qui sont les producteurs des situations (ou des *scenarii*) qui sont mis à jour par l'analyse. Or, les modèles de ce type ne parviennent pas, me semble-t-il, à intégrer les autres dimensions de description du monde que sont, notamment, les systèmes dynamiques et l'imprévisibilité : les individus restent autistiques (leurs interactions ne modifient pas leurs modes de fonctionnement qui sont figés), les systèmes sont statiques, l'aléa n'existe pas. Malgré l'intérêt de tels modèles pour simuler la réalité que l'on modélise et en faire apparaître quelques traits saillants, je ne vois pas que leurs résultats puissent apparaître comme permettant une compréhension fine et fiable des processus sociaux.

Il en va de même des sociologies telles que la sociologie de l'action organisée. Même si on tente de lui donner certains caractères de la complexité, on voit que Crozier et Friedberg eux-mêmes fondent leur sociologie sur des individus disposant d'une psyché réduite à la capacité stratégique rationnelle et à l'intériorisation d'une culture de groupe. En écrivant :

> Ce que nous suggérons, c'est que le phénomène organisation et le phénomène système d'action sont désormais, et pour un certain temps, des phénomènes centraux pour la recherche en sciences sociales dans la mesure où *celle-ci bute essentiellement sur le problème de l'intégration des conduites et que c'est autour de ces phénomènes qu'on peut le mieux comprendre empiriquement comment effectivement les hommes parviennent à résoudre un tel problème*[81],

ils s'inscrivent fondamentalement dans la tradition individualiste ou actionniste, les acteurs constituant les *deus ex machina* agissant dans des

---

[79] Simon Laflamme, « Quelques éléments pour une sociologie du projet. De la difficulté des assises subjectivistes », dans Denis Martouzet (dir.), *Le projet fait les acteurs. Urbanisme, complexité, incertitude*, Tours, Presses universitaires François Rabelais, 2018, p. 74.
[80] Expression familière à Jean-Louis Le Moigne, suggérant que la complexité est dans le regard et non dans l'objet regardé lui-même.
[81] Michel Crozier et Erhard Friedberg, *L'acteur et le système. Les contraintes de l'action collective*, Paris, Seuil, 1977, p. 298. C'est moi qui souligne.

systèmes, et surtout sur fond de systèmes, considérés comme des environnements externes.

Les tenants de la théorie des réseaux, certainement l'une des plus fécondes théories sociologiques de ces dernières années, ne se démarquent pas autant qu'on pourrait le croire de ces deux approches. La limite sur laquelle ils butent (à juste titre pensent-ils) est qu'ils trouvent abusif d'aller jusqu'à remettre en cause la séparation entre les acteurs et les systèmes, et qu'ils ne souhaitent pas penser sur le même plan le sujet et le système, puisque ce sont les sujets qui construisent, au gré de leurs relations, le système des liens ou réseau. L'analyse structurale, cependant, dit s'intéresser aux relations. Évoquant le fait que la brique élémentaire peut être aussi bien un individu qu'un groupe, Degenne et Forsé écrivent : « L'essentiel est que l'objet soit bien la relation entre éléments ou si l'on préfère ces éléments en tant qu'ils sont liés ou susceptibles d'être liés aux autres ». Et, quelques lignes au-dessus, ils ont écrit que leur approche permettait « de dégager des groupes pertinents *a posteriori* [grâce auxquels on peut « *comprendre concrètement comment la structure contraint les comportements tout en émergeant des interactions*[82] ». C'est d'un « interactionnisme structural » qu'il s'agit[83]. La longue discussion qui est développée[84] montre les apports de cette approche : intérêt pour les relations plus que pour les catégories, hol-individualisme, déterminisme faible (et non fort) de la structure sur l'individu, refus de l'atomisme (contre l'*homo œconomicus* ancien), les agents font toujours des choix rationnels, mais qui peuvent être modulés : « L'*homo œconomicus* moderne est tout aussi capable d'altruisme[85] », mais « si tel est son intérêt[86] » … La théorie des réseaux essaie de corriger bien des carences des approches individualistes ou holistes. Mais elle reste centrée sur un acteur ayant de « bonnes raisons de faire ce qu'il fait » (« si tel est son intérêt »). Mais elle se fonde toujours sur une rationalité individuelle, non pas absolue[87], mais ayant pour statut de principe de permettre des modèles explicatifs des types de comportements et d'interactions. Elle en reste au niveau des interactions entre individus ou entre individus et structures. Elle continue de séparer ces deux catégories. Elle néglige totalement le fait que les individus se transforment plus ou moins au contact des structures et que celles-ci font de même au contact des individus. Plus précisément, elle ne peut concevoir, du fait de son appareillage conceptuel, que l'individu n'est pas seulement un individu et que le système n'est pas seulement un système. Enfin, elle ne peut pas non plus aborder réellement l'historicité. Bien que les auteurs écrivent qu'ils ajoutent au schéma « la dimension temporelle[88] » dans la mesure où « la

---

[82] Alain Degenne et Michel Forsé, *Les réseaux sociaux. op. cit.*, p. 7.
[83] *Ibid.* Le terme apparaît à la page 13 de l'ouvrage.
[84] *Ibid.*, p. 5-17.
[85] *Ibid.*, p. 13.
[86] *Ibid.*, p. 13.
[87] *Ibid.*, p. 14.
[88] *Ibid.*, p. 15.

structure est à la fois une contrainte formelle et un effet émergent de l'action », je ne vois pas comment pourraient être pris en compte les aléas, les accidents qui conduisent à des bifurcations. Ici, le moteur du changement, c'est l'interaction entre la structure et l'intérêt de l'acteur[89], ce qui est intéressant, mais, pour moi, insuffisant.

1.8. Relation et complexité

Outre les divers caractères prêtés aux systèmes perçus complexes (que je ne reprends plus), me paraît fondamentale l'introduction du temps dans la modélisation : avec le temps viennent l'aléa, l'incertitude, l'accident, ce que j'ai décidé, après d'autres, d'appeler l'événement. Ce à quoi il faut s'efforcer d'atteindre, c'est à une mise en évidence du fait que les systèmes sociaux ne réagissent pas de manière programmée et que la « causalité du chien » l'emporte sur la « causalité de la roche » (ou de la boule de billard)[90]. Autrement dit, que, dans ces systèmes, l'accident, la bifurcation, le nouveau et l'inattendu sont toujours possibles, voire sont le plus probable et le plus fréquent[91].

Mais, disant cela, je risque de laisser penser que je propose une sociologie fondée sur l'événement comme d'autres ont proposé des sociologies fondées sur les actions et les acteurs ou sur les systèmes, ou encore sur le risque... Or, l'approche sociologique que je suggère, avec quelques autres,

---

[89] *Ibid.*, schéma p. 15.
[90] Lynn Hoffman, *Foundations of Family Therapy*, citée dans Jean-Claude Benoit, Jacques Antoine Malarewicz, Jacques Beaujon, Yves Colas, Serge Kannas, Paul Sivadon, Collectif, *Dictionnaire clinique des thérapies familiales systémiques*, Paris, Éditions ESF, 1988, p. 81. « Lynn Hoffman, dans son livre "Foundations of Family Therapy", nous donne un bel exemple de la notion de circularité. Elle compare ce qui se produit si l'on frappe une roche ou si l'on frappe... un chien. La roche s'éloignera d'une distance proportionnelle au coup reçu de façon relativement prévisible. Si l'on frappe un chien, il aura une réaction qui sera fonction de sa relation avec celui qui le frappe et du sens qu'il donnera à ce geste, sa réaction sera différente selon qu'il voit la situation comme un jeu ou comme une agression, il pourra fuir, mordre celui qui l'a frappé, aboyer... ». On trouve chez Barel une déclinaison de ce thème dans *La Ville médiévale, système social, système urbain*, Grenoble, Presses Universitaires de Grenoble, 1975, p. 515-517 : « Il existe une "causalité du chien" et une "causalité de la boule" » (p. 515). « Le chien dispose d'une source d'énergie qui lui est propre et qu'il peut, selon les cas, décider d'utiliser ou non. La boule de billard ne dispose de rien de tel » (p. 517). Il parle alors d'« énergie stockée » d'« énergie libre » ou encore d'« énergie d'indécidabilité ». Je renvoie à cet ouvrage et, plus généralement, à Yves Barel pour apprécier la subtilité et la force des réflexions qu'il développe autour de la notion d'auto-production et auto-reproduction des systèmes sociaux.
[91] Ce que nos systèmes de régulation s'emploient, avec des succès divers, à rendre supportable. Évoquant le cosmos et le développement de la vie, Paul Ricœur écrit : « C'est l'improbable qui a eu lieu, qui ne cesse d'avoir lieu. [...] L'improbable devient le phénomène de plus en plus dominant », Paul Ricœur, « Le retour de l'événement », dans *Mélanges de l'École française de Rome, Italie et Méditerranée*, tome 104, n° 1, 1992, p. 33. Ne peut-on raisonnablement considérer qu'au niveau des sociétés humaines, l'improbable et l'inattendu jouent également un rôle important qu'il est dommageable d'ignorer ou d'occulter.

veut dépasser la disjonction entre des catégories plus ou moins pertinentes qui a généralement pour résultat d'en exhausser une au-dessus des autres. En disant que cette théorie sociologique est relationnelle[92], je dis que les catégories auxquelles elle s'adosse (et dont j'ai essayé de justifier le choix par ailleurs[93]) doivent être prises ensemble, être traitées comme *consubstantielles*, qu'il faut leur donner un caractère hologrammatique, accorder à ce que j'ai appelé ailleurs « champ relationnel » un caractère de continuité… Pour faire cela, le modèle, initialement conçu par Simon Laflamme, repris et transformé par mes soins, m'a semblé très adapté : trois catégories sont nouées de telle façon que chacune n'est jamais étudiée seule car, non seulement elle est mise en relation avec les deux autres, mais encore elle l'est avec la relation qui existe entre les deux autres.

L'intérêt d'une approche relationnelle ainsi conçue provient du fait qu'elle n'isole jamais aucune catégorie. Qu'aucune catégorie seule n'est censée être « explicative » de ce que l'on souhaite élucider, de ce dont on souhaite rendre compte.

Ainsi, se rencontrent deux préoccupations majeures à la source de ce travail : d'une part, réintroduire une dimension trop ignorée dans la modélisation des systèmes sociaux conçus comme systèmes complexes, le temps, sous l'espèce de l'événement sans faire de cette catégorie la nouvelle catégorie cardinale sur laquelle on pourrait faire reposer un nouvel édifice théorique. D'autre part, et ceci est indissociable de ce qui précède immédiatement, affirmer que c'est de relation hologrammique qu'il s'agit : le modèle présenté succinctement plus haut exprime l'idée que l'individu est dans la relation système-événement, tout comme la relation système-événement est dans l'individu, que le système est dans la relation événement-individu comme la relation événement-individu est dans le système, enfin que l'événement est dans la relation individu-système comme la relation individu-système est dans l'événement[94].

---

[92] La notion de relation prête à confusion, puisque je ne veux pas désigner une interaction, mais en quelque sorte une fusion. J'y reviendrai dans la suite.

[93] Claude Vautier, « La Faille et la brèche », *op. cit.*

[94] Dans la suite, j'utiliserai parfois le terme « relation », parfois le terme « liaison » ou « lien », afin de ne pas laisser s'installer l'idée selon laquelle ces « relations » sont nécessairement des interactions, des « flux de relations entre », ce qu'elles peuvent être aussi, mais pas exclusivement. Le vocabulaire, cependant me semble limité pour dire la continuité analytique d'une discontinuité ontologique apparente. Les termes de « métissage » ou d'« alliage » seront également utilisés. Mais je crois que c'est fondamentalement en opposant une relation au sens ontologique du terme à une relation de nature épistémologique que l'on peut rendre compte de la différence entre relationalité et interaction. Dans le premier cas, la relation existe vraiment comme existent les individus et les structures, dans le second, elles sont un principe de modélisation, c'est-à-dire de liaison entre les catégories utilisées. Cette question est traitée dans la suite.

1.9. Proposition

En fin de compte, la proposition que je fais ici est la suivante :
- sortir d'une sociologie analytique au sens cartésien du terme analytique pour aller vers une sociologie qui conjoigne au lieu de disséquer : c'est ce que font, *a priori* ou devraient faire tous les chercheurs réalisant des modélisations système complexe ;
- sortir d'une position phénoménologique fondée sur l'intention des acteurs et s'éloigner de leur psyché ;
- abandonner les positions holiste, individualiste ou hol-individualiste pour aller vers des modélisations relationnelles, c'est-à-dire s'intéressant au champ relationnel et non aux acteurs, aux structures ou même aux seules interactions entre ces divers éléments[95] ;
- intégrer le temps dans la modélisation afin de rendre celle-ci véritablement dynamique ;
- montrer que de telles modélisations constituées sur des relations épistémologiques, peuvent donner à comprendre de nombreux phénomènes, sociologiques, économiques, politiques, historiques... dans le champ des SHS.

Une telle approche se décline, on va le voir, sous des formes assez différentes, bien que non incompatibles.

2. Pour un relationnisme avancé

Parmi les auteurs contemporains, plusieurs ont imprimé à leurs travaux un virage relationniste. Ainsi, par exemple, de Guy Bajoit, de Michel Grossetti, de Pierpaolo Donati, de Margaret Archer, de Simon Laflamme, de François Depelteau, de Mustafa Emirbayer, Philippe Steiner... J'ajoute le « Groupe de Sudbury[96] », dont Laflamme est le centre, constitué de jeunes

---

[95] Le « champ relationnel » est une configuration de « relations entre », effectivement, mais ce ne sont pas les « relations entre » qui nous intéressent fondamentalement, c'est la configuration elle-même. La difficulté sémantique que l'on rencontre avec les termes « relation » et « relation entre » est dépassée par le fait que le passage au niveau de la configuration, du « filet de relations » dont parle Elias, permet de tenir compte du fait qu'il existe des relations (qui sont « entre »), mais que chacune de ces relations est noyée dans ce réseau généralisé où des individus, des systèmes organisationnels, des événements sont brassés. Dans ce brassage, les individus, les systèmes et les événements se transforment en permanence, et leurs relations également.

[96] Ce sont principalement, Mélanie Girard (Hearst), Pierre Bouchard (Hearst), Roger Gervais (Sainte-Anne), Paul Jalbert (Sudbury), Ines Bouguerra (Sudbury), tous devenus docteurs sous la direction de Simon Laflamme à l'Université Laurentienne de Sudbury. On peut également joindre à ces chercheurs Rachid Bagaoui (Sudbury), Denis Martouzet (Tours) et Benoît Feildel (Rennes) qui travaillent depuis longtemps sur les mêmes thématiques avec le groupe de Sudbury. J'espère n'avoir oublié aucun de ces chercheurs et présente volontiers mes excuses, pour un oubli éventuel, au lecteur et à la ou les personnes oubliées. Les travaux de ce

chercheurs canadiens des universités de Sudbury, Hearst ou Sainte-Anne en Nouvelle-Écosse, notamment, qui me paraît le plus novateur.

C'est de ce tournant relationniste que traite la suite.

2.1. Le tournant relationniste

Pour Georg Simmel : « les individus ne sont nullement les éléments derniers, les atomes du monde humain […]. En tant qu'elle se réalise progressivement, la société signifie toujours que les individus sont liés par des déterminations et des influences éprouvées réciproquement[97] ». Selon Pierpaolo Donati : « Longtemps demeuré implicite et comme en gestation, le "tournant relationnel" a constitué un thème central de la sociologie de Simmel […] on peut considérer ce tournant relationnel comme l'acte de naissance d'une véritable théorie sociologique relationnelle[98] ».

On se trouve devant une lente mais, semble-t-il, assez nette évolution de la discipline sociologique : partie d'un conflit entre les tenants de la prééminence de la structure et ceux de la centralité du sujet autonome, la sociologie contemporaine en arrive à concevoir, en guise de dépassement, que le sujet fonde la structure qui, en retour, fonde le sujet. Cette évolution passe par des étapes connues : l'interactionnisme symbolique en fut une importante qui soulignait l'émergence du social des interactions entre les sujets ou les acteurs sociaux. L'individualisme méthodologique s'est développé dans une perspective similaire et Raymond Boudon écrit en 1979 que : « le sociologue [doit accorder] une attention constante à la complexité du jeu entre l'autonomie des agents et les contraintes des structures[99] ». De même, l'actionnisme de Crozier et Friedberg tente-t-il de mettre en relief la relation existant entre des acteurs autonomes et des systèmes d'action qui influent sur les stratégies de ces acteurs. Bien d'autres auteurs, dont des sociologues majeurs comme Alain Touraine, pourraient être cités dans cette quête d'une construction du social émergeant dans l'interaction entre l'acteur et le système, pour reprendre les termes de Crozier et Friedberg.

---

groupe sont évoqués dans Claude Vautier, *Sociologie et relation. La théorie iconoclaste de Siméon Lafortune*, Paris, L'Harmattan, 2022.

[97] Georg Simmel, *Sociologie et épistémologie*, Paris, Presses Universitaires de France, coll. « Sociologies », 1981 [1917], cité par Alain Degenne et Michel Forsé, « Analyse de réseau et structuralisme », dans Jean-Michel Berthelot, *Sociologie. Epistémologie d'une discipline. Textes fondamentaux*, de Boeck, 2000, p. 221-234.

[98] Voir Pierpaolo Donati, « La relation comme objet spécifique de la sociologie », *Revue du MAUSS*, 2004 – 2 (n° 24), p. 6, sur le site :
http://www.cairn.info/article_p.php?ID_ARTICLE=RDM_024_0233, consulté le 25 09 2008. On s'accorde généralement à considérer que cette position de Simmel se trouve à la lointaine origine de la posture sociologique connue aujourd'hui en France sous les noms d'interactionnisme structural, d'individualisme structural, d'analyse structurale ou encore d'analyse de réseaux.

[99] Raymond Boudon, *La logique du social. Introduction à l'analyse sociologique*, Paris, Hachette 1979, p. 296.

Et, cependant, cette évolution est chaotique dans la mesure où, selon des auteurs comme Pierpaolo Donati ou Simon Laflamme : « La plupart du temps, les sociologues n'en font pas un objet d'analyse [de la relation. NDLA], mais la résultante d'autre chose[100] ».

2.2. Les relations selon Guy Bajoit

Ainsi, Guy Bajoit, auteur de l'ouvrage intitulé *Pour une sociologie relationnelle*[101], propose-t-il également une *Contribution à une sociologie du sujet*[102] et écrit-il dans un autre ouvrage : « La sociologie ne peut comprendre la vie sociale d'aujourd'hui qu'en plaçant le sujet individuel au cœur de son approche[103] ». Si cela signifie que le sujet est en dernier ressort ce qui nous intéresse dans toutes les situations sociales où peut se trouver ce sujet, s'il s'agit de dire que, finalement, c'est le devenir et l'histoire de l'humain (« mon semblable, mon frère »…) qui nous intéressent dans toutes les situations que cet humain peut traverser, je partage cette proposition avec Guy Bajoit. D'autant que dans la plupart des ouvrages de cet auteur que j'ai pu lire et/ou consulter[104], celui-ci apparaît à la recherche d'une « théorie sociologique générale » regroupant les approches théoriques et/ou paradigmatiques, dans un souci bienvenu de rompre avec les querelles stériles et d'aller vers ce qui fait avancer la réflexion. Ainsi retrace-t-il, dans *Pour une sociologie relationnelle*, la querelle des tenants des structures et de ceux de l'action en mettant celle-ci au rang des « faux débats », écrivant de façon prometteuse :

> [L]a meilleure manière de les dépasser [les débats devenus stériles. NDA] n'est-elle pas d'essayer de les intégrer ? Mais comment ? Nous avons vu que chaque paradigme reposait sur un postulat idéologique relatif à la nature de l'homme et, partant, de la société des hommes. Est-il possible d'imaginer une approche qui n'ait besoin d'aucun postulat ? Nous pensons que c'est possible à la condition de concevoir la société comme un pur produit des *relations sociales* entre les hommes. […] Une sociologie qui serait réellement – comme le souhaite Alain Touraine, puisque c'est ainsi qu'il la définit – *une science des relations sociales*, devrait intégrer et dépasser les quatre paradigmes existants, en se fondant sur un paradigme nouveau : *un paradigme relationnel*. Mais pour qu'il en soit ainsi,

---

[100] Pierpaolo Donati, *op. cit.,* « La relation comme objet spécifique de la sociologie », *op. cit.*, p. 236.
[101] Guy Bajoit, *Pour une sociologie relationnelle*, Paris, Puf, 1992.
[102] Guy Bajoit, *Contribution à une sociologie du sujet*, Paris, L'Harmattan, 2000.
[103] Guy Bajoit, *Le changement social. Approche des sociétés occidentales contemporaines*, coll. Cursus, Armand Colin, 2003.
[104] Notamment dans Guy Bajoit, *Le modèle civique de la cité grecque*, Academia-L'Harmattan, Louvain la Neuve, 2015 ; Guy Bajoit, *La maison du sociologue. Pour une théorie sociologique générale*, Louvain la Neuve, Académia-Bruylant, 2015 ; Guy Bajoit, *Pour une sociologie relationnelle,* Paris, Puf, 1992.

il ne suffit pas d'affirmer que l'étude des relations sociales est l'objet de la sociologie, c'est-à-dire ce qu'elle analyse. Il faut aller plus loin, et faire du concept de relation sociale l'instrument d'analyse lui-même. Or, curieusement, les sociologues n'ont jamais conceptualisé la notion de relation sociale. [...] Les sociologues usent de cette notion comme si elle allait de soi, comme si elle était évidente[105].

Et, de fait, Bajoit se consacre bien à définir le concept de relation sociale, il essaie bien d'en faire le centre de l'analyse des sociétés humaines. Le chapitre IV de son ouvrage de 1992 est consacré à cette tâche salutaire.

Ayant un temps sous-estimé le travail de cet auteur que je connaissais mal, je me suis aperçu avec retard que ce dernier fait partie de ceux qui ont très vite perçu l'échappée vers une autre sociologie, à une époque où une bonne partie de ses collègues en était encore à s'écharper sur la question de la prééminence des structures ou de l'action. Il a ainsi proposé (prêchant semble-t-il largement dans le désert) un bouleversement de la discipline.

Et pourtant, avec tout l'intérêt que je porte au message, à la capacité de proposition du messager et à sa modestie devant les problèmes énormes qu'il a décidé d'affronter, j'éprouve une insatisfaction. Bajoit nous parle de relations qu'il définit systématiquement comme des relations entre les êtres sociaux :

> Nous pensons que la forme d'un échange peut être définie d'une part par la nature de ses *finalités* et d'autre part par le mode de reproduction de *l'inégalité* entre les catégories sociales en relation. S'il en est bien ainsi, les échanges sociaux doivent être considérés comme des stratégies des acteurs individuels et collectifs, par lesquelles ils cherchent à exercer leur emprise sur les finalités de la relation et sur le mode de contrôle de l'inégalité[106].

Bajoit me paraît très clair sur son orientation sociologique à ce moment-là. Je comprends qu'il ait écrit sa *Contribution à une sociologie du sujet*, puisque c'est toujours du sujet qu'il est question, semble-t-il, lorsqu'il parle de relation. Cette façon de voir la relation et de la traiter a l'avantage de lui permettre (comme il l'a fait en 2015 avec sa *Maison du sociologue*[107]) de rendre compte des diverses théories sociologiques fortes qui structurent le champ disciplinaire, de les conjoindre pour tenter de nous offrir cette théorie sociologique générale à laquelle il songe depuis longtemps.

Elle a cependant, pour moi, un goût de rendez-vous manqué. Je le dis avec la même distance que l'auteur lui-même dans ses critiques et propositions. Une sociologie des relations se ramène très vite à une sociologie des

---

[105] Guy Bajoit, *Pour une sociologie relationnelle*, Paris, Puf, 1992, p. 43-44. Les italiques sont de l'auteur.
[106] Guy Bajoit, *La maison du sociologue. Pour une théorie sociologique générale*, Louvain-la-Neuve, éd. Academia, 2015, p. 93.
[107] *Ibid.*

acteurs et à un interactionnisme stratégique, et cela presque subrepticement…

La sociologie que nous propose Guy Bajoit est une sociologie qui introduit la relation dans l'analyse des phénomènes sociétaux.

Ce faisant, cet auteur fait partie de ceux qui font avancer la théorie sociologique. Pourtant, il faut préciser qu'une autre position est possible, compatible avec celle-ci et, cependant, ouvrant des voies qui me paraissent encore plus fécondes.

Dans un échange épistolaire, Guy Bajoit me dit que, contrairement à lui qui parle de « concept » de relation[108], j'évoque une « notion » de relation et que je ne définis pas cette « notion ». J'accepte la remarque, du moins en partie. Dans un ouvrage paru en mars 2021, Simon Laflamme et moi-même écrivions :

> La relation, dans cette perspective, n'a pas de vérité ontologique. Elle ne relève pas de l'être. La relation, ici, est de nature épistémologique. Elle est une manière de modéliser les objets d'étude. Elle sert à la construction de modèles qui donnent à observer des objets et à les rendre intelligibles. Elle a l'historicité de toute construction analytique ; elle dépasse par son acuité les modélisations pré-relationnelles ; elle sera dépassée par les modélisations post-relationnelles[109].

Il y a là deux entrées dans la sociologie dite relationnelle, nullement incompatibles *a priori*.

Pour Simon Laflamme comme pour moi, la relation est une « manière de modéliser des objets d'étude ». Pour Bajoit, la relation me semble avoir un statut ontologique. Et il est vrai que les relations sociales au sens de relations entre des humains, de même que des relations entre humains et non humains, existent et jouent un rôle important dans le développement, le changement des systèmes sociétaux. Ni Laflamme, ni moi ne le nions et, même, nous parvenons à les insérer dans l'analyse, donnant, me semble-t-il, aux sujets comme aux structures plus d'épaisseur qu'ils n'en ont eu dans les travaux à base individualiste ou structuraliste. En d'autres termes, l'approche relationnelle telle que je la conçois est fondamentalement une approche dans laquelle la relation est un principe de modélisation, tout en n'excluant pas qu'il y ait de la relation sociale ontologique et que tous les fragments du monde soient connectés, soient, de cette façon en relation.

Il en résulte le fait que quand j'introduis la relation comme principe de modélisation (comme le fait également Simon Laflamme), c'est-à-dire quand je mets en relation des catégories, notamment des sujets et des structures, j'introduis aussi un principe de changement de chacune des catégories du fait des contacts permanents entre elle et les autres. C'est ce que j'ai appelé ail-

---

[108] Dans sa *Maison du sociologue*, titre du Chapitre IV, *Ibid.*
[109] Claude Vautier et Simon Laflamme, *La notion de relation en sociologie*, Paris, L'Harmattan, 2021, p. 146.

leurs d'un terme, peut-être peu utile et insuffisamment clair, de « relation-métissage », pour désigner les relations épistémologiques en regard de « relations-échange » désignant, elles, les relations ontologiques.

Je suis convaincu que le fait d'en rester à la définition ontologique des relations ferme, sans le vouloir, des voies fécondes qui, et c'est d'autant plus dommage, ne sont nullement incompatibles avec les approches épistémologiques[110]. Définir les relations comme exclusivement des relations sociales entre des acteurs sociaux conduit à laisser de côté les relations envisagées comme *la matrice même* de l'existence dépendante de ces forces que sont des individus partiellement autonomes, des structures ou systèmes également partiellement indépendants et des situations historiques, des aléas imprévisibles et cependant actifs, jusque parfois à générer des bouleversements, ce que l'on appelle généralement des bifurcations[111]. D'autres sociologues ont emboîté le pas à Bajoit. Leurs propositions, quoi qu'il en soit, aboutissent à des résultats proches : une avancée intéressante, mais une avancée cependant arrêtée au milieu du gué.

2.3. Les relations selon Michel Grossetti

Je l'ai dit précédemment, Grossetti et quelques autres ont fait, selon moi, une avancée importante qui consiste à introduire et rendre actif l'aléa, l'imprévisible, ce que je traduis par *événement* pour ma part. Mais une autre question se pose désormais : comment, de quelle manière concrète, méthodologiquement, peut-on inclure cet aléa, cet événement dans un modèle sociologique ?

Dans un ouvrage dirigé par Claire Bidart, Alain Degenne et Michel Grossetti, les auteurs écrivent que :

le livre plaide pour une sociologie des dynamiques relationnelles, c'est-à-dire à la fois une sociologie qui prend les relations pour objet, et une sociologie qui procède par la mise en relation de dimensions différentes

---

[110] Pour tenter de clarifier cette situation, peut-être est-il plus clair de dire que la relation est à la fois une qualité du réel (caractère ontologique) et un mode de modélisation (caractère épistémologique). Cela revient à dire que dans le premier cas, la relation est une catégorie au même titre que l'individu, les structures ou l'événement, tandis que dans l'autre cas, la relation n'est pas une catégorie, mais un principe de modélisation, c'est-à-dire une manière de traiter des liens entre les catégories ?

[111] Voir Michel Grossetti, « L'imprévisibilité dans les parcours sociaux », *Cahiers internationaux de sociologie*, 2006/1, n°120, p. 5 à 28, [en ligne] file:///C:/Users/votre identifiant/Downloads/CIS_120_0005.pdf, notamment à la page 15 : « La notion de bifurcation est proche de celle que donne Abbott pour les *turning points*, mais elle met plus l'accent sur l'imprévisibilité des situations. Elle est aussi moins systématiquement associée aux approches biographiques que *turning point*, moins chargée d'histoire que les « révolutions » au sens de Kuhn ou les « événements » au sens de Sewell. Mais ces notions sont largement similaires. Voir aussi Michel Grossetti, « Éléments de discussion pour une sociologie des bifurcations (contingence, événements et niveaux d'action) », Anticipation, Jan 2003, France. halshs-00476440.

du monde social. La sociologie des dynamiques relationnelles n'est pas une alternative aux sociologies des structures sociales ou de l'action individuelle, elle les associe plutôt à partir du niveau intermédiaire que constituent les relations interpersonnelles, les entourages, les réseaux sociaux[112].

Grossetti *et al.* nous donnent une image nécessaire de l'interrelation entre système limitant la liberté des individus[113] et individus ne se soumettant pas intégralement au système. L'introduction du temps porteur d'aléa, d'imprévisible, donc, permet de constituer un modèle virtuel de ce que pourrait bien être une société : un système relationnel où individus (personnes, acteurs…), systèmes et événements interagissent et créent ainsi des formes sociales historicisées[114].

Ainsi écrivent-ils également :

Les acteurs émergent des interactions et des relations autant que celles-ci sont produites par eux, et les relations comme les réseaux sont dépendants de facteurs contextuels, individuels et structuraux. Privilégier la perspective relationnelle ne revient pas à lui faire contenir tout le sens des phénomènes sociaux. Nous préférons donc concevoir la sociologie des dynamiques relationnelles comme une mise en articulation des dimensions multiples du monde social à partir d'une *interrogation* sur les relations et non en *postulant* celles-ci comme la source de toute chose. Comme nous le verrons, pour nous les structures, les normes, les attributs, les contextes et les relations ne sont pas des « alternatives » en « opposition fondamentale » mais plutôt des dimensions complémentaires dans l'explication du monde social. La perspective relationnelle que nous adoptons cherche à éclairer la dynamique de leurs relations mutuelles. C'est pourquoi nous préférons l'expression « sociologie des dynamiques relationnelles » à la notion de « sociologie relationnelle »[115].

Si je comprends bien les auteurs, les dynamiques relationnelles sont celles qui concernent les acteurs dans leurs interactions avec « les structures, les normes, les attributs, les contextes ». Ces interactions créent les acteurs, lesquels créent les relations. Toutes les relations sont réciproques, micro et macro sociologie s'épaulent mutuellement pour la compréhension du social et ne s'opposent pas. Mais cette intéressante compréhension plurale du social nous parle d'interactions, c'est-à-dire de relations au sens ontologique du

---

[112] Claire Bidart, Alain Degenne et Michel Grossetti, *La vie en réseau. Dynamique des relations sociales*, Paris, Puf, 2011, p. 4.
[113] Je remarque au passage que les approches par le système aussi bien que leurs critiques ont tendance à voir ce que le système ôte aux individus (généralement en termes de liberté), mais très peu ce qu'il leur apporte. Une sociologie relationnelle telle qu'elle est souhaitée ici permet sans détour d'embrasser les deux aspects ensemble.
[114] C'est-à-dire aussi, incluant une irréversibilité fondamentale.
[115] Claire Bidart, Alain Degenne et Michel Grossetti, *La vie en réseau, op. cit.*, p. 5.

terme. Introduire la relation, pour les auteurs, n'est pas une manière de modéliser les phénomènes sociétaux. Y perdons-nous quelque chose ? Oui, nous y perdons, dans le fait que c'est à nouveau la figure de l'acteur qui se place au centre de l'analyse[116]. Nous y perdons la capacité à créer des modèles qui font jouer ensemble et sans *a priori* sur le résultat final, les catégories choisies par le modélisateur. Nous y perdons la possibilité de travailler sur des catégories analytiques qui se transforment en permanence et génèrent, dans leur constante relation, leur lien permanent, des relations dont la force inégale créée un champ relationnel qui se déforme du fait de cette inégalité des relations.

Comme on le verra dans la suite, c'est la déformation du champ relationnel, autrement dit l'inégalité des forces des diverses relations qui permet de faire des hypothèses crédibles et informées sur les conditions de l'émergence d'un groupe humain.

J'ai dit que je me sens très proche de Grossetti quand il développe une sociologie de l'imprévisible en évoquant « [le] projet de construire une approche des structures sociales qui fasse une place réelle à l'imprévisible, à l'événement, et donc à l'action dans ce qu'elle a de moins déterminé[117] ».

Je viens d'expliquer que je m'en éloigne, pourtant, dans la mesure où je considère que :

A. *La relation est un principe fondateur* : bien entendu, les êtres, les institutions, les valeurs sont toujours pris dans un filet de relations ontologiques qui les crée en tant qu'entités. L'être « hominisé », comme dit Morin, n'est hominisé que parce qu'il est issu de la relation sans laquelle il ne saurait y avoir de culture[118], sans laquelle l'être humain ne serait ni être, ni humain. Ainsi Rachid Bagaoui, évoque-t-il « la relation possédant sa réalité propre, qui ne provient de rien d'autre. La relation comme système de référence. La relation comme point de vue premier à partir duquel la sociologie tente de saisir son

---

[116] Voir Michel Grossetti, *Sociologie de l'imprévisible. Dynamiques de l'activité et des formes sociales*, Paris, Puf, 2004, notamment p. 103-110 : après avoir donné une définition de la relation issue de la tradition des réseaux sociaux (« une relation sociale est fondée sur des interactions répétées produisant une connaissance réciproque entre les acteurs sociaux » p. 103) Grossetti nuance cette définition en discutant la notion d'interaction directe, puis en se référant à Claude S. Fisher et à son enquête sur les réseaux personnels (p. 103-110).

[117] Michel Grossetti, *Sociologie de l'imprévisible, op. cit.*, p. 23.

[118] Pour Edgar Morin, « Le mot culture revêt deux sens. Dans son acception générale, il désigne tout ce qui n'est pas la nature, tout ce qui est appris, le savoir, le savoir-faire, les mythes, etc., tout ce qui est transmis de génération en génération. Dans un sens plus restrictif, il désigne les diverses cultures, leurs formes singulières, chacune avec ses rites, sa technique, etc. Mais, en réalité, la culture n'existe qu'à travers les cultures. La culture en soi, séparée des cultures qui se manifestent diversement, n'existe pas. Ajoutons que la culture est un ingrédient de la notion de patrie », Edgar Morin, « Le monde comme notion sociologique », dans Daniel Mercure (dir.), *Une société-monde ? Les dynamiques sociales de la mondialisation*, Québec, Presses de l'Université Laval, De Boeck, 2001, p. 195.

objet¹¹⁹ ». Mais ce « principe fondateur » est pour moi à entendre sous la forme d'une manière de modéliser et, si sa version ontologique peut aussi être mise au rang des catégories de la modélisation, il me semble que c'est la version épistémologique qui conduit à la principale avancée en SHS.

B. *La relation, de ce fait, a un double statut :* soit comme interaction entre des individus ou des acteurs générateurs du social par leurs décisions et actions, ou entre les acteurs et le système ; soit comme manière de lier les catégories de la modélisation. Cette deuxième occurrence est supérieure dans son statut à la première, puisque c'est celle qui permet de créer le modèle relationnel qui rendra intelligible le phénomène.

C. *La relation dans sa version épistémologique permet de définir la notion épistémique de champ relationnel, c'est-à-dire un lien général, entre les catégories analytiques qui constituent le modèle.* Sur un plan théorique « champ relationnel » pourrait être représenté et concrétisé, de façon métaphorique, comme un filet tendu (ou une surface constituée d'un matériau capable d'épouser la forme d'un objet pondéreux représentant une relation) et que chacune des relations reliant les catégories analytiques creuse plus ou moins selon son « poids »¹²⁰. Ce faisant, il n'y a aucune interaction qui soit étudiée. Qu'il y en ait ou non n'est pas le problème initial. La catégorie « interaction » devient impertinente au niveau général d'analyse. C'est de l'inséparabilité des catégories analytiques qu'il est question, de leur interpénétration. Nous disposons de catégories analytiques (en sociologie, principalement l'individu et le système) auxquelles j'adjoins l'événement¹²¹. Ces trois catégories ne peuvent plus fonctionner si on les sépare. C'est donc à travers leur inséparabilité qu'on va étudier un phénomène de société. L'approche relationnelle est là, dans le fait que toutes les catégories que l'on veut mobiliser pour effectuer l'étude d'un phénomène sociétal ne sont plus d'une grande utilité si on les envisage séparément, voire même dans leurs simples interactions mutuelles.

Ainsi, nous dit Simon Laflamme, « le but de l'analyse ne sera plus de trouver les causes d'un phénomène mais bien de rendre compte des rapports

---

[119] Rachid Bagaoui, « Un paradigme systémique relationnel est-il possible ? Proposition d'une typologie relationnelle », *Nouvelles perspectives en sciences sociales*, vol. 3, n° 1, 2007, p. 152.

[120] Cette image d'une déformation du champ relationnel est empruntée à celle de la courbure de l'espace-temps dans la vulgate de la théorie de la relativité générale. Dans le modèle RISE qui sera développé un peu plus loin, ce poids est appelé « valence ».

[121] Pour une tentative d'éclaircissement du concept d'événement, voir Claude Vautier, « Cette étrange pliure à partir de laquelle rien n'est plus pareil. La question de la contingence en sciences sociales : l'événement », *Nouvelles perspectives en sciences sociales*, vol. 13, n° 2, mai 2018, p. 265-291 et la bibliographie associée.

entre les trois secteurs, c'est-à-dire de la circulation dans et entre les champs relationnels[122] ». Dès lors, l'approche relationnelle signifie que le champ relationnel, avec sa structure particulière, dans tel cas particulier, permet de comprendre que tel phénomène soit apparu, de telle façon, ou d'en faire l'hypothèse. De la même manière que la théorie de la relativité utilise la métaphore de la déformation de l'espace par les corps massifs, j'utilise la métaphore de la déformation du champ relationnel par les relations massives pour essayer de comprendre ce qui se passe dans un ensemble social.

2.4. Le *Manifesto* d'Emirbayer

Il ne paraît pas excessif de penser que les courants interactionnistes, dans leur développement même, en se recentrant sur une communication entre individus ayant des compétences dans les situations qu'ils vivent, avec une rationalité implicite qui devient le principe sous-jacent de toute interaction sociale, restent très éloignés de ce qu'ils auraient pu apporter. Dans son *Manifesto* publié en 1997, Mustafa Emirbayer pointe le fait que l'interactionnisme reste un substantialisme, dans la mesure où il s'intéresse au mieux à l'interaction de deux entités « fixed, preconstituted and self-subsistent ». Ce n'est pas au réseau que s'intéresse l'interactionnisme, c'est aux individus qui sont préalables à la relation (à l'interaction), individus dont les caractéristiques essentielles ne sont pas fondamentalement modifiées par cette relation.

Selon lui, loin de développer une possible synthèse, entre approche holiste et individualiste, voire un dépassement de ces deux positions, les interactionnistes ne perçoivent pas l'idée selon laquelle l'acteur *est* le système comme le système *est* les acteurs : ils coupent la boucle entre les deux termes de l'analyse. Ils ne perçoivent pas non plus que la relation peut être conçue comme une catégorie centrale de l'analyse sociologique : pour eux, la relation est avant tout « relation entre des choses » et c'est à ces « choses » en relation/interaction qu'ils s'intéressent.

Contre cette manière, Mustafa Emirbayer et Ann Mische écrivent, dans « What is Agency ? » :

> Cet article vise (1) à décomposer analytiquement l'agence en ses divers éléments constitutifs (bien que ceux-ci soient interdépendants empiriquement), (2) à démontrer les façons *dont ces dimensions agentiques s'interpénètrent avec les formes de structure*, et (3) à souligner les implications d'une telle conception de l'agence pour la recherche empirique. Les auteurs conceptualisent l'agence comme un processus *d'engagement social enchâssé dans le temps*, informé par le passé (dans son aspect « itératif » ou habituel) mais aussi orienté vers l'avenir (comme une capacité « projective » à imaginer des possibilités alterna-

---

[122] Simon Laflamme, *La société intégrée, op. cit.*, p. 239-240.

tives) et vers le présent (comme capacité « pratique-évaluative » de contextualiser les habitudes passées et les projets futurs dans les contingences du moment)[123] (c'est moi qui souligne).

Pour Emirbayer, l'approche relationnelle ne consiste, pas en une étude des interactions et encore moins en une analyse des éléments en interaction, mais en des « dimensions agentiques [qui] s'interpénètrent avec les formes de structures » et « un processus d'engagement social enchâssé dans le temps… ». Quoique l'individu soit pris en quelque sorte comme étalon de cette relation, c'est d'un « individu-structure » et d'une « structure-individu »[124] qu'il est question, soit d'un individu construit dans les structures et le temps. C'est là une avancée, selon ma conception, puisqu'est représentée une sorte de fusion entre agent et structure, écartant de ce fait la notion d'interaction. Cependant, cette mise de côté est peut-être excessive dans la mesure où elle n'est pas compensée par la conception d'une relation fondement de la modélisation.

2.5. La relation selon Pierpaolo Donati

Pour Donati, sa sociologie relationnelle :

diffère des autres sociologies soi-disant relationnelles (je les appelle relationnistes au lieu de relationnelles […]). Ces autres théories sont figurationnelles, transactionnelles ou, d'une façon ou d'une autre, réductionnistes. J'invoquerai l'individualisme et l'holisme méthodologiques pour proposer plutôt une méthodologie relationnelle (et non un relationnisme méthodologique) […] La sociologie relationnelle est une façon d'observer et de penser qui présume que les problèmes sociaux sont générés par les relations sociales; elle a pour but de comprendre ces problèmes et, si possible, de les régler, non seulement par des actions volontaires ou individuelles, non seulement par des actions collectives ou structurales, mais par de nouvelles relations sociales et une nouvelle articulation de ces relations[125].

Cette critique des sociologies relationnistes porte sur des sociologues que Simon Laflamme et moi-même avons ailleurs appelées « pré-relationalistes[126] » et vise des auteurs tels que Simmel ou Elias ou d'autres qui viennent d'être évoqués, tel Emirbayer.

---

[123] Mustafa Emirbayer et Ann Mische, « What is Agency ? », *The American Journal of Sociology*, vol. 103, n° 4. 1998, p. 962. En ligne : http://links.jstor.org/sici?sici=0002-9602%281998011%29103%3A4%3C962%3AWIA%3E2.0.CO%3B2-7.
[124] Voir infra le sens de ces expressions.
[125] Pierpaolo Donati, « Quelle sociologie relationnelle ? Une sociologie non relationniste », *Nouvelles perspectives en sciences sociales*, vol. 13, n° 1), 2017, p. 326. https://doi.org/10.7202/1044020ar.
[126] Claude Vautier et Simon Laflamme, *La notion de relation en sociologie, op. cit.*, p. 127.

Écrivant que :

> pour avoir une approche relationnelle, il faut faire de la relation sociale l'unité de base de l'analyse [et qu'il] ne suffit pas de remplacer le concept d'individu ou de système par celui de relation [mais, qu'] au contraire, adopter la relation comme unité de base permet de mieux élucider les concepts d'individu et de système d'un point de vue sociologique[127],

Donati abonde dans le sens des travaux relationnels au sens donné à ce terme dans la Belle Province. Par contre, il le fait moins clairement lorsqu'il écrit :

> Une personne ne peut pas vivre sans relations sociales, tout comme elle ne peut pas vivre sans oxygène, car c'est la relationnalité qui est sociale. Les relations sociales sont constitutives pour un humain, tout comme l'oxygène l'est pour son corps, mais l'être humain n'est réductible ni aux unes ni à l'autre. L'interruption des relations avec autrui représente l'interruption de la relation avec soi-même : voilà ce à quoi les sciences sociales s'intéressent[128].

Dans ce cas, en effet, la notion de relation réfère plutôt à une interaction entre les acteurs sociaux.

Si l'on ne veut pas prendre le risque de faire un procès d'intention à l'auteur, peut-être faut-il revenir à un autre extrait :

> J'ai tendance à m'opposer à l'idée selon laquelle la sociologie examine les relations entre les faits sociaux ; je crois qu'elle étudie plutôt les faits sociaux *comme* des relations. La société ne contient pas des relations ; elle constitue ces relations[129] ». Ici, se retrouve l'idée, qui me paraît pertinente, que « la sociologie relationnelle devrait maintenir l'affirmation selon laquelle la relation est le point de départ de l'analyse sociale (« au commencement était la relation ») et la clé de la connaissance des sujets et des objets, non le contraire[130].

Mais que signifie « la relation est le point de départ de l'analyse sociale » ? Cela peut être une formulation de la définition de la relation comme manière de modéliser. Dans ce cas, je me reconnais dans cette idée : j'ai considérée plus haut que le statut de cette définition est supérieur à celui de la relation-interaction parce qu'il conditionne la modélisation elle-même.

Mon sentiment est que c'est bien ce que veut dire Donati, même si un léger doute persiste, peut-être du fait d'une connaissance trop partielle des travaux de l'auteur.

---

[127] Pierpaolo Donati, « Quelle sociologie relationnelle ? », *op. cit.*, p. 329.
[128] *Ibid.*, p. 331.
[129] *Ibid.*, p. 333.
[130] *Ibid.*, p. 334.

Je retrouve, par contre, l'idée, que je partage, selon laquelle une sociologie relationnelle n'a pas vocation à « remplacer le concept d'individu ou de système par celui de relation [et qu'au contraire] adopter la relation comme unité de base permet de mieux élucider les concepts d'individu et de système d'un point de vue sociologique[131] ».

Malgré ma distanciation, il me semble que Donati doit être l'auteur le plus proche de ce que le « Groupe de Sudbury », tel que défini plus haut, appelle sociologie relationnelle.

2.6. La relation selon Simon Laflamme

C'est par Laflamme que je suis venu à l'approche relationnelle en sociologie. C'est de lui que je me suis inspiré pour construire le modèle RISE[132] dont il va être question plus loin. L'amitié qui nous lie nous a conduits à de très nombreux échanges sur la sociologie et les sciences humaines en général. Je me sens donc particulièrement en phase avec lui et avec sa conception de la sociologie et des SHS. Mes nombreuses citations de ses travaux le montrent, comme nos co-signatures d'articles et d'un ouvrage, l'approche relationnelle de Laflamme est proche de mes propres conceptions. Sa modélisation trialectique présentée dans son livre au titre explicite *La société intégrée*, permet de traiter la société, non comme un amoncellement d'éléments disparates plus ou moins reliés, mais comme une entité systémique[133]. Contrairement, cependant, au systémisme le plus courant, le modèle de Laflamme n'est pas centré sur l'individu, ni sur les structures, d'ailleurs, mais l'individu est présent, les structures aussi. Aussi bien n'est-ce pas l'individu ou la structure qui lui importent, mais les relations qui les relient et qu'il étudie à partir de trois catégories, les biens, les idées et les personnes, dans le Canada contemporain dont il estime les relations en fonction de la densité de la circulation entre eux.

Ce modèle relationnel se présente ainsi[134] :

---

[131] *Ibid.*, p. 329.
[132] RISE est l'acronyme de « Relation, Individu, Système, Événement ».
[133] Simon Laflamme, *La société intégrée. De la circulation des biens des idées et des personnes*, New York, San Francisco, Bern, Baltimore, Frankfurt am Main, Berlin, Wien, Paris, Peter Lang, 1992. Voir schémas p 238.
[134] Simon Laflamme, *Des biens, des idées et des personnes auCanada (1981-1995) : un modèle macrologique relationnel*, Sudbury/Paris, Prise de parole/L'Harmattan, 2000, p. 193-216.

**Figure 1. Dialectique tridimensionnelle dans le modèle de Laflamme :
logique des régions**

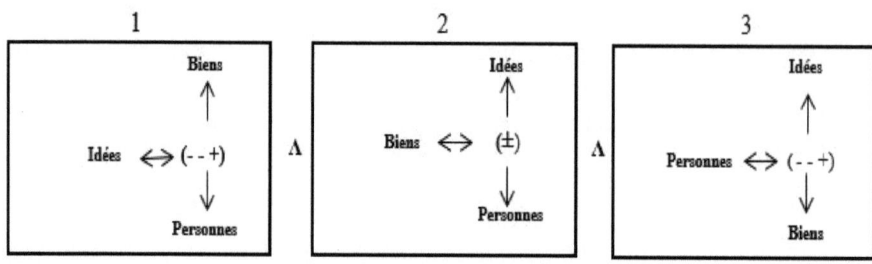

**Figure 2. Dialectique tridimensionnelle dans le modèle de Laflamme :
logique des groupes sociaux**

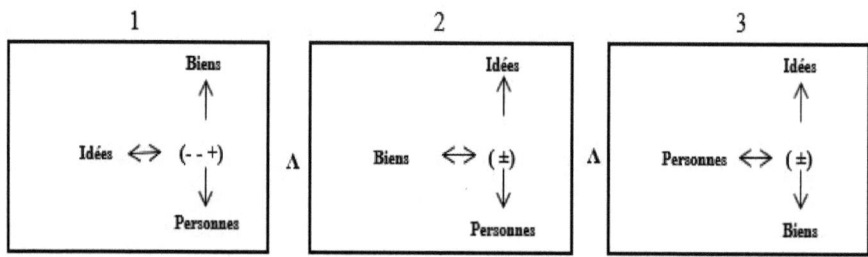

Source des figures : Simon Laflamme, *Des biens, des idées et des personnes au Canada (1981-1995). Un modèle macrologique relationnel*, Prise de parole/L'Harmattan, 2000, p. 206 et 213.

L'approche met en œuvre trois catégories socioéconomiques représentant, dans les modélisations réductionnistes, les *biens et services* produits et appropriés par les *personnes* ou agents économiques qui produisent et consomment et les *idées*, les éléments idéologiques qui sont mis en avant par ces agents économiques.

La mise en relation de ces trois catégories permet de vérifier diverses assertions courantes :
- L'idéologie professée par les personnes est-elle nécessairement liée à leur catégorie sociale mesurée en termes de niveau de possession de biens, ou d'accès à certains services, ou, dit autrement : la catégorie sociale influe-t-elle nécessairement sur les idées professées, comme l'affirment diverses théories, telles la théorie marxiste des classes sociales ou celle de la reproduction sociale de Bourdieu (Bloc 1 du modèle) ?
- Inversement, y a-t-il un lien nécessaire entre l'accès à certains biens et services et les idées exprimées par les individus, autrement dit ces idées conditionnent-elles l'accès à ces biens et services, ou sont-elles

conditionnées par cet accès comme le suggère, par exemple, la théorie de l'imitation, du consumérisme d'Herbert Marcuse[135] (Bloc 2 du modèle) ?
— Mais aussi, l'être des personnes, en termes de rationalité, d'intentionnalité, de pouvoir… est-il lié aux idées exprimées par ces personnes et aux structures de consommation que ces personnes pratiquent, comme le disent les théories de l'acteur rationnel, l'individualisme méthodologique (Bloc 3 du modèle) ?

Les trois interrogations sont récursives, c'est-à-dire qu'elles portent à la fois sur l'influence hypothétique, par exemple (bloc 1), des idées sur les liens entre les biens et les personnes et sur l'influence hypothétique de la relation entre biens et personnes sur les idées.

Les résultats de l'étude de la société canadienne entre 1981 et 1995 montrent qu'aucune de ces théories n'est validée comme explicative de l'évolution de cette société. Laflamme écrit :

> Le Canada est une société postmoderne, divisée par sa structure politique et par sa composition démographique. En examinant comment circulent en lui, les biens, les idées et les personnes, on a pu constater, entre les régions, une relative déconcentration qui justifie l'ensemble et qui réunit les parties sans jamais pouvoir les absorber, qui explique, donc, que le tout se reproduise mais aussi qu'il soit menacé. Entre les groupes sociaux, l'analyse a révélé des concentrations plus intenses, mais elle a aussi trouvé de fortes déconcentrations ; en outre, elle a remarqué des débats transcendants et des positions irréconciliables souvent chargées de vérité partielle. C'est au sein de cet univers que le Canada arrive à connaître l'harmonie malgré la dysharmonie[136].

Les travaux de Laflamme, depuis quelques dizaines d'années, ont accumulé des matériaux théoriques et empiriques d'une grande qualité. Ils ont montré que les approches holistiques comme individualistes restent débordées par la complexité que la sociologie doit affronter et modéliser. Ils ont montré également qu'une approche de cette complexité par des modèles relationnels demandant des hypothèses moins lourdes apparaît plus que prometteuse pour l'avenir de la sociologie.

---

[135] Herbert Marcuse, 1898-1979, sociologue influencé par le marxisme, bien qu'il s'en démarque, auteur notamment d'un ouvrage célèbre, *L'homme unidimentionnel. Essai sur l'idéologie de la société industrielle avancée*, Boston, Beacon Press, 1964 [trad. franç., Éditions de Minuit, 1968], dans lequel l'auteur fustige la création de besoins artificiels par les systèmes des sociétés industrielles avancées, cette création permettant de mettre en coupe réglée, grâce aux *mass media*, les individus de ces sociétés, particulièrement les prolétaires : l'individu dans ces sociétés devient alors « unidimentionnel », c'est-à-dire entre dans une homogénéité de comportements du fait du lourd contrôle social qui s'étend sur lui.
[136] Simon Laflamme, *La société intégrée. De la circulation des biens des idées et des personnes*, op. cit., p. 220 et 221.

3. Conclusion de la première partie

J'ai ouvert cet ouvrage sur la question d'une crise possible de la sociologie. J'ai essayé de montrer, à la manière, notamment, de Morin, qu'une crise, ce sont toujours à la fois des défis et des moyens de les relever. Ainsi, si l'on pense que les sciences humaines et sociales sont en crise, on peut s'orienter vers d'autres manières d'aborder ces sciences. Face aux limites des approches holistiques et individualistes, j'ai proposé, parmi d'autres, de privilégier des approches relationnelles. Ce faisant, les nœuds qui semblent impossibles à dénouer ne vont pas le faire comme par miracle. Laflamme et moi-même l'avons souligné dans un texte déjà cité :

> La relation, dans cette perspective, n'a pas de vérité ontologique. Elle ne relève pas de l'être. La relation, ici, est de nature épistémologique. […] Elle dépasse par son acuité les modélisations pré-relationnelles ; elle sera dépassée par les modélisations post-relationnelles[137].

Toute cette première partie a été consacrée à attirer l'attention sur ce point, à savoir la nécessité de réinterroger les formes traditionnelles et contemporaines d'analyse scientifique. J'ai tenté de montrer que la sociologie devait se recentrer sur les intuitions initiales selon lesquelles elle est la science des relations. J'ai voulu également convaincre que ce retour sur elle-même de la discipline doit s'accompagner d'une ouverture des possibles : non pas seulement analyse par les structures, non pas uniquement analyse par les individus, non plus qu'analyse par ces deux angles à la fois (ce qui est un progrès mais, selon moi, insuffisant), mais une sociologie incluant le temps, incluant l'imprévisibilité, acceptant de jouer avec la complexité, en particulier en entrant dans les dialectiques, autrement dit en acceptant que les contradictions se côtoient et qu'aucune synthèse cartésienne n'en vienne affadir le sens.

---

[137] Claude Vautier et Simon Laflamme, *La notion de relation en sociologie*, op. cit., p. 146.

DEUXIÈME PARTIE

Le modèle RISE (Relation, individu, système, événement)

Dans l'article intitulé « De l'intérêt d'une approche relationnelle dans la modélisation des systèmes complexes[138] », j'énumérais les raisons pour lesquelles, comme d'autres et, pour certains, à leur suite, je m'étais lancé dans la recherche de nouvelles modélisations en sciences sociales. Ce sont essentiellement les besoins :
- de dépasser la querelle entre holisme et individualisme méthodologiques qui n'a plus d'intérêt aujourd'hui ;
- de dépasser également le hol-individualisme qui conjoint les deux approches précédentes, ce qui est positif, mais les juxtapose généralement sans en tirer beaucoup de conséquences ;
- d'introduire de la complexité dans la modélisation, notamment par la reconnaissance des dialectiques qui s'expriment dans chaque système sociétal ;
- d'introduire le temps dans la modélisation et, ce faisant, d'introduire l'imprévu, l'imprévisible, l'aléa, le hasard ;
- enfin, de modéliser des relations et non des substances : les catégories princeps de la sociologie (évidemment, individu et structure au premier chef) sont confirmées et reconnues, mais la modélisation porte sur le fait que ces catégories sont en relations permanentes, que ces relations sont des interactions, c'est vrai, mais sont également bien plus que cela, métissages, qui transforment en permanence l'assise même de la modélisation : pour en rester aux deux grandes catégories historiques de la sociologie, aucun individu n'est indemne de ses relations avec d'autres individus et des structures, aucune structure ne conserve une stricte identité au travers des processus sociaux de réorganisation permanente dont les individus sont en partie responsables.

---

[138] Claude Vautier, « De l'intérêt d'une approche relationnelle dans la modélisation des systèmes complexes », *op. cit.*

Le pari est qu'une modélisation respectant un tel cahier des charges ouvre le champ de la recherche en sciences sociales et permette aux praticiens, sur la base de modèles analytiques plus consistants, de mettre en œuvre des politiques publiques et des stratégies de groupes plus efficaces.

Ai-je réussi à montrer que la sociologie a connu une évolution hésitante, vers une approche qui tente de conjoindre les éléments qu'elle veut étudier au lieu de les disjoindre ? Ai-je pu mettre en lumière le fait que la discipline prend davantage en compte les relations – fussent-elles simplement des interactions – et un peu moins les entités substantives ? Ai-je pu convaincre qu'une approche par des relations autres que les interactions était porteuse de progrès théoriques et empiriques ?

Si ce n'est pas le cas, le lecteur peut se reporter à des travaux publiés par des chercheurs de talent, au cours des deux premières décennies du XXIème siècle au moins, des Laflamme, Morin, Donati, Bajoit, Girard, Bagaoui, Bouchard, Gervais, Jalbert, Martouzet, Feildel, Bouguerra, Maïna... tous convaincus que la notion de relation doit jouer un rôle bien plus important, voire fondamental dans la modélisation des systèmes sociétaux. L'objectif de tous est de proposer aux chercheurs en SHS un type de modélisation s'appuyant sur un concept de relation venant compléter et dépasser ceux, moins opératoires me semble-t-il, d'interaction et de réseau.

Cet ouvrage repose sur une étude de l'émergence au Maroc de groupements humains capables de se développer de façon autonome sur le plan socio-économique. Cependant, il n'est pas un livre consacré au Maroc ni destiné à étudier le concept d'émergence. Concernant ce dernier, tout au long du travail, une définition consensuelle de cette notion a été utilisée, associée à l'idée que les émergences étudiées devaient être « autonomes ».

Le concept d'émergence est apparu au XIXe siècle et a reçu diverses définitions. L'une d'entre elles, que l'on doit au physicien Philip Anderson, peut se résumer par « *More Is Different* », titre d'un article paru en 1972[139]. Sa signification est que l'augmentation de taille entraîne aussi une différenciation, ce qui constitue l'apparition de quelque chose de nouveau, issu de la combinaison d'autres choses, mais irréductible à ces autres choses. Cette apparition de quelque chose de nouveau irréductible à ces autres choses est une émergence. C'est sur cette définition que le travail présenté ici s'est appuyé.

Le modèle RISE, en s'intéressant aux relations qui peuvent affecter trois catégories analytiques et leur conjonction, montre que ces relations constituent en permanence du nouveau du fait de leur re-organisation permanente. C'est au cours de ces re-organisations que se déploient les phénomènes ou

---

[139] Philip W. Anderson, « More Is Different. Broken Symmetrie and the Nature of the Hierarchical Structure of Sciences », Science, New Series, vol. 177, n° 4047, 4 Août 1972, p. 393-396. En ligne :
http://links.jstor.org/sici?sici=0036-
8075%2819720804%293%3A177%3A4047%3C393%3AMID%3E2.0.CO%3B2-N.

processus d'émergence. RISE montre que les configurations issues des reorganisations permanentes des relations affectant individus, systèmes (ou structures) et événements sont génératrices d'émergence de formes nouvelles des sociétés ou des groupes humains étudiés.

Le problème que posaient les membres de la chaire de l'École Centrale de Casablanca était de trouver une modélisation des systèmes sociaux qui fut la moins réductrice possible. Trois sites étaient proposés à l'étude. Deux d'entre eux étaient des villages ruraux, l'un dans le Haut-Atlas, l'autre dans le Nord du pays. Le troisième était un marché couvert nouvellement créé dans un quartier d'une ville marocaine.

1. Les trois sites retenus

1.1. Site 1

Ce site se situe dans le nord du pays. Longtemps restées sans eau ni électricité, les quelques 60 familles qui l'habitent ont connu durant des années la précarité alimentaire. Ce n'est qu'en 2013 que les villageois réagissent. Ils rencontrent une association environnementale située à Rabat qui leur ouvre des horizons en leur montrant les techniques de la permaculture. Ils décident donc de se former à ces techniques et atteignent l'autosuffisance alimentaire. Mieux, ils décident d'écouler leurs surplus de produits agricoles en préparant des paniers garnis pour les vendre une fois par semaine dans la ville de Rabat. Plus encore, une coopérative des femmes (coopérative du couscous) est créée qui vend différentes recettes de couscous, également vendues en ville ou livrées sur commande. Parallèlement, ils développent le tourisme et créent des circuits de randonnée. Désormais, une dynamique de développement autonome semble s'être activée. Celle-ci concerne les 60 familles évoquées ci-dessus, qui ne représentent qu'une fraction des habitants du village. De fait, cet « éco-village » se situe un peu en dehors du village initial et a été installé sur des terres proches mais séparées. Comme nous l'avons fait pour les autres sites, nous nous y sommes rendus. L'accueil de Brahim est simple et chaleureux. Nous ne sommes pas venus pour faire de la randonnée, mais pour voir les réalisations du douar. Et notre guide ne se fait pas prier pour nous les montrer et commenter les réussites écologiques de la permaculture.

1.2. Site 2

Le second site est un village niché dans les plissements du Haut-Atlas. À 1 500 m d'altitude, desservi par une piste précaire qui ne conduit que là, le village forme une unité topographique, nettement délimitée par les jardins et les pacages qui l'entourent et sont dominés par des sommets s'élevant à l'entour jusqu'à plus de 3000 m et, généralement, autour de 2000 m. C'est un espace agro-pastoral où, traditionnellement, on élevait du bétail soumis à l'agdal (mise en défens saisonnière) et de cultures vivrières (seuls 38 ha sont cultivés et spécifiquement pour le village), très dépendantes de l'eau et de sa gestion collective. Les diverses sources consultées ne permettent pas de donner un nombre précis de personnes vivant au village. En cours de recherche, nous avons rencontré l'estimation de 600 habitants qui recoupe le chiffre avancé par l'un des villageois, d'environ 100 familles. Ce sont ces familles qui ont décidé, incitées par Kamel, de prendre leur destin en main et de lancer un processus de développement autonome en même temps qu'écoresponsable.

1.3. Site 3

Le site 3 est un quartier d'une ville du pays. Plus précisément, il s'agit d'un marché couvert destiné à recevoir des anciens vendeurs de rue dans une structure organisée, entretenue et sécurisée. Ce sont plus de 500 vendeurs qui ont été accueillis depuis quelques années. La création de ce marché a été réalisée dans le cadre de l'Initiative Nationale pour le Développement Humain (INDH) et celui de l'Association de Développement des Espaces Publics (ADEP). La création de ce vaste espace dans un quartier d'une densité de près de 12 000 habitants au km^2, dans une volonté de rationaliser l'espace public urbain comme dans d'autres villes marocaines, notamment de rendre la rue aux véhicules et d'assurer la sécurité des piétons, des vendeurs, des acheteurs et des promeneurs. Cette rationalisation ne fait pas que des heureux, mais un certain consensus semble s'être établi entre une partie au moins des habitants du quartier.

1.4. Des proximités, des ressemblances et des différences

Deux villages ruraux et une structure commerciale dans une zone urbaine ont été donc comparés. Au début de cette étude, nous[140] nous sommes interrogés sur la pertinence de traiter un site aussi différents à première vue que le site 3. Il nous a semblé, à seconde vue, que nous pouvions tenter cette analyse comparative. Nos réserves initiales, après tout, pouvaient passer pour des *a priori* qu'il s'agissait au moins de vérifier, à savoir que si les deux sites ruraux avaient des chances de pouvoir figurer dans la catégorie des émergences autonomes, le site urbain en avait très peu. Nous avons mal-

---

[140] Ce « nous » désigne l'assemblée des membres de la chaire qui s'est réunie périodiquement (environ une fois par mois) au siège de l'École Centrale à Casablanca. Au cours de cette recherche, j'ai disposé d'une grande liberté de choix et de travail, accompagné par les délibérations internes à la chaire qui fixait les caps stratégiques et proposait des approches pour l'application du modèle RISE. Mon travail fut ainsi enrichi par le collectif qui, j'ai la faiblesse de le croire, fut stimulé par mes positions, dans une boucle vertueuse, me semble-t-il, ce qui se traduit par la succession de « je » et de « nous » dans le texte, le « je » ne se voulant nullement prétentieux et le « nous » n'étant pas de majesté.

gré tout mis en œuvre un protocole de recherche identique pour chacun des trois sites, puis pour les trois sites mêlés.

1.5. Remarques sur la question du développement durable et autonome

La modélisation ne s'est pas centrée sur cet aspect, mais ce dernier est présent en filigrane dans les analyses. Les notions d'*écologie*, d'*environnement* ou de *développement durable* ne paraissent clairement que dans le site 1 où il est question d'agriculture biologique et de permaculture. Dès le début de la mission, pourtant, il a été convenu que l'émergence devait être à la fois autonome et respectueuse de l'environnement. Non seulement le développement devait respecter la planète (et, plus modestement, la zone de vie), mais aussi respecter les êtres humains eux-mêmes en leur évitant de devenir « riches de marchandises et appauvris d'âme[141] ». Dans la modélisation des trois sites nous avons toujours gardé à l'esprit le fait que « le développement détruit plus ou moins rapidement les solidarités locales, les traits originaux adaptés aux conditions écologiques singulières[142] ».

2. LE PROTOCOLE DE RECHERCHE

Les trois sites ont fait l'objet d'une enquête par entretien. Les verbatims issus de ces enquêtes ont ensuite été analysés par le logiciel d'analyse textuelle « Alceste ». Puis, les informations fournies par Alceste ont permis de nourrir le modèle analytique RISE.

La suite développe ces trois points en commençant par préciser les caractères principaux du modèle RISE. C'est en effet des caractéristiques de ce modèle qu'ont dépendu les entretiens réalisés.

2.1. Quelques idées générales sur le modèle analytique RISE

Le modèle RISE est né d'un constat : les modélisations sociologiques apparaissent trop réductrices dans leur appareillage d'hypothèses comme dans leurs fondements épistémologiques. Pour la plupart, en effet, jusque vers les années 1990, elles étaient fondées sur des théories de l'action, essentiellement développées dans le cadre de l'individualisme méthodologique, ou sur des théories holistiques qui faisaient du cadre social ou de la structure, ou

---

[141] Edgar Morin (en collaboration avec Brigitte Kern), *Terre-patrie*, Paris, Seuil, 1993, p. 97. Morin parle des Amérindiens Cris ayant vendu leurs terres à l'entreprise Hydro-Québec dans la Baie-James : « toute évolution comporte abandon, toute création comporte destruction, tout gain historique se paie par une perte ».
[142] *Ibid.*, p. 97.

encore du système, le moteur du développement des sociétés[143]. Les auteurs contemporains ont dépoussiéré cette querelle, sans cependant la terminer, en disant que l'individu et le système étaient complémentaires et en développant des approches dites relationnelles en ce qu'elles fondaient sur des interactions entre les individus, la création et les mouvements de la société.

Mais, cette façon de faire ne suffit pas. Il est une autre sociologie relationnelle qui, tout en reconnaissant, évidemment, qu'il y a des interactions entre les individus dans un système social, ajoute que la relation ne se limite pas à ces interactions. C'est l'idée que je viens de développer en première partie. La relation, c'est aussi – et c'est fondamental sur le plan théorique et méthodologique – ce qui permet de construire le modèle et que l'on traduit, dans celui-ci, comme des mélanges, des métissages que subit chacune des catégories individu et système du fait des liens définis entre elles. Il n'existe pas d'individu en soi, mais il existe des individus-système, c'est-à-dire incorporant des influences du système. Et il en va de même pour le système qui est toujours un système-individu. Les deux catégories sont donc « dénaturées », sans aucun sens péjoratif. Elles sont composites[144]. Et elles sont insuffisantes. Il manque dans le dyptique au moins une catégorie qui puisse représenter à la fois l'incertitude et le temps, les deux notions étant liées. En effet, contrairement à l'affirmation de Gérard Debreu, prix Nobel d'économie 1983, selon laquelle le futur est descriptible jusqu'à la fin des temps, « il existe un "incertain radical", un incertain non probabilisable, non mesurable, que l'on ne peut soumettre à la loi des grands nombres », écrit Bernard Maris[145]. Et c'est le temps à venir qui nous masque ce qui risque d'arriver et à quoi nous ne pensons pas forcément, même comme improbable, le contient peut-être. Les habitants du site 2 pouvaient-il penser que le choléra allait infecter le village et tuer plusieurs personnes ? Nous-mêmes, avons-nous eu conscience qu'une pandémie comme celle liée au *Corona virus* pouvait se répandre dans le monde entier ? De cette incertitude et de l'advenue, pourtant, de l'impensé, naissent des changements plus ou moins forts, plus ou moins rapides, violents ou non... Imagine-t-on modéliser un système sociétal en faisant l'impasse complète sur cet aspect de la vie sociale ? RISE est donc également issu de ce constat. La vie sociétale est un maelström d'individus pris dans des systèmes et des événements particuliers. Mais le système lui-même est transformé par les individus qui le constituent et l'événement n'est pas identique (dans sa forme comme dans ses effets)

---

[143] Simon Laflamme et moi-même avons explicité la querelle toujours en cours, bien que très désuète, entre individualisme méthodologique et holisme méthodologique et avons attiré l'attention de nos pairs sur l'intérêt de l'échappée relationnelle. Voir Claude Vautier et Simon Laflamme, *La notion de relation en sociologie, op. cit.*

[144] « Je suis devenu tout ce que j'ai rencontré », écrit Edgar Morin (*Les souvenirs viennent à ma rencontre*, Paris, Fayard, 2019, p. 9).

[145] Bernard Maris, *Keynes ou l'économiste citoyen*, Paris, Presses de Sciences Po, 1999, p. 41. Ce à quoi répond l'assertion d'Edgar Morin : « Le futur se nomme désormais incertitude », *Terre-Patrie, op. cit.*, p. 93.

selon le système-individu et l'individu-système qu'il touche et qui le touchent également.

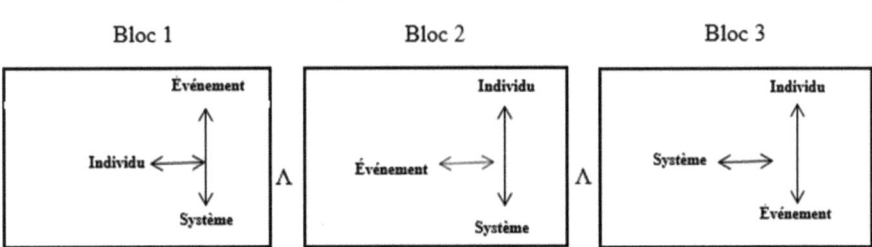

Figure 3. Le modèle RISE

Il n'y a donc pas seulement des individus-systèmes ou des individus-événements.

Il y a des individus-systèmes-événements, des systèmes-individus-événements et des événements-individus-systèmes…

Comme cela a déjà été dit, ce qui nous intéresse le plus, dans le modèle RISE, ce sont les relations liant les catégories et non pas les catégories elles-mêmes. Ces relations apparaissent sous forme de flèches bi-orientées et je vais, analytiquement, étudier toutes ces relations, en commençant par des relations binaires (entre deux catégories) : E→S, et S→E ; I→S et S→I ; I→E et E→I. Ensuite je vais étudier les relations ternaires (c'est-à-dire entre les trois catégories) : I→ES, ES→I ; E→IS, IS→E ; S→IE ; IE→S. À chacune de ces relations, je donne un poids qui représente la force d'influence qu'elle a dans l'alliage que constitue la société humaine étudiée[146]. J'appelle « valence » cette estimation de la force des relations. Ainsi, pour chaque site étudié, je propose une matrice de scores qui correspond à ce que l'on appelle une « configuration », selon un terme utilisé par Norbert Elias. Les configurations mises au jour permettent de comprendre pourquoi le site s'est ainsi comporté, pourquoi il a évolué ou non, ce qui a été fondamental dans ce mouvement.

2.2. Les entretiens

Un entretien (ou une enquête) doit être organisé en fonction de ce que l'on cherche et des moyens et méthodes que l'on a prévu d'utiliser pour le dépouiller. Ici, le projet était :

---

[146] Cette force est quantifiée par estimation à partir des verbatims et de leur analyse par Alceste. C'est le modélisateur qui affecte des scores en fonction de ces informations. On pourrait objecter que cette affectation est relativement subjective, mais cette appréciation doit être modérée, puisque l'estimation repose sur des éléments de discours venus du terrain. De plus, les sources en sont nombreuses, puisque chaque personne interrogée est amenée à examiner chaque relation. Par ailleurs, enfin, des modifications marginales des scores pour les relations ne changent pas la forme générale de la configuration. L'application expérimentale de ce type d'écart a montré que le modèle, de ce point de vue, est robuste.

- de recueillir des informations des personnes vivant dans (ou fréquentant) les sites à étudier. Le questionnaire (voir en annexe) ciblait trois types d'informations génériques, qui concernaient l'individu, le système et l'événement, les trois catégories analytiques du modèle RISE
- de les recueillir sous forme de réponses libres à une question posée. Les verbatims ainsi obtenus ont pu être traités par le logiciel Alceste, fournissant, pour chaque site, le lexique des personnes rencontrées. Sur la base de ce lexique, des hypothèses ont pu être posées sur les manières de faire et de penser de ces personnes, sur les normes, les règles, les caractéristiques du milieu dans lequel elles vivaient, les événements rencontrés au cours des dernières années.

Les enquêtes posaient des problèmes dans leur réalisation concrète : les personnes interrogées ne parlaient généralement pas le français, mais le *darija*, ou le *berbère*... Les enquêteurs devaient donc parler à la fois le français et au moins l'un de ces langages ou un dialecte de l'arabe. La première idée fut de faire les enquêtes dans la langue du cru, puis de faire traduire les verbatims. Mais le coût de la traduction nous en a dissuadés. Les entretiens ont alors été confiés à des étudiant.e.s de l'École Centrale qui avaient les compétences linguistiques nécessaires et qui en feraient un projet pris en compte pour l'évaluation de leur année d'étude.

L'inconvénient de cette solution était que l'on envoyait sur le terrain des jeunes étudiant.e.s qui n'avaient guère de notions de sociologie et, par manque d'habitude, ne pouvaient développer rapidement les qualités nécessaires à mettre en œuvre dans un entretien d'enquête.

La responsable de formation Léa Wester et moi avons donc organisé une formation courte – trop courte, cependant... Formation aux principales approches sociologiques, formation au modèle RISE, formation au rôle d'enquêteur : pris par le temps, nous avons pourtant dû laisser partir nos jeunes missionnaires, insuffisamment préparés, vers le terrain. Pour ces mêmes raisons, nous n'avons pu tester le questionnaire et l'ajuster en conséquence.

Il en est résulté quelques difficultés liées au fait que certaines questions apportaient insuffisamment d'information sur certains points, les enquêteurs improvisés ne relançant pas leurs vis-à-vis, oubliant des questions, parfois... Globalement, pourtant, les entretiens ont été bien conduits et ont apporté une bonne moisson de données brutes. Les déplacements que nous avons effectués pour visiter les sites ont également permis de réduire les défauts de l'enquête, éclairant celle-ci par le contact direct.

2.3. Les analyses textométriques

Alceste est un logiciel d'analyse de données textuelles qui emploie une méthode développée par Max Reinert. Son nom est l'acronyme de « Analyse Lexicale par Contexte d'un Ensemble de Segments de TExte ». Il permet d'analyser des corpus de textes très longs, qu'un chercheur ne saurait traiter qu'en un temps énorme. Il est également une aide à la compréhension.

Tableau 1. Les personnes interrogées, retenues et leurs profils

N°	Pseudo	Sexe	Âge	Statut matrimonial	Nb d'enfants	Niveau d'éducation	Origine	Emploi	Lieu	Commentaire
01	LOUIS	masc	27	celib	0	sup	ext	guide	Site 1	Routard et guide occasionnel
02	*ASSIA*	fem	54	marié	nc	nc	ext	coop	Site 1	Membre de la coopérative des femmes
03	Amar	masc	44	marié	2	0	int	coop	Site 1	Agriculteur coopérative des hommes
04	*Amina*	fem	34	marié	nc	prim	int	coop	Site 1	Membre de la coopérative des femmes
05	Akram	masc	56	marié	4	0	ext	artisan	Site 1	[Entretien très court. Très peu d'information]
06	BRAHIM	masc	41	marié	2	secon	int	guide	Site 1	Frère d'Habib. Formateur en permaculture
07	*Aziza*	fem	63	marié	3	0	int	foyer	Site 1	[Entretien très court. Très peu d'information]
08	AÏCHA	fem	35	marié	2	0	ext	coop	Site 1	Épouse de Brahim
09	FARID	masc	57	marié	?	0	ext	coop	Site 1	Cousin de Brahim. Vice-P^t coop. des hommes
20	HABIB	masc	39	marié	4	sup	int	coop	Site 1	Frère de Brahim. Très engagé coop. des hommes
21	*FATIMA*	fem	32	marié	3	0	ext	coop	Site 1	Engagée dans la coop des femmes
22	HASSAN	masc	73	marié	nc	sup	ext	Ass ext	Site 1	P^t de l'association environnementale de Rabat
10	Imran	masc	50	marié	4	0	ext	agr	Site 2	Maçon reconverti
11	*DARIFA*	fem	23	marié	2	secon	ext	instit	Site 2	Investie dans l'association du Site 2
12	JAMAL	masc	34	celib	0	Prim	int	aggrîte	Site 2	Revenu pour travailler dans l'association
13	KAMEL	masc	42	marié	4	prim	int	assguide	Site 2	Président de l'association du Site 2
14	MADANI	masc	35	celib	0	0	int	agr	Site 2	Frère de Jamal
15	Larbi	masc	84	marié	5	0	int	agr	Site 2	Semble religieux. Apprécie l'association
16	MAHDI	masc	55	marié	4	prim	int	ouv	Site 2	Binôme avec Kamel
17	NASSIM	masc	46	marié	4	0	int	agr	Site 2	Très investi dans l'association du Site 2
18	Rafik	masc	19	celib	0	sup	int	étudiant	Site 2	Soutient l'association. Prévoit de revenir
19	*HAMIDA*	fem	33	marié	3	0	int	foy	Site 2	Soutient l'association du Site 2 et le collectif
23	*JAMILA*	fem	20	marié	0	secon	int	instit	Site 2	Soutient l'association. Progrès à faire, selon lui
24	SAMIR	masc	32	celib	0	secon	int	comsal	Site 3	Très critique sur le PCP
25	SAÏD	masc	56	marié	5	prim	int	retvend	Site 3	Très critique sur le PCP
26	Yassir	masc	nc	nc	nc	nc	int	ret	Site 3	Très peu d'information. Très critique du PCP
27	YOUSSEF	masc	34	nc	nc	secon	int	comresp	Site 3	A participé au projet de PCP dès le début
28	*LAYLA*	fem	30	marié	3	secon	ext	foyclient	Site 3	Cliente occasionnelle. Apprécie le PCP
29	MALEK	masc	74	marié	4	prim	int	retvend	Site 3	Ancien sikh à la préfecture. Peu critique
30	*MALIKA*	fem	nc	nc	nc	nc	ext	foyclient	Site 3	Cliente régulière malgré l'éloignement
31	Karim	masc	19	celib	0	sup	ext	etuclient	Site 3	Client régulier. Apprécie le PCP
32	Issam	masc	32	marié	2	secon	int	com	Site 3	Ancien vendeur de rue. Favorable au PCP
33	Ibrahim	masc	50	marié	nc	nc	int	com	Site 3	Favorable au PCP. Sécurité
34	Hamza	masc	49	celib	0	secon	ext	menag	Site 3	Favorable au PCP. Sécurité, organisation
35	M'hamed	masc	31	marié	1	secon	int	agsec	Site 3	Favorable au PCP. Sécurité, confort
36	CHADLI	masc	30	marié	1	secon	int	nc	Site 3	Favorable au PCP. Solidarité entre vendeurs
37	Abdessalam	masc	55	marié	1	secon	int	com	Site 3	Favorable au PCP. Confiance
38	Ahmed	masc	52	marié	2	secon	int	com	Site 3	Modérément critique
39	ALIF	masc	54	marié	2	sup	nc	diradm	Site 3	Directeur administratif du PCP qu'il soutient

Légende : Les pseudos en italiques correspondent à ceux des femmes ; les pseudos en majuscules correspondent aux personnes retenues dans chacun des sites. Dans le tableau, « nc » signifie « non connu ». Il en est de même dans les tableaux suivants. Ci-dessous apparaît la codification des modalités des variables :

Nature de la variable	Codification des modalités
Sexe	masculin : *masc* ; féminin : *fem*
Statut matrimonial	marié.e : *marie* ; célibataire : *celib*
Niveau de scolarité	aucun : *0* ; primaire : *prim* ; secondaire : *secon* ; supérieur : *sup*
Origine géographique	extérieure au village : *ext* ; intérieure au village : *int*
Emploi	Agent de sécurité : *agsec* ; Agriculteur : *agr* ; Agriculteur et guide : *agrguide* ; Artisan : *artisan* ; Association et guide : *Assguide* ; Association extérieure : *ass ext* ; Commerçant : *com* ; Commerçant responsable : *comresp* ; Commerçant salarié : *comsal* ; Coopérative : *coop* ; Directeur administratif : *diradm* ; Employé ménage PCP : *menag* ; Étudiant : *etudiant* ; Étudiant & client : *etuclient* ; Femme au foyer : *foy* ; femme au foyer & cliente : *foyclient* ; Guide : *guide*

Alceste n'interprète pas. Il prend en compte des modalités de variables (répondant, sexe, lieu), il subdivise un corpus en unités de contexte – ce qui donne, pourrait-on dire, des phrases –, puis il repère dans ces unités des mots dont il est statistiquement probable qu'ils forment un sous-ensemble, une classe de mots. Un corpus textuel devient ainsi un ensemble de classes. Pour arriver à cela, en effectuant une classification descendante[147], prenant en considération, d'une part, les unités de contexte et, d'autre part, le lexique, Alceste coupe le corpus en deux classes les plus contrastées possibles puis effectue à nouveau cette opération sur la plus grande des deux, et reprend l'opération tant que cela est statistiquement significatif. Il appartient à l'humain d'interpréter ces classes de mots. Le logiciel fournit ainsi une matière qui oriente le chercheur, qui attire son attention sur des groupements et sur les modalités qui leur sont associées. Selon Laure de Verdalle : « le traitement proposé par Alceste, tout descriptif qu'il soit, ne se limite donc pas à mettre à plat le matériau de recherche mais permet bien de valider des hypothèses, tout autant qu'il contribue à en faire émerger, grâce à l'exploitation systématique du corpus »[148].

Les enquêtes conduites par entretiens dans les trois sites ont concerné 39 personnes, dont 12 dans le site 1, 11 dans le site 2 et 16 dans le site 3. Ces entretiens ont permis d'obtenir des informations diverses sur les sites : les personnes rencontrées, les modes d'organisation et les institutions, que nous désignons comme systèmes ou éléments de système, et des événements qui se sont produits et ont été identifiés ou non comme événement, dont les personnes interrogées ont plus ou moins parlé et de façon telle ou autrement… Les propos de Laure de Verdalle sont adaptés à notre travail, puisque les

---

[147] Une présentation simple des méthodes de classification hiérarchique (descendante et ascendante) se trouve sur le site : *Effectuez une classification hiérarchique - Réalisez une analyse exploratoire de données - OpenClassrooms*. Consulté le 13/03/2021.
[148] Laure de Verdalle, « Une analyse lexicale des mondes de la production cinématographique et audiovisuelle française », *Sociologie*, vol. 3, n° 2, 2012, p. 182. En ligne : Annexes électroniques de l'article : Une analyse lexicale des mondes de la production cinématographique et audiovisuelle française (openedition.org).

analyses réalisées à partir d'Alceste ont permis de faire diverses hypothèses qui se sont révélées précieuses par la suite. C'est sur la base de ces hypothèses initiales que la modélisation RISE a été engagée.

3. LES ÉLÉMENTS DE DISCOURS DANS LES TROIS SITES

Il a fallu rechercher des données sur les trois sites étudiés. Ce sont les personnes rencontrées qui nous les ont fournies. C'est dans leurs discours qu'il a été puisé pour obtenir les informations nécessaires à la modélisation. Le vocabulaire, le contenu des réponses à nos questions, les silences sur telle ou telle information, l'édulcoration de certaines d'entre elles, le statut du locuteur, son sexe, son âge… Tout cela a permis de dresser un tableau des deux villages comme de la Plateforme de Commerce de Proximité (PCP). C'est dans les verbatims que nous avons trouvé la matière vivante qui allait nourrir le modèle RISE.

Pour traiter ces verbatims, l'utilisation du logiciel Alceste a permis d'analyser et de structurer les discours autour de questions clés qui en émergent.

Trois sites ont donc été traités, dont deux sont ruraux et un est urbain. Fallait-il les traiter ensemble et les comparer ou bien séparer les analyses pour les sites ruraux et le site urbain ? Après un débat entre les deux positions, nous avons décidé de faire les deux. Ainsi trouvera-t-on d'abord des analyses des trois sites séparés, puis une analyse des trois sites regroupés.

3.1. Le discours dans le site 1

Alceste a construit 5 classes de mots pour les entretiens du site 1. Il a, pour cela, analysé 57 % du corpus et a rejeté 43 % de celui-ci pour lesquels trop peu de récurrences apparaissaient. La classe 1 traite 30 unités textuelles, soit 11 % du corpus ; la classe 2 en traite 112, ce qui correspond à 39 % du corpus ; pour la classe 3, on obtient 26 unités et 9 % du corpus ; la classe 4 repose sur 83 unités et 29 % du corpus ; la classe 5 est générée à partir de 33 unités soit 12 % du corpus.

Ces classes ont été construites par le logiciel en associant des termes et en les classant selon la valeur décroissante de leur Khi2 (ou χ^2). Le χ^2 est un indice de la proximité des mots entre eux ou, si l'on préfère, un coefficient qui dit si un mot est probablement dans la liste du fait du hasard (χ^2 faible) ou, au contraire, pour des raisons argumentables.

Analyse descriptive

Dans ce paragraphe, sont fournis les mots de chaque classe ayant les χ^2 les plus élevés, donc étant les plus spécifiques de la classe. Ensuite, sont présentées les unités textuelles qui donnent accès au contexte d'emploi de ces divers termes, et donc à leur sens dans ce contexte.

Les mots principaux de la *classe 1*

Les mots significatifs de la *classe 1* sont : couscous ($\chi^2 = 78$), cours ($\chi^2 = 43$), quantite ($\chi^2 = 43$), analphabet+ ($\chi^2 = 43$), commencer ($\chi^2 = 31$), preparer ($\chi^2 = 28$), avez ($\chi^2 = 27$), dieu ($\chi^2 = 26$), lutte ($\chi^2 = 26$), lentille ($\chi^2 = 26$), contre ($\chi^2 = 18$), rabattre ($\chi^2 = 18$).

L'analyse de ces termes permet de définir un univers sémantique propre à la classe 1 du premier site étudié. Nous devons cependant préciser le sens de certains de ces mots afin de lever d'éventuelles ambiguïtés. Pour cela, le rapport détaillé d'Alceste donne des « unités de contexte » ou des « unités textuelles » qui montrent dans quel sens le mot est utilisé. Pour chaque classe, trois exemples d'unités textuelles sont retenus.

A. Unité textuelle n° 277 $\chi^2 = 41$, Individu n° 8, *lieu_site1 *ind_8 *sex_fem *age_35 *etatmat_marie *nbenfants_2 *instruct_0 *ori_extvill *profess_coop

*et nous avons **(commence)** avec moins de 6 **femmes**, et nous faisions (a) peu (pres) 7 kilos de **(couscous)** (a) (base) de ble, **(couscous)** des **(lentilles)**, les (poulets) et les oeufs, une (petite) **(quantite)** (mais) nous etions tres (satisfaites).*

B. Unité textuelle n° 279 $\chi^2 = 22$, Individu n° 8, *lieu_site1 *ind_8 *sex_fem *age_35 *etatmat_marie *nbenfants_2 *instruct_0 *ori_extvill *profess_coop

*et c'-est la que nous avons **(commence)** (a) accueillir les medias et la tele, qui (a) decouvert notre region et nos produits. ce changement (a) **(commence)** (peu-a-peu), des 2013, meme si ce n' etait pas (comme) aujourd'-hui, (mais) on (sent) le changement, nous avons **(commence)** des **(cours)** de **(lutte)** (contre) l' **(analphabetisme)**.*

C. Unité textuelle n° 384 $\chi^2 = 20$, Individu n° 10, *lieu_site1 *ind_20 *sex_masc *age_39 *etatmat_marie *nbenfants_4 *instruct_sup *ori_intvill *profess_coop

*comment **(commercialiser)** nos produits, les **femmes** petrissent du bon (pain), (mais) elles ont besoin d un (marche), et elles font du **(couscous)** aussi (mais) cela (a) (ete) (toujours) un probleme du (marche), donc, nous avons **(commence)** (a) penser aux **(emballages)**, (a) la publicite.*

Les mots principaux de la *classe 2*

Si on laisse provisoirement de côté les mots étoilés tels que *profess_guide ($\chi^2 = 52$), *ind_6 ($\chi^2 = 47$), age_41 ($\chi^2 = 47$), *instruct_seco ($\chi^2 = 47$), sex_masc ($\chi^2 = 47$), ce sont :

venir ($\chi^2 = 52$), touristes ($\chi^2 = 23$), site1 ($\chi^2 = 22$), tourisme ($\chi^2 = 21$), bio ($\chi^2 = 19$), mot ($\chi^2 = 19$), region ($\chi^2 = 18$), terre ($\chi^2 = 16$), permaculture ($\chi^2 = 16$) et, un peu plus loin : legume ($\chi^2 = 13$), habitant ($\chi^2 = 13$), personne+ ($\chi^2 = 12$), nature ($\chi^2 = 11$), securit+ ($\chi^2 = 11$), agricult+ ($\chi^2 = 11$).

A. Unité textuelle n° 146 $\chi^2 = 17$, Individu n° 6, *lieu_site1 *ind_6 *sex_masc *age_41 *etatmat_marie *nbenfants_2 *instruct_second *ori_intvill *profess_guide *il n'y avait pas de* **(tourisme)**. *aujourd'-hui avec le (grand) (nombre) des* **(touristes)**, *les* **(habitants)** *rencontrent des* **(personnes)** *(venant) d' (autres) (villes) du (maroc) et des (etrangers).*

B. Unité textuelle n° 1 χ^2 = 9, Individu n° 1, *lieu_site1 *ind_1 *sex_masc *age_27 *etatmat_celib *nbenfants_0 *instruct_sup *ori_extvill *profess_guide

donc je vous (demande) d'enumerer, (en) un ou (deux) **(mots)**, *toutes les idees, toutes les (impressions) (qui) vous* **(viennent)** *a l' (esprit) (quand) vous pensez a (site1).*

C. Unité textuelle n° 318 χ^2 = 9, Individu n° 9, *lieu_site1 *ind_9 *sex_masc *age_57 *etatmat_marie *nbenfants_ *instruct_0 *ori_extvill *profess_coop

? et le **(tourisme)***? oui (c'-est) (aussi) une activite que (notre)* **(village)** *(connait). mais il faut (developper) d' (autres) activites pour attirer les* **(touristes)**. *certes, il-y-a la (foret), la montagne et la riviere mais il faut faire d' (autres) choses. il-y-a la* **(securite)**. *l' une des choses appreciees (par) les visiteurs.*

Les mots principaux de la *classe 3*

Changement (χ^2 = 94), lent (χ^2 = 71), origine (χ^2 = 51), arbre (χ^2 = 46), vrai (χ^2 = 40), rapide (χ^2 = 40), resultat (χ^2 = 40), progressif (χ^2 = 33), plante (χ^2 = 31), quelle (χ^2 = 31), ce (χ^2 = 26), mentalite (χ^2 = 20), peu (χ^2 = 18), grace (χ^2 = 18), associat+ (χ^2 = 18), facon (χ^2 = 17), planter (χ^2 = 16), suivre (χ^2 = 12).

A. Unité textuelle n° 95 χ^2 = 63, Individu n° 4, *lieu_site1 *ind_4 *sex_fem *age_34   *etatmat_marie   *nbenfants_nc   *instruct_prim   *ori_intvill *profess_coop

c'-est lui qui (galerait) et qui cherchait pour nous et (il) nous a amene (plein) de (choses). (tout) (ca) c'est **(grace)** *a lui. (pensez) vous que (ce)* **(changement)** *s' (est) fait (lentement),* **(progressivement)** *ou de* **(facon)** **(rapide)**, *brutale? (lentement). pas a pas, et* **(progressivement)**.

B. Unité textuelle n° 118 χ^2 = 36, Individu n° 5, *lieu_site1 *ind_5 *sex_masc *age_56 *etatmat_marie *nbenfants_4 *instruct_0 *ori_extvill *profess_art

(aujourd'-hui) on (compte) jusqu' a 4500 **(arbres)** **(plantes)** *dans notre village. depuis mon arrivee (beaucoup) de* **(changements)** *ont eu (lieu). si quelqu'-un a un (terrain) (il) (essaie) de l' exploiter au maximum (possible). (quelle) (est) l'* **(origine)** *de (ce)* **(changement)***? quand j'achete ma maison ici on me disait que l'* **(association)** *ne travaillait pas mais j' ai quand-meme adhere.*

C. Unité textuelle n° 328 χ^2 = 21, Individu n° 9, *lieu_site1 *ind_9 *sex_masc *age_57 *etatmat_marie *nbenfants_ *instruct_0 *ori_extvill *profess_coop

? je souhaite que notre village s' (ameliore) (davantage) et (continue) en (progression). (quelle) (est) l' origine de (ce) (changement)? comment (tout) a commence? c'-est le **(changement)** *de la* **(mentalite)** *c'-est aussi* **(grace)** *a l'* **(association)**.

Les mots principaux de la *classe 4*

Si l'on écarte les mots étoilés tels que *profess_coop ($\chi^2 = 40$), *age_39 ($\chi^2 = 28$), *ind_20 ($\chi^2 = 28$), ind_8 ($\chi^2 = 23$), age_35 ($\chi^2 = 23$), les mots définissant le mieux la classe 4 sont :

femme ($\chi^2 = 43$), reunion ($\chi^2 = 30$), mari ($\chi^2 = 21$), devenir ($\chi^2 = 20$), faire ($\chi^2 = 19$), et ($\chi^2 = 16$), fete ($\chi^2 = 15$), gain ($\chi^2 = 15$), parler ($\chi^2 = 15$), adherent ($\chi^2 = 15$), homme ($\chi^2 = 13$), discuter ($\chi^2 = 13$), coopératif ($\chi^2 = 13$), payer ($\chi^2 = 12$), difficile ($\chi^2 = 12$), capable ($\chi^2 = 11$), savoir ($\chi^2 = 11$), assemblée ($\chi^2 = 11$), reunir ($\chi^2 = 10$), exprimer ($\chi^2 = 10$).

A. Unité textuelle n° 402 $\chi^2 = 18$, Individu n° 10, *lieu_site1 *ind_20 *sex_masc *age_39 *etatmat_marie *nbenfants_4 *instruct_sup *ori_intvill *profess_coop

*(et) de-meme (pour) les (**femmes**) de la (**cooperative**) a (n) importe quel (moment) ou nous avons du (nouveau) ou (elles) (ont) des propositions (on) fait des/ (**assemblees**) (pour) toutes les (**adherentes**).*

B. Unité textuelle n° 261 $\chi^2 = 16$, Individu n° 8, *lieu_site1 *ind_8 *sex_fem *age_35 *etatmat_marie *nbenfants_2 *instruct_0 *ori_extvill *profess_coop

*(et) c'-est une porte qu' (on) est (arrive) a franchir (avec) (succes). (on) (arrive) (maintenant) a (**parler**) des choses qui nous (font) mal, (et) dont (on) doit nous plaindre, (on) (assiste) a des (**reunions**), (et) (on) fait beaucoup de choses qui (ont) ete l' apanage des (**hommes**), (et) c'-est (vraiment) (tres) touchant (pour) nous ce changement.*

C. Unité textuelle n° 289 $\chi^2 = 14$, Individu n° 8, *lieu_site1 *ind_8 *sex_fem *age_35 *etatmat_marie *nbenfants_2 *instruct_0 *ori_extvill *profess_coop

*(et) nous (faisons) la repartition du montant (gagne) par commande. (et) oui, (il-y-a) (parfois) des (**assemblees**) de (tous) les habitants du village, lorsqu' (il-y-a) une (occasion) ou une (**fete**) ou tout le (monde) est convie.*

Les mots principaux de la *classe 5*

Changer ($\chi^2 = 43$), commande ($\chi^2 = 40$), selon ($\chi^2 = 31$), quartier ($\chi^2 = 31$), siege ($\chi^2 = 23$), joindre ($\chi^2 = 23$), deplacer ($\chi^2 = 23$), rester ($\chi^2 = 21$), participer ($\chi^2 = 17$), etat ($\chi^2 = 16$), politique ($\chi^2 = 16$).

A. Unité textuelle n° [nc] $\chi^2 = 19$, Individu n° 7, *lieu_site1 *ind_7 *sex_fem *age_63 *etatmat_marie *nbenfants_3 *instruct_0 *ori_intvill *profess_foy

*ce (n') est (pas) (comparable) a l' epoque (ou) (nous) (n') (avions) absolument (rien). mais (nous) (voulons) (encore) plus, plus pour la cooperative car (nous) (n') (avons) (pas) de (**siege**) (social).*

B. Unité textuelle n° [nc] $\chi^2 = 9$, Individu n° 8, *lieu_site1 *ind_8 *sex_fem *age_35 *etatmat_marie *nbenfants_2 *instruct_0 *ori_extvill *profess_coop

*et tout est prepare par les femmes du village et (sans) aucune substance conservatrice, et chaque (jour) on (recoit) des (**commandes**) de (plusieurs) fa-*

*milles a rabat, et (nous) (travaillons) chaque (**commande**) a part, et (nous) (nous) (**deplacons**) pour la livrer.*

C. Unité textuelle n° [nc] χ² = 7, Individu n° 7, *lieu_site1 *ind_ 7 *sex_fem *age_63 *etatmat_marie *nbenfants_3 *instruct_0 *ori_intvill *profess_foy

*quand il-y-a une grosse livraison a preparer, (cet) endroit (peut) a-peine (nous) contenir. (nous) (ne) trouvons un lieu (que) lorsque (nous) expedions la (**commande**). pour (vous), (voyez) (vous) (que) le village a (**change**)? oui, pour les femmes de la cooperative, c'-est bien. (par-exemple), si (vous) le (comparez) au village d' il-y-a 5 (ou) 6 ans.*

Analyse interprétative

Le vocabulaire du site 1 est organisé autour de quelques thèmes qui se recouvrent. Dans une figure générée par Alceste et non reproduite ici, on voit que les cinq classes ont des intersections et que deux d'entre elles, la classe 1 et la classe 3, sont plus autonomes.

La *classe 1* évoque la *coopérative du couscous*. C'est celle qui est gérée par les femmes du village. Le seul mot étoilé se situant en début de liste est, d'ailleurs, *sex_fem.

La *classe 2* évoque, elle, la coopérative de l'« Agriculture moderne », gérée par les hommes. Le vocabulaire est centré autour du tourisme (et des touristes), de l'agriculture biologique, de la permaculture… Cette classe est très influencée par les mots étoilés *profess_guide, *ind_6, *age_41, instruct_seco et *sex_masc, qui tous désignent Brahim, l'un des deux créateurs de l'association et des coopératives. Le terme premier de la liste, « venir », est à négliger. On retrouve ici encore l'un des termes utilisés par les enquêteurs (« qu'est-ce qui vous vient à l'esprit »).

La *classe 3* contient un vocabulaire plus général et transversal. Avec le premier mot, « changement », on est orienté vers l'une des manifestations de la préoccupation commune : le *développement ou le changement du village*. Les termes tels que « lent », « rapide », « progressif » donnent des modalités de ce changement, telles que perçues par les personnes interrogées. Le mot « mentalité » renvoie à l'idée selon laquelle, pour qu'il y ait changement, il faut que les mentalités changent, « associat+ » évoquant une autre des modalités du changement, l'existence de structures collectives causant ou facilitant ce changement.

La *classe 4* s'ouvre sur le mot « femme » et aligne ensuite des termes comme « reunion », « mari », « gain », « cooperatif »… On y retrouve *l'activité féminine de la coopérative du couscous*. Mais avec un déplacement de l'angle de vue. « reunion » et « adherent » orientent vers le mode de prise de décision dans la coopérative, voire, pour partie, des habitants du village. Les termes « femme », « mari », « gain » renvoient, de leur côté, à un mouvement d'émancipation des femmes. Comme le dit l'une des femmes interrogées :

J'ai réparé ma maison, acheté des meubles, raccordé ma maison au réseau électrique, acheté une machine à laver. Je veux dire que je ne laisse aucun besoin, j'achète n'importe quoi. Mon mari ne me donne rien. Quand je veux aller quelque part, il ne voit pas de problème et il ne m'en empêcherait pas. Son seul problème, c'est qu'il n'a pas d'emploi stable et qu'il ne peut donc pas subvenir à mes besoins lorsque je dois voyager quelque part. (personne 04, Amina).

Et la personne 06 (Brahim) :

De même les femmes attendaient que leurs maris leur donnent de l'argent pour qu'elles fassent ce qu'elles veulent. Aujourd'hui elles travaillent dans la coopérative. Elles vendent leurs produits Elles gagnent leurs vies.

Sans la coopérative du couscous, les femmes seraient toujours dans la dépendance des hommes. Leur émancipation pécuniaire a permis leur émancipation sociale. Désormais, après avoir résisté à cette émancipation progressive des femmes, les maris « sont fiers d'elles » dit encore une autre personne, la femme 02 (Assia). Plus largement, la présence de termes comme « cooperatif» ($\chi^2 = 13$), « assemblee » ($\chi^2 = 11$), « reunir » ($\chi^2 = 10$), « exprimer » ($\chi^2 = 10$) indique qu'il y a des assemblées délibératives. Mais on voit que les χ^2 ne sont pas très élevés (entre 13 et 10, contre 43 pour femme) : ce mode de prise de décision est surtout pratiqué dans chaque association, avec ses propres adhérents, même si certains nous disent qu'il arrive que les réunions soient ouvertes au-delà de ces adhérents et étendues au village tout entier.

La *classe 5*, enfin, nous ramène partiellement à la coopérative du couscous et partiellement à des considérations plus générales sur le site 1. Avec « changer », nous retrouvons l'interrogation sur le village : a-t-il changé (oui), vite, lentement, progressivement ? Le mot « politique » exprime la méfiance des habitants à l'égard des responsables et des institutions politiques.

Au terme de cette analyse pour le seul site 1, nous pouvons risquer une première conclusion, certes partielle et, sans doute aussi, encore superficielle, puisqu'elle pourra être enrichie par les analyses des autres sites et par l'analyse des trois sites mêlés. Parmi les principaux thèmes évoqués dans le site 1 (figure 4, ci-dessous) se trouvent ceux du développement autonome. Cette « autonomie » s'entend surtout, dans le discours des habitants, comme une distance aux politiques (les hommes et les pratiques). Dans le site 1, on préfère visiblement compter sur les forces internes, sur les structures de décision collective locales : celles de l'association et, plus encore, celles des coopératives. Bien entendu, les apports externes ne sont pas refusés systématiquement. On va même aller chercher des sources extérieures de savoir et d'action, l'association de Rabat, dirigée par Hassan, par exemple.

Le changement, par ailleurs, se fonde sur les structures collectives de décision et d'action qui sont actives dans les deux coopératives plus que dans l'association. Les termes cités ci-dessus dans la classe 4 (et, plus généralement, dans les cinq classes produites par Alceste) illustrent le fait que, dans le site 1, les modes de délibérations collectives sont moins clairement sollicités, plus diffus que dans le site 2, par exemple, nous le verrons plus loin.

Figure 4. Les grands thèmes évoqués dans le site 1

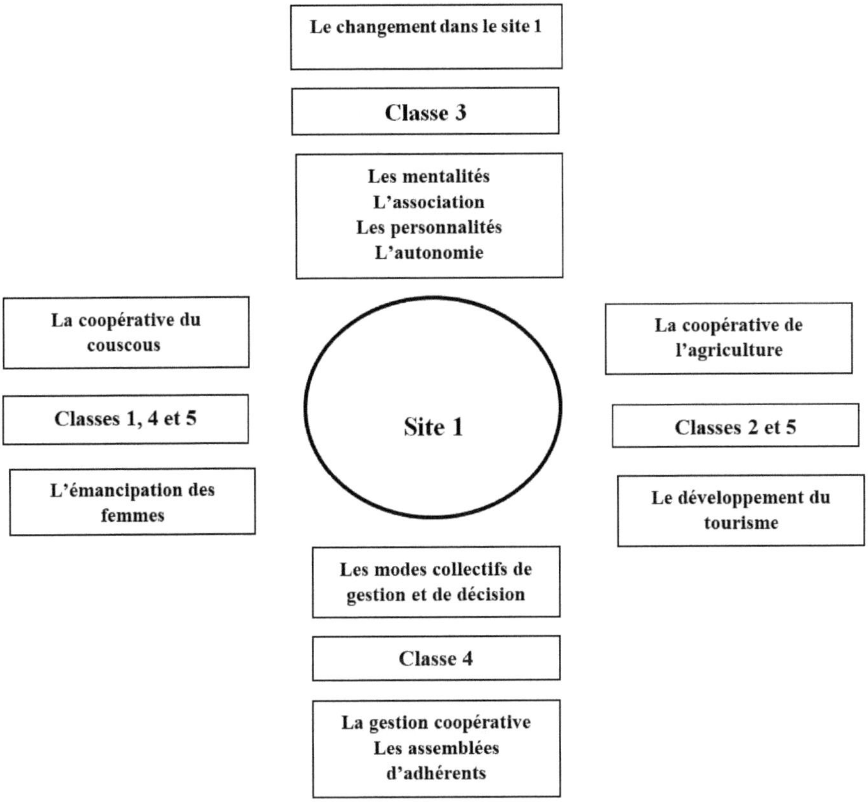

```
                    ┌─────────────────────────────┐
                    │ Le changement dans le site 1│
                    └─────────────────────────────┘
                              ┌──────────┐
                              │ Classe 3 │
                              └──────────┘
                    ┌─────────────────────────────┐
                    │     Les mentalités          │
                    │     L'association           │
                    │     Les personnalités       │
                    │     L'autonomie             │
                    └─────────────────────────────┘

  ┌──────────────────┐                          ┌──────────────────┐
  │ La coopérative du│                          │ La coopérative de│
  │     couscous     │                          │   l'agriculture  │
  └──────────────────┘         ╭──────╮         └──────────────────┘
  ┌──────────────────┐        │       │         ┌──────────────────┐
  │ Classes 1, 4 et 5│        │ Site 1│         │ Classes 2 et 5   │
  └──────────────────┘        │       │         └──────────────────┘
  ┌──────────────────┐         ╰──────╯         ┌──────────────────┐
  │ L'émancipation des│                         │ Le développement du│
  │     femmes       │                          │     tourisme     │
  └──────────────────┘                          └──────────────────┘

                    ┌─────────────────────────────┐
                    │ Les modes collectifs de     │
                    │    gestion et de décision   │
                    └─────────────────────────────┘
                              ┌──────────┐
                              │ Classe 4 │
                              └──────────┘
                    ┌─────────────────────────────┐
                    │ La gestion coopérative      │
                    │    Les assemblées           │
                    │    d'adhérents              │
                    └─────────────────────────────┘
```

Le changement dans le premier site se fonde sur les structures d'action que sont la coopérative des femmes et celle des hommes. Dans les deux cas, ce sont les piliers du développement : développement d'activités lucratives (tourisme, agriculture – activités liées à la production de couscous – préparation et vente de celui-ci) qui permettent de disposer de moyens pour améliorer les infrastructures existantes, de se faire connaître, de matérialiser l'émancipation des femmes et de renforcer leur rôle dans la communauté.

3.2. Le discours dans le site 2

Alceste a construit 4 classes de mots pour les entretiens du site 2. Il a, pour cela, analysé 77 % du corpus et a rejeté 23 % de celui-ci pour lesquels trop peu de récurrences apparaissaient. La classe 1 traite 61 unités textuelles, soit 21 % du corpus ; la classe 2 en traite 63, ce qui correspond à 22 % du corpus ; pour la classe 3, on obtient 64 unités et 22 % du corpus ; la classe 4, enfin, repose sur 97 unités et 34 % du corpus.

Analyse descriptive

Les mots principaux de la *classe 1*

reunion ($\chi^2 = 58$), monde ($\chi^2 = 48$), organiser ($\chi^2 = 44$), discuter ($\chi^2 = 42$), decision ($\chi^2 = 30$), assemblée ($\chi^2 = 29$), jeune ($\chi^2 = 26$), chacun ($\chi^2 = 26$), participer ($\chi^2 = 26$), prise ($\chi^2 = 25$), collectif ($\chi^2 = 25$), faire ($\chi^2 = 23$), priere ($\chi^2 = 23$), souvent ($\chi^2 = 23$), avis ($\chi^2 = 21$), fete ($\chi^2 = 21$), action ($\chi^2 = 19$).

A. Unité textuelle n° 246 $\chi^2 = 36$, Individu n° 8, *lieu_site2 *ind_17 *sex_masc *age_46 *etatmat_marie *nbenfants_4 *instruct_0 *ori_intvill *profess_agr

*comment cela (fonctionne)? (**chacun**) exprime (son) (avis) (et) (tout) le (**monde**) respecte la (**decision**) (prise) a la (fin) de la (**reunion**). les choses (sont) bien (**organisees**).*

B. Unité textuelle n° 220 $\chi^2 = 31$, Individu n° 7, *lieu_site2 *ind_16 *sex_masc *age_55 *etatmat_marie *nbenfants_4 *instruct_prim *ori_intvill *profess_ouv

*vous (faites) (**souvent**) des (**reunions**)? (oui) toujours (il-y-a) des (**reunions**). (apres) la (**priere**), on fixe l' heure de la (**reunion**). (tout) le (**monde**) y (assiste). (tout) le (**monde**) est convoque. on donne notre (**avis**) (et) on (se) respecte. on separe (nos) conflits personnels (entre) nous de l' (interet) (commun) du village.*

C. Unité textuelle n° 169 $\chi^2 = 14$, Individu n° 5, *lieu_site2 *ind_14 *sex_masc *age_35 *etatmat_celib *nbenfants_0 *instruct_0 *ori_intvill *profess_agr

*existe il des **assembles** au niveau du village? on en (fait) (plusieurs). si on veut construire (quelque-chose), on (fait) 5 (ou) 6 (reunions). tu y (**participes**)? j' y (**participe**). (tout) le (**monde**) y (**participe**). Quand une (**reunion**) est (decidee). ils nous le disent (apres) la derniere (**priere**) de la (journee) (et) (tout) le (**monde**) vient (et) (se) rencontre.*

Les mots de la *classe 2*

Site2 ($\chi^2 = 32$), mot ($\chi^2 = 29$), ecole ($\chi^2 = 29$), Site2[149] ($\chi^2 = 29$), primaire ($\chi^2 = 29$), je ($\chi^2 = 25$), eleve ($\chi^2 = 24$), ai ($\chi^2 = 22$), tete ($\chi^2 = 22$), etude ($\chi^2 = 22$), college ($\chi^2 = 20$), quitter ($\chi^2 = 20$)… et un peu plus loin : enfant ($\chi^2 = 18$), internat ($\chi^2 = 18$), fille ($\chi^2 = 17$), scolaire ($\chi^2 = 17$), an ($\chi^2 = 14$), universit+ ($\chi^2 = 14$), accompagner ($\chi^2 = 14$).

A. Unité textuelle n° 254 $\chi^2 = 25$, Individu n° 9, *lieu_site2 *ind_18 *sex_masc *age_19 *etatmat_celib *nbenfants_0 *instruct_sup *ori_intvill *profess_étu

---

[149] Le remplacement du nom du site par le terme générique « site » a produit ce doublement (Site 2, $\chi^2 = 32$) et (Site 2, $\chi^2 = 29$).

(quel) (age) (avez) (vous)? J (ai) presque vingt (ans). (vous) (vivez) (depuis) (toujours) dans ce (village)? oui (je) (suis) ne (ici), et (j) (ai) (grandi) (ici) dans ce (village), et (j) (ai) (mon) **(ecole) (primaire)** *(ici) au (village), et (je) (l) (ai)* **(quitte)** *pour (mes)* **(etudes)**.

B. Unité textuelle n° 370 χ^2 = 25, Individu n° 11, *lieu_site2 *ind_23 *sex_fem *age_20 *etatmat_marie *nbenfants_0 *instruct_sec *ori_intvill *profess_coop

SVP, (j) (ai) une (question) supplementaire, maintenant, jusqu a (quel) (niveau) (d) **(etude)** *arrivent les* **(filles)** *avant de* **(quitter)** *(l)* **(ecole)***? avant (c) etait la (derniere)* **(annee)** *de* **(primaire)***, et (j) (ai) ete la (premiere) (moi) et (ma) cousine, a arriver au* **(college)***, mais maintenant la plupart des* **(filles)** *arrivent au secondaire, car il a y un* **(internat)***.*

C. Unité textuelle n° 32 χ^2 = 13, Individu n° 2, *site2 *ind_11 *sex_fem *age_23 *etatmat_marie *nbenfants_2 *instruct_second *ori_extvill *profess_inst

elle les aide a s' installer dans les **(internats)***, et (depuis) la creation de l' association, on est arrive a 0% des* **(enfants)** *non (scolarises). auparavant, les* **(enfants)** *du (village)* **(quittaient)** *l' (ecole) a-partir-de la quatrieme (annee) ou cinquieme (annee) du* **(primaire)***.*

Les mots de la *classe 3*

Eau (χ^2 = 88), potable+ (χ^2 = 41), reseau (χ^2 = 31), assainir (χ^2 = 31), canal (χ^2 = 28), acces (χ^2 =27), route (χ^2 = 24), avait (χ^2 = 22), esperer (χ^2 = 18), ne (χ^2 = 14), facile (χ^2 = 14), marcher (χ^2 = 14), penible (χ^2 = 14), etat (χ^2 = 13), aimer (χ^2 = 13), chaud (χ^2 = 13), grand (χ^2 = 11).

A. Unité textuelle n° 16 χ^2 = 30, Individu n° 1, *site2 *ind_10 *sex_masc *etatmat_marie *nbenfants_4 *instruct_0 *ori_extvill *profess_agr)

qu' est-ce vous (aimeriez) (avoir) de (plus)? nous **(esperions)** *(avoir) la* **(route)***, (on) (trouve) des surtout quand la pluie tombe. notre (seul) (probleme) c'-est la* **(route)***. (sinon), tout va (bien).*

B. Unité textuelle n° 308 χ^2 = 25, Individu n° 10, *lieu_site2 *ind_19 *sex_fem *age_33 *etatmat_marie *nbenfants_3 *instruct_0 *ori_intvill *profess_foy

(bien) sur, tout (a) (change) (a) 100, tout (a) (change), (auparavant), nous **(marchions)** *des kilometres des kilometres pour (arriver) (a) la fontaine, et (pouvoir) ramener de l' (eau) (avec) nous, c' (etait) vraiment (tres)* **(penible)***.*

C. Unité textuelle n° 79 χ^2 = 12, Individu n° 3, *lieu_site2 *ind_12 *sex_masc *age_34   *etatmat_celib   *nbenfants_0   *instruct_prim   *ori_extvill *profess_agrgite

il (y) (avait) meme des morts, atteints par le cholera. (on) (n') (avait) (pas) de choix. nous etions obliges de boire l' **(eau)***. (aujourd'-hui), louange (a) dieu, nous (avons)* **(acces)** *(a) l'* **(eau) (potable)***.*

Les mots de la *classe 4*

Travail+ (χ^2 = 40), *profess_agr (χ^2 = 30), volontaire (χ^2 = 25), *instruct_0 (χ^2 = 24), age_35 (χ^2 =21), ind_14 (χ^2 = 21), argent (χ^2 = 18), construction (χ^2 = 18), ce (χ^2 =14), rapide (χ^2 = 14), gratuit (χ^2 = 14), associat+ (χ^2 = 14), *age_50 (χ^2 = 13), ind_10 (χ^2 = 13), lent (χ^2 = 12), payer (χ^2 = 12), tourisme (χ^2 = 12), nous (χ^2 = 11), falloir (χ^2 = 11), construire (χ^2 = 11), drh (χ^2 = 10).

A. Unité textuelle n° 168 χ^2 = 22, Individu n° 5, *site2 *ind_14 *sex_masc *age_35 *etatmat_celib *nbenfants_0 *instruct_0 *ori_intvill *profess_agr

*auparavant, (il) (fallait) (travailler) (gratuitement) pour economiser et finaliser un (projet). (ce) (projet) (nous) a beaucoup (apporte). (cet) (hotel) par-exemple (si) (nous) (voulons) (terminer) (sa) **(construction)** (nous) serons (payes). auparavant (c') etait (different:) la (marchandise) est donnee par l' (association) et les **(volontaires)** sont du village.*

B. Unité textuelle n° 230 χ^2 = 12, Individu n° 8, *lieu_site2 *ind_17 *sex_masc *age_46 *etatmat_marie *nbenfants_4 *instruct_0 *ori_intvill *profess_agr

*les (gens) **(travaillent)** **(volontairement)**, (ils) s' entraident. l' **(association)** aussi, quand elle (nous) (amene) des (projets), les (gens) se (mettent) au **(travail)** et les membres de l' **(association)** les (aident).*

C. Unité textuelle n° 215 χ^2 = 9, Individu n° 7, *lieu_site2 *ind_16 *sex_masc *age_55 *etatmat_marie *nbenfants_4 *instruct_prim *ori_intvill *profess_ouv

*(ce) (changement) n' etait pas un peu (lent)? (c') etait petit a petit. (projet) apres (projet). les (projets) (prennent) de l' ampleur. la mentalite aussi a beaucoup change. les (gens) **(travaillent)** **(volontairement)**. on (liste) les (projets) dont on a besoin, ecole, garderie.*

Analyse interprétative

Les analyses Alceste montrent, pour le site 2, quatre univers sémantiques bien délimités, bien que se recoupant partiellement (figure non reproduite). Trois classes ont des plages relativement excentrées : la classe 1, la classe 2 et la classe 3.

La *classe 1* évoque les *modes de délibération collective* (« reunion », « organiser », « discuter », « decision »…).

La *classe 2* nous parle de la *question de l'école et de l'éducation* (ecole », « primaire », « etude », « college », « enfant », « internat »…

La *classe 3* nous renvoie à la *question de l'eau* qui fut un problème persistant et récurrent pendant des années (« eau », « potable », « reseau », « assainir », « canal »…) Le mot « route » oriente vers une autre question récurrente : la piste (la route) mal praticable qui conduit au village niché dans un fond de vallée. Ces trois classes structurent assez bien le vocabulaire et les préoccupations des habitants du site 2.

La *classe 4* apparaît centrée et répartie sur les trois premières. Son vocabulaire s'organise autour des mots « travail », « volontaire », « construction », « association ». Cela peut sans doute être interprété comme le fait que le mode particulier de fonctionnement du village est lié à la mise en place par l'association de développement créée par l'un des villageois, Kamel, de retour au village après une période où il a vécu à l'extérieur, d'un *mode de création et de gestion des ressources communes* : ce sont les villageois eux-mêmes qui, gratuitement et de façon volontaire, construisent les équipements destinés à la communauté[150].

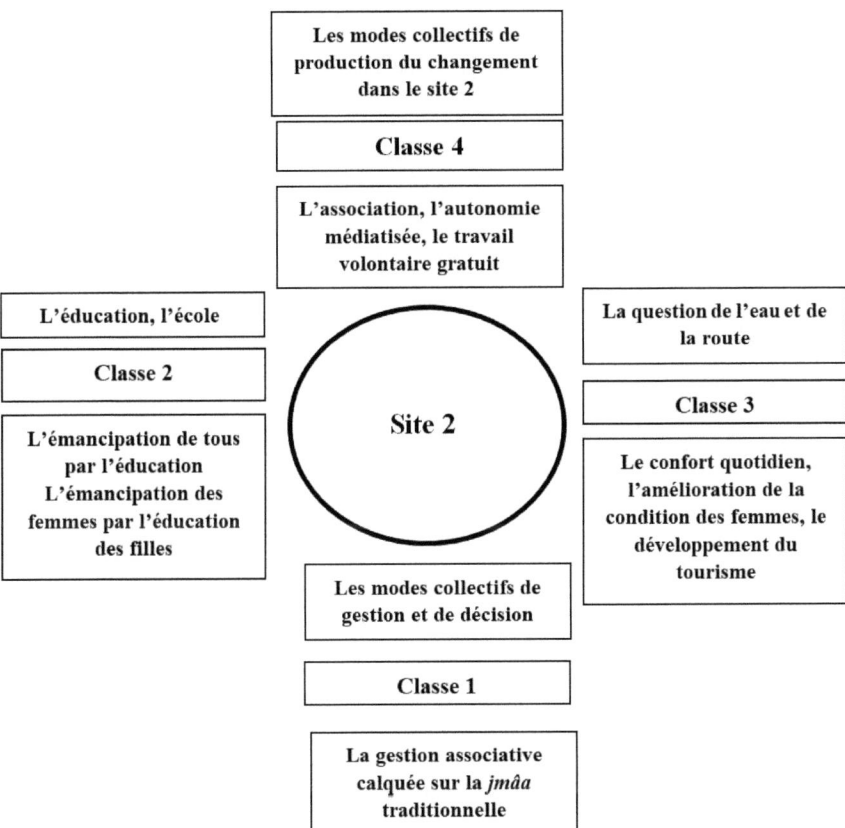

Figure 5. Les grands thèmes évoqués dans le site 2

Ce mode d'organisation recoupe fortement les trois autres thèmes : c'est la décision collective (classe 1) qui déclenche les travaux collectifs

---

[150] Ne pas négliger, cependant, le fait que les institutions collectives sont aussi le siège de luttes d'influence et que la liberté de décision, en ces lieux, est soumise aux prérequis culturels (ce qui est admissible et ce qui ne l'est pas), aux hiérarchies sociales, à l'histoire du site…

[l'adduction d'eau, (classe 3), la route, le gîte...] ; c'est également elle qui conduit à la mise en place d'une école préélémentaire et primaire, qui pousse à organiser la scolarité secondaire (internat pour le collège)...

Tous ces éléments qui apparaissent dans la figure 5 ci-dessus se recoupent et forment une certaine unité autour des aspects collectifs de production et de gestion du changement, de l'amélioration des conditions de vie et, enfin, de l'émancipation des enfants.

3.3. Le discours dans le site 3

Alceste a construit 6 classes de mots pour les entretiens du site 3. Il a, pour cela, analysé 61 % du corpus et a rejeté 39 % de celui-ci pour lesquels trop peu de récurrences apparaissaient. La classe 1 traite 39 unités textuelles, soit 15 % du corpus ; la classe 2 en traite 59, ce qui correspond à 23 % du corpus ; pour la classe 3, on obtient 50 unités et 20 % du corpus ; la classe 4 repose sur 33 unités et 13 % du corpus ; la classe 5 est générée à partir de 48 unités et 19 % du corpus ; enfin, la classe 6 regroupe 25 unités, soit 10 % du corpus.

Analyse descriptive

Les mots principaux de la *classe 1*

La liste s'ouvre sur le mot quel (χ^2 = 91), suivi de : travail+ (χ^2 = 84), age (χ^2 = 76), appeler (χ^2 = 76), suis (χ^2 = 73), an (χ^2 = 70), j (χ^2 = 66), ai (χ^2 = 62), marie (χ^2 = 57), bonjour (χ^2 = 51), collège (χ^2 = 51), etude (χ^2 = 46), m (χ^2 = 45), enfant (χ^2 = 45), annee (χ^2 = 41), niveau (χ^2 = 41).

Dans cet assemblage à la Prévert, il est difficile de reconnaître un thème clair autre que le vocabulaire des questions posées. Ceci est visible dans les unités textuelles :

A. Unité textuelle n° 257 χ^2 = 83, Individu n° 11, *lieu_site3 *ind_34 *sex_masc *age_49   *etatmat_celib   *nbenfants_0   *instruct_second   *ori_intvill *profess_menag

*(bonjour), (**quel**) est (ton) (nom)? (je) (m) (appelle) Saïd. (**quel**) est (ton) (age)? 49 (ans). (quelle) est ta situation familiale? (je) (**suis**) (toujours) celibataire. (**quel**) est (ton) (**niveau**) (d) (**etude**)? (jusqu) a la quatrieme (**annee**), (troisieme) (annee) de (**college**), (depuis) (quand) (tu) (**travailles**) (ici)? ca fait (deux).*

B. Unité textuelle n° 39 χ^2 = 73, Individu n° 2, *lieu_site3 *ind_25 *sex_masc *age_56   *etatmat_marie   *nbenfants_5   *instruct_prim   *ori_intvill *profess_retvend

*(comment) (tu) (t) (appelles)? Saïd (**quel**) est (ton) (age)? 56 (ans) (es) (tu) (marie)? bien (sur). et (j) (ai) 5 (enfants). C est (quoi) (ton) (**niveau**) (scolaire)? premiere (**annee**) primaire. (depuis) (quand) (tu) (**travailles**) (ici)? (depuis) l (ouverture) du PCP.*

C. Unité textuelle n° 202 χ² = 64, Individu n° 9, *lieu_site3 *ind_32 *sex_masc *age_35   *etatmat_marie   *nbenfants_2   *instruct_secon   *ori_extvill *profess_com

(bonjour) **(quel)** *est (ton) prenom? (je) (m) (appelle) Issam.* **(quel)** *est (ton) (age)? (je)* **(suis)** *ne en 1984 (tu) (es)* **(marie)***? (je)* **(suis)** **(marie)***. est-ce-que (tu) (as) des* **(enfants)***? (oui) une (fille), 4 (ans), et un garcon, 6 (ans). (depuis) combien (d)* **(annee)** *(tu) (travailles) (ici)? ca fait 4 (ans) que* **(travaille)** *(ici).*

Les mots principaux de la *classe 2*

gouvern+ (χ² = 44), en-place (χ² = 36), mettre (χ² = 33), succes (χ² = 27), connu (χ² = 24), penser (χ² = 23), aimer (χ² = 20), realiser (χ² = 17), bon (χ² = 16), besoin (χ² = 16), informel (χ² = 16), droit (χ² = 13), projet (χ² = 12), securise (χ² = 11), organiser (χ² = 11), lent (χ² = 10), camera (χ² = 10).

A. Unité textuelle n° 263 χ² = 26, Individu n° 11, *lieu_site3 *ind_34 *sex_masc *age_49   *etatmat_celib   *nbenfants_0   *instruct_second   *ori_intvill *profess_menag

il-y-a aussi l (organisation) il (est) (plus) **(organise)** *qu (ailleurs). pas d (anarchie) comme dans d (autres) (endroits). L (endroit) (est)* **(securise)***. il-y-a (beaucoup) d (agents) de (securite). A part ceux (qui) (sont) a l exterieur il y en a d (autres) avec des gilets verts (qui) se promenent a l interieur.*

B. Unité textuelle n° 376 χ² = 22, Individu n° 15, *lieu_site3 *ind_15 *sex_masc *age_52   *etatmat_marie   *nbenfants_2   *instruct_second   *ori_intvill *profess_com

oui (qui) l a (pense) en (premier)? (C) (est) l INDH (qui) l a (mis) (en-place). le **(gouverneur)** *precedent (qui) a (pu) (realiser) (ce) (projet). L (idee) etait (presente) avant (son) arrivee mais c (est) lui (qui) a (eu) l initiative en (premier).*

C. Unité textuelle n° 247 χ² = 14, Individu n° 10, *lieu_site3 *ind_33 *sex_masc *age_50 *etatmat_marie *nbenfants_nc *instruct_nc *ori_intvill *profess_com

avant il y avait un jardin. (C) (est) le **(gouverneur)** *(qui) l a (mis) (en-place). les gens (qui) (viennent) ici l admirent (beaucoup). il-y-a (beaucoup) d (agents) de (securite) et de* **(cameras)** *de (surveillance).*

Les mots principaux de la *classe 3*

Nous reviendrons un peu plus loin sur les mots étoilés qui apparaissent en début de liste. Les autres mots significatifs sont :

Marchand (χ² = 77), espace (χ² = 34), etat (χ² = 29), zone (χ² = 20), habitant (χ² = 20), clochard (χ² = 20), occuper (χ² = 18), jardin (χ² = 16), prendre (χ² = 14), monde (χ² = 13), regrouper (χ² = 13), choix (χ² = 12), temps (χ² = 12) ou encore : exposer (χ² = 12), nouveau (χ² = 12), quartier (χ² = 12), disparaitre (χ² = 12).

Nous avons écarté précédemment les mots étoilés qui occupent les premières places dans la classe 3. Ce sont principalement : *age_30 (χ^2 = 64), *age_54 (χ^2 = 49), *ind_39 (χ^2 = 49), *profess_dirad (χ^2 = 49), ind_36 (χ^2 = 43), profess_nc (χ^2 = 43), ori_nc (χ^2 = 40)… Ces mots nous indiquent que le vocabulaire de la classe 3 est très influencé par deux personnes, les individus 39 et 36. L'individu 39, Alif, est le « vice-directeur de l'administration de gestion des PCP », selon ses propres termes. Alif explique que le marché s'est substitué à un jardin mal fréquenté et a permis de dégager l'espace de circulation des piétons et des voitures. Il évoque les diverses qualités du marché et ses avantages par rapport à la situation antérieure. La personne 036 est un client qui, dans ses réponses, confirme les propos du vice-directeur.

A. Unité textuelle n° 401 χ^2 = 32, Individu n° 16, *lieu_site3*ind_39 *sex_masc *age_54 *etatmat_marie *nbenfants_2 *instruct_sup *ori_nc *profess_diradm

*en-meme-temps (l) (etat) a pu faire (disparaitre) un point noir, qui (regroupait) les (**clochards**) (et) qui faisaient pas (mal) d (incidents), (et) en-meme-temps (pour) repondre aux reclamations des (**habitants**) (et) des proprietaires qui souffraient avec les (**marchands**) qui (**occupaient**) les (rues).*

B. Unité textuelle n° 143 χ^2 = 28, Individu n° 6, *lieu_site3 *ind_29 *sex_masc *age_74   *etatmat_marie   *nbenfants_4   *instruct_prim   *ori_extvill *profess_retvend

*C. est-ce qu il (y) (avait) un (changement) (apres) la (construction) de ces (marches)? oui, oui, bien evidemment, il (y) (avait) un grand (changement) (dans) (l) (etat) de (cette) (**zone**) de la ville, au-lieu du (marche), il (y) (avait) un (**jardin**) qui (**regroupait**) les (**habitants**) du (**quartier**), les adolescents (et) les etudiants des ecoles primaires, (ainsi).*

C. Unité textuelle n° 118 χ^2 = 14, Individu n° 5, *lieu_site3*ind_28 *sex_fem *age_30   *etatmat_marie   *nbenfants_3   *instruct_secon   *ori_extvill *profess_client

*A votre (avis), est-ce qu il (y) (avait) un (changement) (dans) (cette) (**zone**)? oui, un (changement) radical, (l) (espace) est devenu plus organise, plus securise, il-y-a une (variete) de (**choix**) (et) le (marche) est beaucoup plus organise qu auparavant, (ainsi) (maintenant) nous pouvons venir avec nos enfants, avant.*

Les mots principaux de la *classe 4*

Associat+ (χ^2 = 85), reunion (χ^2 = 48), gestion (χ^2 = 48), assemblée (χ^2 = 34), elle (χ^2 = 29), membre (χ^2 = 27), reunir (χ^2 = 27), faire (χ^2 = 26), action (χ^2 = 20), bureau (χ^2 = 20), general (χ^2 = 20), local (χ^2 = 18), responsab+ (χ^2 = 16).

A. Unité textuelle n° 153 χ^2 = 47, Individu n° 6, *lieu_site3 *ind_29 *sex_masc *age_74   *etatmat_marie   *nbenfants_4   *instruct_prim   *ori_extvill *profess_retvend n ont pas (ete) (defendues) par l (**association**). et (est-ce-que) (vous) (faites) des (**assemblees**)? on (ne) (fait) pas d (**assemblees**), (seulement) les adherents de l (**association**) (font) des (**reunions**) (entre) eux, et moi j en (fais) (partie).

B. Unité textuelle n° 384 χ^2 = 21, Individu n° 15, *lieu_site3 *ind_38 *sex_masc *age_52   *etatmat_marie   *nbenfants_2   *instruct_second   *ori_intvill *profess_com

*donc votre (vie) a bien change. oui bien sur il-y-a ce cote (positif). (vous) (faites) des (**reunions**) (entre) (vous)? (non), c est (rare). il n y a pas une (bonne) communication (entre) les vendeurs.*

C. Unité textuelle n° 151 χ^2 = 30, Individu n° 6, *lieu_site3 *ind_29 *sex_masc *age_74   *etatmat_marie   *nbenfants_4   *instruct_prim   *ori_extvill *profess_retvend

*(est-ce-que) (vous) (faites) des (**assemblees**) (generales) dans le marche? il a une (**association**) qui a (ete) creee apres le lancement de l idee et (cela) a (ete) dans le (but) d encourager les gens a adherer et adopter l initiative, au debut, l (**association**) etait (**responsable**) de la (gestion) des (locaux).*

Les mots principaux de la *classe 5*

Ici encore, de nombreux mots étoilés occupent les premières places de la liste. Ce phénomène sera traité dans l'analyse interprétative. Pour la classe 5, les mots principaux (en laissant de côté les mots étoilés) sont :

Produit (χ^2 = 30), changer (χ^2 = 22), propret (χ^2 = 22), client (χ^2 = 19), trouver (χ^2 = 18), argent (χ^2 = 17), rat (χ^2 = 13), cher (χ^2 = 13), risque (χ^2 = 13), partout (χ^2 = 13), service (χ^2 = 13), certains (χ^2 = 13), preferer (χ^2 = 13).

A. Unité textuelle n° 37 χ^2 = 24, Individu n° 1, *lieu_site3 *ind_24 *sex_masc *age_32   *etatmat_celib   *nbenfants_0   *instruct_second   *ori_intvill *profess_comsal

*(si) vous (allez) aux autres marches, vous (trouverez) (que) notre (loyer) et le plus (**cher**). est-ce-que les (prix) ne sont (pas) determines en fonction de l activite de chaque (commercant)? non comment on (a) choisi (ces) (beneficiaires).*

B. Unité textuelle n° [nc] χ^2 = 12, Individu n° 3, *lieu_site3 *ind_26 *sex_masc *age_nc *etatmat_nc *nbenfants_nc *instruct_nc *ori_nc *profess_ret

*C est des microbes (que) les (gens) mangent. (ils) (doivent) utiliser des (produits) pour tuer les (rats) et les empecher d entrer au marche. (si) vous (comparez) ce PCP avec les autres, est-ce (qu) (il) (se) caracterise (par-rapport) aux autres? un peu, mais (il y-a) toujours le probleme de (**proprete**).*

C. Unité textuelle n° [nc] χ^2 = 8, Individu n° 1, *lieu_site3*ind_24 *sex_masc *age_32   *etatmat_celib   *nbenfants_0   *instruct_second   *ori_intvill *profess_comsal

*comme quoi? (par-exemple), on souffre beaucoup de la poussiere, ce-qui fait (que) la qualite de (**certains**) (**produits**) (se) (degrade). ce-qui cause une perte* *pour les (commercants). (ils) (doivent) (trouver) des solutions, soit renover les magasins, soit construire des batiments.*

Les mots principaux de la *classe 6*

On trouve les mots significatifs suivants : payer ($\chi^2 = 53$), drh ($\chi^2 = 49$), période ($\chi^2 = 47$), reduct+ ($\chi^2 = 37$), difficile ($\chi^2 = 37$), mois ($\chi^2 = 33$), jour ($\chi^2 = 22$), debut ($\chi^2 = 20$), terre ($\chi^2 = 19$), pendant ($\chi^2 = 19$), dependre ($\chi^2 = 19$), beneficier ($\chi^2 = 19$), vendre ($\chi^2 = 13$).

A. Unité textuelle n° 350 $\chi^2 = 56$, Individu n° 14, *lieu_site3 *ind_37 *sex_masc *age_55 *etatmat_marie *nbenfants_1 *instruct_second *ori_intvill *profess_agsec

*au (debut) (nous) (avons) (**paye**) 7000 (**drh**). ils (ont) (**beneficie**) d une (**reduction**). (aujourd) (hui) ils ne (**paient**) que 900 (**drh**). mais (c) est mieux qu (avant)? oui (bien) sur parce-que, (avant), ils (**vendaient**) (par) (**terre**). ils bloquaient la route et ils avaient des problemes (avec) la police et la (prefecture).*

B. Unité textuelle n° 241 $\chi^2 = 47$, Individu n° 9, *lieu_site3*ind_32 *sex_masc *age_35 *etatmat_marie *nbenfants_2 *instruct_secon *ori_extvill *profess_com

*et qui gardait (ta) (place)? je (laissais) un jeune dans (place) (pendant) la (**periode**) des (foires). le loyer qu (on) (**payait**) (etait) de 5000 (drh) (par) (**mois**).*

C. Unité textuelle n° 210 $\chi^2 = 13$, Individu n° 9, *lieu_bernoussi *ind_32 *sex_masc *age_35 *etatmat_marie *nbenfants_2 *instruct_secon *ori_extvill *profess_com

*(nous) (avons) vraiment (**beneficie**). (nous) (avons) (**paye**) au (debut) 7000 (**drh**) et (puis) 1200 mensuellement. maintenant ils (nous) (ont) fait une (**reduction**). (nous) (**payons**) 900 (**drh**). comment peut tu comparer entre ton activite (avant) ce projet et maintenant? (la-bas) il y avait beaucoup plus-de clients.*

Analyse interprétative

Les analyses Alceste nous font voir, au premier abord, un vocabulaire assez diffus mais réduit, voire une certaine pauvreté de celui-ci. Ainsi qu'on va le voir, les thèmes abordés par les personnes interrogées sont relativement concentrés, contrairement à ce qui a pu être observé dans les deux autres sites. Par ailleurs, les mots principaux des classes 2 à 6 sont souvent mêlés à des mots étoilés et/ou à des mots outils, parfois dès le début de la liste (donc avec un χ^2 fort), ce qui semble signifier que, plus que les propos et les idées, ce sont les personnes qui sont récurrentes, c'est-à-dire qui s'expriment beaucoup plus que d'autres et sur beaucoup plus de sujets.

La *Classe 1* : nous avons remarqué, dès l'analyse descriptive, que la classe 1 était surtout composée des mots utilisés dans les questions des enquêteurs. De ce fait, nous ne l'avons pas retenue comme significative pour notre recherche.

La *Classe 2* : *instruct_nc ($\chi^2 = 30$), *profess_agsec ($\chi^2 = 30$), *ind_30 ($\chi^2 = 23$), *age_31 ($\chi^2 = 22$), *ind_35 ($\chi^2 = 22$)... À cette classe sont attachés les individus 33, 30, 35, 31, 37, 34, 38. Ces personnes sont, respectivement : (33) un commerçant de sexe masculin, âgé de 50 ans ; (30) une des deux seules femmes à s'être exprimées, mère au foyer et cliente occasionnellement en visite dans le site 3 ; (35) un agent de sécurité, homme de 31 ans ; (31) un jeune étudiant de 19 ans ; (37) un commerçant de se masculin de 55 ans ; (34) un homme célibataire de 49 ans et employé au nettoyage du marché ; enfin (38) un commerçant, homme de 52 ans qui vient de la vente dans les rues. Le vocabulaire de cette classe renvoie à l'action du Gouverneur en poste alors, muté, depuis, dans une autre région. Il nous oriente aussi vers l'idée que cette opération a permis de sécuriser les rues. Le marché est formel (et non informel comme l'était le marché de rue), organisé, contrôlé, surveillé par des hommes et des caméras. D'une certaine manière, il s'agit d'une action d'« assainissement » du milieu urbain qui semble satisfaire et les client.e.s, et les habitant.e.s, et la plupart des marchands qui ont quitté la rue pour rejoindre le marché formel. Il s'agissait sans doute aussi de faire reculer les activités illégales et le contrôle de la pègre sur les activités informelles, bien que cela ne paraisse pas dans les propos des personnes interrogées

La *Classe 3* : tout de suite au-dessous de « marchand » ($\chi 2 = 77$), on trouve : *age_30 ; *age_54 ; *ind_39 ; *professions_dirad ; *ind_36 ; *profess_nc ; *ori-nc… Ce sont, nous dit Alceste les individus 39, 36 et 28 qui apparaissent particulièrement, soit le vice-directeur de l'administration du marché, un homme de 30 ans dont l'activité n'est pas connue et un commerçant responsable de l'association du marché. Une fois dépassés tous les mots étoilés ci-dessus signalés, on trouve un vocabulaire qui nous oriente vers trois thèmes liés : il est question des marchands et de l'espace qu'on leur loue, du remplacement d'un jardin mal fréquenté (clochards, agresseurs…) par une zone réservée au commerce. Les verbatims suggèrent que cette opération a permis de rendre les rues à la circulation des piétons et des automobiles. La classe 2 nous a déjà montré qu'il a été question, également, dans la création de ce marché, de sécurisation (augmenter la sécurité face aux agressions et celles de la circulation des véhicules).

La *Classe 4* : ici, très peu de mots étoilés et pas directement en début de liste. Tout le vocabulaire qui est rassemblé évoque le mode de gestion du marché : l'existence ou non d'une association. active, ses réunions éventuelles, ses assemblées potentielles, ses actions possibles, ses prises de responsabilité… En fait, la consultation des unités textuelles et des verbatims montre que toutes ces potentialités ne sont pas vraiment actualisées. Il existe bien une association qui a peut-être joué un rôle, au début, mais n'est plus guère active désormais. Les commerçants ne se préoccupent pas du mode associatif dans leur activité quotidienne. « Tu sais, les gens ici, ils galèrent pour gagner de l'argent, ils n'ont pas vraiment l'envie de fêter quoi que ce soit », dit la personne 29 en réponse à la question : « vous organisez des activités collectives ? ».

La *Classe 5* : cette classe s'ouvre sur des mots étoilés qui occupent, à deux exceptions près, les 11 premières places (donc les χ^2 les plus importants). Encore faut-il remarquer que l'un des mots qui parvient à se hisser dans le début de cette liste est un mot outil dont nous ne pouvons rien tirer : « pas » ($\chi^2 = 29$). Les individus qui sont nommés ou suggérés par les mots étoilés sont : (24) un homme célibataire de 32 ans, salarié dans une des boutiques ; (25) un homme de 56 ans, retraité et vendeur chez son fils ; (26) un homme qui n'a pas voulu décliner les éléments de son identité, et qui est très critique à l'égard de l'opération ; (27) un homme de 34 ans, commerçant et faisant partie des responsables de l'administration du marché. Les mots utilisables pour percevoir la sémantique à l'œuvre montrent que les discours font débat autour de la propreté du marché, du prix élevé des loyers, des risques liés au manque de protections juridique et assurancielle, voire même au manque de démocratie dans la décision de supprimer l'ancien jardin. S'il y a débat, ce que l'on perçoit bien à l'aide des unités textuelles et des verbatims, c'est bien parce qu'il y a des opposants à ce marché, externes surtout, semble-t-il (individu 26, notamment), mais aussi internes, moins violemment, mais qui revendiquent des aménagements et de la structure matérielle du marché et du prix des loyers.

La *Classe 6*, enfin, exhibe des mots qui font clairement référence aux avantages et inconvénients du marché, plus aux avantages, d'ailleurs, les critiques s'exprimant plutôt dans la classe 5. Les termes « payer », « drh » sont explicites. Mais, dans la suite, « terre », « beneficier » ou encore « vendre » indiquent bien l'idée générale de la classe : le marché, même s'il a des défauts, est un progrès par rapport à la vente par terre dans les rues, progrès de statut (concernant les vendeurs de rue : « Ils n'ont pas une bonne réputation. Les gens les sous-estiment. Quand je voulais me marier, ça m'a créé un problème », dit l'individu 38), de confort (« les marchands étaient exposés aux changements de météo » (personne 39) ; inutile de rentrer toute sa marchandise tous les soirs), de sécurité (« ainsi maintenant nous pouvons venir avec nos enfants, avant, on est obligé de les laisser au foyer, car il se peut qu'il y ait une bagarre », dit la personne 28 (Layla).

Les 5 classes retenues (la classe 1 vient d'être écartée) décrivent les univers sémantiques des personnes interrogées.

On peut les caractériser ainsi :

Classe 1 : non pertinente ;

Classe 2 : action du gouverneur, lutte contre l'économie informelle, rationalisation de l'espace urbain ;

Classe 3 : cette classe se rapproche de la classe 2 et évoque aussi une rationalisation et une sécurisation de l'espace urbain ;

Classe 4 : cette classe traite des modes collectifs de gestions et impose l'idée qu'il n'y en a pas véritablement ou sous forme de simple apparence, d'autant que les vendeurs ne sont pas membres d'une « communauté » et qu'« il n'y a pas une bonne communication entre les vendeurs » (ut n°384, individu 38) ;

Classe 5 : elle est le siège d'un débat entre les partisans et les opposants au marché. Si ceux-là évoquent divers avantages mais aussi des améliorations nécessaires, ceux-ci donnent l'image d'un équipement imposé aux habitants contre leur gré (suppression du jardin) et insistent sur un manque d'hygiène du marché ;

Classe 6 : ce sont les arguments opposés aux précédents qui sont regroupés dans cette classe ; c'est le progrès que représente le marché par rapport à la situation antérieure (la rue) qui l'emporte ici.

Ces classes se recoupent nettement dans la figure produite par Alceste (non reproduite ici), illustrant le fait que les univers sémantiques sont assez proches. Ce recoupement apparaît aussi dans la figure 6 avec les thèmes suivants : sécurisation, rationalisation, contrôle, absence de gestion collective, progrès et monnaie (recettes et dépenses), risque...

Figure 6. Les grands thèmes évoqués dans le site 3

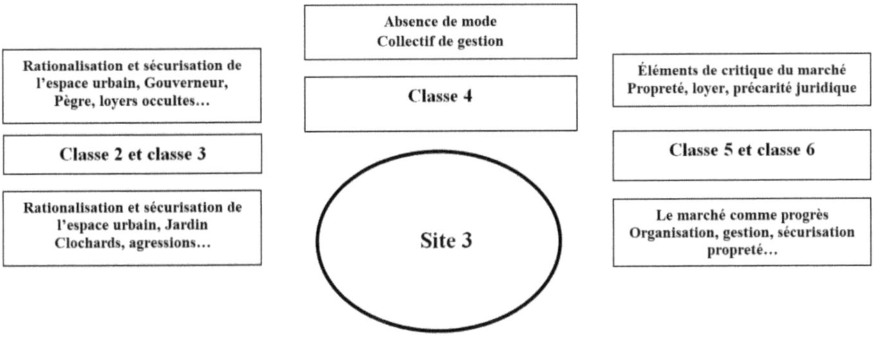

3.4. Le discours des trois sites mêlés

L'un des défis de cette étude était de traiter des sites différents : ruraux et montagnard, respectivement, pour les sites 1 et 2, urbain pour le site 3. Après les avoir séparés, ce qui nous a permis de faire apparaître leurs différences parmi leurs ressemblances, nous essayons de les regrouper pour montrer que, dans leurs différences, des ressemblances – déjà aperçues plus haut – existent bien.

Analyse descriptive

L'analyse Alceste pour les trois sites mêlés a traité 80 % du corpus et a produit 5 classes. La classe 1 traite 305 unités textuelles, soit 30 % du corpus ; la classe 2 traite 94 unités, soit 9 % du corpus ; la classe 3 en traite 180, ce qui correspond à 18 % du corpus ; la classe 4 est fondée sur 175 unités et 17 % du corpus ; pour la classe 5, ce sont 271 unités ou 26 % du corpus qui sont traités.

Les mots principaux de la *classe 1*

Comme pour l'analyse du site 3 seul, parmi les premiers mots de la classe on trouve de nombreux mots étoilés. Le premier de tous les mots, avec un χ^2 extrêmement fort (*lieu_site3 χ^2 = 800), attire tout de suite notre attention sur le fait que cette classe est clairement dédiée au site 3. L'ensemble du lexique, d'ailleurs, en atteste : *instruct_seco (χ^2 = 200)[151], mais aussi le premier mot non étoilé, **PCP** (χ^2 = 211), puis **marche** (χ^2 = 165), **commerçant** (χ^2 = 146)… plus loin, *profess_com (χ^2 = 76), **loyer** (χ^2 = 68), **marchand** (χ^2 = 68)…

Si l'on ne se réfère qu'aux termes non étoilés, ignorant également les mots-outils (C, i, d, c, n, est, tu…), on trouve encore : securite (χ^2 = 64), client (χ^2 = 48), payer (χ^2 = 47), agent (χ^2 = 46), securise (χ^2 = 46) ; site 3 (χ^2 = 42) ; ou encore informel (χ^2 = 36) ou gouvern+ (χ^2 = 34).

A. Unité textuelle n° 1082 χ^2 = 49, Individu n° 31, *lieu_siet3 *ind_31 *sex_masc *age_19 *etatmat_celib *nbenfants_0 *instruct_sup *ori_extvill *profess_etu

*(est-ce-que) (tu) (as) deja vu une (bagarre) ou un (probleme) ici entre les (**commerçants**) ou avec les (**clients**)? oui parfois des (**clients**) avec des (vendeurs). entre les (**commerçants**) (j') en ai jamais vu. et (c) (est) la (societe) (privee) (qui) (gere) le (**PCP**) (qui) (regle) ca? oui (normalement) (c) (est) leur (boulot).*

B. Unité textuelle n° 1252 χ^2 = 39, Individu n° 38, *lieu_site3 *ind_38 *sex_masc *age_52 *etatmat_marie *nbenfants_2 *instruct_second *ori_intvill *profess_com

*(il) (n) (est) (plus) (**gouverneur**) de notre (prefecture). (il) (est) parti a (berkane). (C) etait une bonne idee (avant) (c) etait (trop) (**informel**). (C) (est) pour cela (qu) (ils) (ont) (mis) (en-place) (ce) (**marche**). (il-y-a) des (problemes) de (**securite**) (ici)? (non) (ici) (c) (est) (**securise**) (il-y-a) (meme) des (cameras) de (**securite**).*

C. Unité textuelle n° 935 χ^2 = 22, Individu n° 25, *lieu_site3 *ind_25 *sex_masc *age_56 *etatmat_marie *nbenfants_5 *instruct_prim *ori_intvill *profess_retvend

*(ils) ne tiennent pas leurs paroles. un autre (probleme) (c) (est) (que) le (nombre) de (**marches**) et (plus) grand (que) celui des (**clients**). (il-y-a) plusieurs (**marches**) [dans le **site 3**]. ces gens qui (creent) ces (**marches**) ne visent (que) gagner les (prix) du (**loyer**) (que) (payent) les (**commerçants**) et (non) pas rendre (service) aux citoyens.*

---

[151] Le niveau d'étude le plus fréquent dans le site 3 est en effet un début de secondaire, entre sixième et quatrième.

Les mots principaux de la *classe 2*

Les principaux mots significatifs de la classe 2 sont : étude ($\chi^2 = 161$), collège ($\chi^2 = 167$), fille ($\chi^2 = 150$), prier ($\chi^2 = 131$), école ($\chi^2 = 85$), scolaire ($\chi^2 = 83$), troisième ($\chi^2 = 83$), primaire ($\chi^2 = 76$) et encore internat ($\chi^2 = 59$), ou élève ($\chi^2 = 38$). Plusieurs termes ont été ignorés, parce qu'ils proviennent directement des questions : bonjour ($\chi^2 = 118$), quel ($\chi^2 = 106$), merci ($\chi^2 = 179$), madame ($\chi^2 = 84$) ou monsieur ($\chi^2 = 34$).

Les individus interviennent peu dans le lexique. On les trouve à la fin de la liste, avec des χ^2 très faibles, nuls, voire négatif. Il en va de même avec les diverses variables et leurs modalités.

A. Unité textuelle n° 1190 $\chi^2 = 103$, Individu n° 36, *lieu_site3 *ind_36 *sex_masc *age_30 *etatmat_marie *nbenfants_1 *instruct_second *ori_intvill *profess_nc

*est-ce-que (vous) (etes) (marie)? (oui), (je) (suis) (marie), et (j) (ai) une petite **(fille)**, qu (allah) la (garde) pour (vous). (merci), amen. (quel) est (votre) (dernier) (diplome) **(scolaire)** ou (professionnel)? J (ai) eu (mon) brevet de **(troisieme)** (annee) de **(college)**, et (j) (ai) fait (diplome) (en) chaudronnerie, et (en) electronique, ainsi que (je) (repare) les electromenagers.*

B. Unité textuelle n° 889 $\chi^2 = 93$, Individu n° 23, *lieu_site1 *ind_23 *sex_fem *age_20 *etatmat_marie *nbenfants_0 *instruct_sec *ori_intvill *profess_coop

*SVP, (j) (ai) une (question) supplementaire, maintenant, (jusqu) a (quel) (niveau) d (etude) arrivent les **(filles)** avant de (quitter) l (ecole)? avant c etait la (derniere) (annee) de **(primaire)**, et (j) (ai) ete la premiere moi et (ma) cousine, a arriver au **(college)**, mais maintenant la (plupart) des **(filles)** arrivent au secondaire, car il a y un **(internat)**.*

C. Unité textuelle n° 381 $\chi^2 = 53$, Individu n° 11, *lieu_site2 *ind_11 *sex_fem *age_23 *etatmat_marie *nbenfants_2 *instruct_secon *ori_extvill *profess_inst

*ainsi que les (frais) de la rentree (scolaire), et l' (accompagnement) de l' association s' etend aux **(eleves)** qui (quittent) le village pour poursuivre leurs **(etudes)** au **(college)**.*

Les mots principaux de la *classe 3*

Les mots les plus spécifiques de la classe 3 sont : reunion ($\chi^2 = 129$), femme ($\chi^2 = 105$), discuter ($\chi^2 = 88$), assemblee ($\chi^2 = 79$), participer ($\chi^2 = 70$), homme ($\chi^2 = 68$), *profess_coop ($\chi^2 = 64$), cooperatif ($\chi^2 = 62$), faire ($\chi^2 = 62$), assister ($\chi^2 = 50$), chacun ($\chi^2 = 46$)… collectif ($\chi^2 = 41$), decision ($\chi^2 = 37$).

A. Unité textuelle n° 393 $\chi^2 = 34$, Individu n° 11, *lieu_site2 *ind_11 *sex_fem *age_23 *etatmat_marie *nbenfants_2 *instruct_secon *ori_extvill *profess_inst

*comme (par-exemple), (apres) la construction du terrain de (football), (toute) la (communaute) (s') est **(reunie)** (pour) (celebrer) cet exploit. (Y) **(participez)** vous? oui, j' y **(participe)** comme (toutes) les **(femmes)** du village, (et) je **(parti-***

cipe) aussi aux **(assemblees)** (organisees) (lors-de) la (fete) en (fin) du mois du ramadan, (et) la (fete) du (sacrifice).

B. Unité textuelle n° 871 χ^2 = 24, Individu n° 23, *lieu_site1 *ind_23 *sex_fem *age_20 *etatmat_marie *nbenfants_0 *instruct_sec *ori_intvill *profess_coop

(et) il-y-a eu la construction de l hotel, en 2017. est-ce-que vous (faites) des **(assemblees)** (generales) au village? C est l association qui **(decide)** si l **(assemblee)** aura lieu, (et) nous les **(femmes)** (on) (fait) des **(assemblees)** a (part), (et) (on) **(participe)** a (celles) (organisees) par l association, (lors-de) (ces) **(reunions)**, nous **(discutons)** les projets a venir.

C. Unité textuelle n° 546 χ^2 = 28, Individu n° 15, *lieu_site2 *ind_15 *sex_masc *age_ 84 *etatmat_marie *nbenfants_5 *instruct_0 *ori_intvill *profess_agr

(et) (tous) les gens (organisent) (ces) festins, (et) (s') il-y-a une (occasion) exceptionnelle, (on) (se) **(reunit)** (tous), **(femmes)**, **(hommes)** (et) enfants, (pour) (celebrer) l' (occasion), (et) l' association (avec) (se) (rassemble) nous (tous) (pour) echanger (et) prendre une **(decision)** qui nous (interesse) (tous).

Les mots principaux de la *classe 4*

Les mots les plus spécifiques de la classe 4 sont : *lieu_site1 (χ^2 = 182), site 1 (χ^2 = 137), *profess_guide (χ^2 = 124), touristes (χ^2 = 105), venir (χ^2 = 82), mot (χ^2 = 80), bio (χ^2 = 71), tete (χ^2 = 65), produit (χ^2 = 65), region (χ^2 = 61), belle (χ^2 = 46), nature (χ^2 = 45), permaculture (χ^2 = 45), tourisme (χ^2 = 41), esprit (χ^2 = 40), etranger (χ^2 = 40), agricult+ (χ^2 = 38)…Certains de ces mots sont directement issus des questions posées par les enquêteurs et doivent donc être négligés : venir (χ^2 = 82), mot (χ^2 = 80), tete (χ^2 = 65), esprit (χ^2 = 40).

A. Unité textuelle n° 142 χ^2= 52, Individu n° 6, *lieu_site1 *ind_6 *sex_masc *age_41 *etatmat_marie *nbenfants_2 *instruct_secon *ori_intvill *profess_guide

l' **(agriculteur)** gagne de l' argent et la cooperative (profite) (aussi). les (visiteurs) (qui) (viennent) parfois (chaque) (semaine) (achetent) nos **(produits)** et (decouvrent) la **(region)**. ils trouvent que nos **(produits)** (sont) (naturels) et **(bios)**. cette **(region)** est (connue) (aussi) (par) l' (elevage).

B. Unité textuelle n° 842 χ^2 = 33, Individu n° 22, *lieu_site1 *ind_22 *sex_masc *age_73 *etatmat_marie *nbenfants_nc *instruct_sup *ori_extvill *profess_ass

(chaque) (famille) fait son jardin potager en **(permaculture)**. et (aussi) d avoir l (autosuffisance) (alimentaire). et le **(tourisme)** (solidaire)? le **(tourisme)** (solidaire), c est pour faire (connaitre) **(le site 1)**, aussi-bien a (rabat) qu au (maroc) et a l **(etranger)**.

C. Unité textuelle n° 551 χ^2 = 38, Individu n° 16, *lieu_site2 *ind_16 *sex_masc *age_ 55 *etatmat_marie *nbenfants_4 *instruct_prim *ori_intvill *profess_ouv.

(quand) je (te) (dis) (site 2) (quels) (sont) les **(mots)** (qui) (te) **(viennent)** (par) la **(tete)**? je n' ai pas bien compris (si) par-exemple je (pars) a (casablanca) et *quelqu'-un (me) (demande) comment il est ce village je (vais) lui dire qu' il est (calme), la **(nature)** est **(belle)**.*

Les mots principaux de la *classe 5*

Ce sont : eau ($\chi^2 = 111$), nous ($\chi^2 = 74$), associat+ ($\chi^2 = 74$)... terrain ($\chi^2 = 48$), potable+ ($\chi^2 = 47$), reseau ($\chi^2 = 46$), village ($\chi^2 = 44$), grace ($\chi^2 = 41$), assainir ($\chi^2 = 40$), realiser ($\chi^2 = 39$), avons ($\chi^2 = 33$), changement ($\chi^2 = 32$).

A. Unité textuelle n° [nc] χ^2 = [nc] Individu n° 16 *lieu_site2 *ind_16 *sex_masc *age_55 *etatmat_marie *nbenfants_4 *instruct_prim *ori_intvill *profess_ouv

*(nous) (nous) (portons) (volontaires) pour les (projets) qu' ils mettent en-place. (tout) ca (c'-est) **(grace)** (a) l' **(association)**. (vraiment) (beaucoup) de (choses) ont (change). le **(terrain)** par-exemple. (celui) qui l' (a) (construit) (c'-est) un marocain issu de (notre) (village) et vivant en (france). (c'-est) pour cela que (beaucoup) de (choses) ont (change).*

B. Unité textuelle n° [nc] χ^2 = 17, Individu n° 12, *lieu_site2 *ind_12 *sex_masc *age_34 *etatmat_celib *nbenfants_0 *instruct_prim *ori_extvill *profess_agrgite

*tu (ne) peux (pas) trouver ton calme la-bas. (aujourd'-hui) il-y-a un **(changement)** qui (nous) (incite) (a) aimer (de-plus-en-plus) (notre) **(village)**. (beaucoup) de (projets) ont ete **(realises:)** la (route) jusqu' au **(village)**, le **(reseau)** d' **(assainissement)**, l' **(eau) (potable)**. (auparavant) le (taxi) (nous) (deposait) (loin-du) **(village)**.*

C. Unité textuelle n° [nc] χ^2 = 17, Individu n° 9 *lieu_site1 *ind_9 *sex_masc *age_57 *etatmat_marie *nbenfants_ *instruct_0 *ori_extvill *profess_coop

*? je (souhaite) que (notre) **(village)** s' (ameliore) (davantage) et continue en progression. quelle est l' (origine) de ce (changement)? comment (tout) (a) (commence)? (c'-est) le **(changement)** de la (mentalite). (c'-est) aussi **(grace)** (a) l' **(association)**.*

Analyse Interprétative

Nous avons affaire à trois sites différents, je l'ai déjà souligné. Deux d'entre eux sont des sites ruraux, le troisième est urbain ou périurbain. On le voit dans les analyses Alceste, les préoccupations ici et là ne sont pas les mêmes. Si celles des sites 1 et 2 se recoupent en divers lieux, celles du site 3 y semblent assez étrangères. Il faut cependant nuancer ce propos. L'analyse factorielle des correspondances en coordonnées, publiée par le logiciel et non reproduite ici, montre que les intersections existent.

Mais, nous devons commencer par préciser la nature des univers sémantiques qui apparaissent à travers les classements effectués par Alceste.

La *classe 1* nous renvoie vers *le site 3*. Non seulement le premier mot est le mot étoilé *site3 avec un Khi 2 extrêmement élevé (800) ; non seulement l'autre mot étoilé *instruct_second ($\chi^2 = 200$) vient renforcer cette première constatation ; mais, de plus, les premiers mots à fort χ^2 sont « PCP » (χ^2 = 211), « marche » (χ^2 = 165), « commerçant » (χ^2 = 146) …

Notre analyse initiale du site 3 nous a montré qu'il y avait, dans ce site périurbain, des problématiques qui peuvent en première analyse se résumer en une volonté de rationaliser la vie urbaine (distribution des lieux plus harmonieuse : aux véhicules, une chaussée dégagée, aux piétons des lieux de circulation aisée, aux commerçants, des endroits consacrés, faciles d'accès et pratiques à fréquenter par les clients). Il s'agit aussi de sécuriser cet espace urbain : limiter les risques d'accident de la circulation, limiter les risques sanitaires avec une marchandise mieux protégée, conservée dans des conditions plus acceptables… Mais la sécurisation, c'est aussi s'assurer que le citoyen ordinaire, homme, femme ou enfant, peut circuler dans la ville sans risquer d'être agressé (le jardin du site 3 n'est pas regretté par tous, il est souvent présenté comme un lieu mal fréquenté et dangereux). Enfin, sécuriser, c'est également lutter contre une économie informelle que certaines personnes décrivent : « *il y a ceux qui louaient une place à 2000 drh et, aujourd'hui, ils payent 900 drh et ils disent que c'est beaucoup* » (individu 27, Youssef). Cette économie noire est une économie mafieuse qui n'est pas désignée par ce terme dans les entretiens, mais dont certaines sources rapportent une image assez crue.

Le gouverneur du site 3 n'a-t-il pas voulu aussi lutter contre cette zone grise et noire en créant le PCP ?

Globalement, les entretiens semblent exprimer une satisfaction majoritaire, chez les clients et chez de nombreux marchands. Le PCP est un progrès sur les points évoqués ci-dessus, y compris sur les plans symbolique et matériel : le caractère légal de l'activité commerciale ainsi pratiquée, le fait d'être plus abrité en cas d'intempérie, l'existence d'un choix plus large pour les clients… Cette volonté de modernisation de l'espace urbain et de ses activités, si elle est éloignée, dans le lexique, des préoccupations des habitants des sites 1 et 2, n'en est pas totalement déconnectée. Dans les trois espaces, on cherche à améliorer les conditions de vie des femmes et hommes qui les occupent, on veut construire un avenir meilleur.

Dans le site 3, cependant, ce n'est pas par un mode collectif de décision que l'on tente d'y parvenir. Alors que le vocabulaire des sites 1 et 2 comprend les mots « réunion » (classe 3) ou « association » (classe 5), celui du site 3 n'évoque ces termes que de façon négative : « *ils créent des associations. Et tu sais que les associations ici n'aident pas les citoyens* » ; « *ils ont créé une association assez bizarre* » (individu 25) ; « *Il y a un président de l'association ici. Quand on a une demande, les adhérents la lui communiquent et il essaye de trouver la solution* » (individu 27) ; « *la plupart des commerçants sont autonomes et ne comptent pas beaucoup sur l'association* » ; « *Je suis membre de l'association, mais elle n'est pas vraiment active parce que déjà les commerçants ne recourent pas beaucoup à l'association* » (individu 29) ; « *Je crois qu'ils ont une association mais elle n'est pas trop active.* » ; « *Il y une association mais c'est formel. Nous ne nous réunissons pas trop. Les commerçants ne sont pas tous d'accord avec l'idée de l'association* » (individu 31).

Dans le site 3, c'est le bras de l'État, le gouverneur, qui impose la mesure. Il n'y a, semble-t-il, pas de concertation, de débat... Ici est l'une des véritables différences avec les deux autres sites. Ici, le marché constitue un agglomérat d'individus et non une communauté. Il n'y a pas ici de fierté apparente d'être du PCP, pas d'entente collective autre que diffuse sur les façons de faire avancer l'expérience.

La *classe 2* évoque *l'école, la formation des jeunes*. Le premier mot de la classe est « etude ». Nous avons déjà vu, dans les analyses des trois sites séparés, que l'école est une forte préoccupation pour les habitants des sites 2 et 1. Cette question, nous l'avons vu, fait l'objet d'une classe pour le site 2 (classe 2, dans la figure 6), mais pas dans le site 1 où cette préoccupation, bien qu'existante, est moindre. Rien de tel dans le site 3, ce qui peut paraître normal, puisque les personnes fréquentant le marché, et les clients, ne sont pas là pour songer au rôle de l'école dans la vie d'une société.

La *classe 3* traite du *mode de décision collective* qui a cours dans les deux premiers sites. Le fait que les femmes apparaissent en seconde position ($\chi^2 = 105$), au-dessus des hommes ($\chi^2 = 68$) laisse penser que c'est le site 1 qui est le plus représenté dans le lexique. La modalité _coop de la variable profession ($\chi^2 = 64$) et le terme qui suit (cooperatif ($\chi^2 = 62$)) renforcent cette impression. Par ailleurs, des termes comme « faire », « assister », « participer » peuvent être communs aux deux premiers sites. Ils ne le sont pas, par contre, au troisième.

La *classe 4* est issue clairement du site 1. Le premier mot, étoilé, est « *lieu_site1 » et le second, non étoilé, est « site1 ». Le mot « touriste » peut être commun aux deux villages ruraux, chacun d'eux ayant misé sur le développement du tourisme. Mais les mots « bio », « permaculture », « agricult+ » ou encore « profess_coop » désignent clairement le site 1.

La *classe 5* désigne *le site 2*. Non seulement, le premier mot étoilé est « *lieu_site2 », mais le second est « eau », le quatrième est « associat+ » et quelques autres mots très connotés apparaissent dans la suite : « potable », « reseau », « assainir »... Nous avons vu, en effet, que le site 2 a dû mener une bataille contre la rareté de l'eau et son insalubrité (choléra).

Figure 7. Les grands thèmes évoqués dans les trois sites réunis

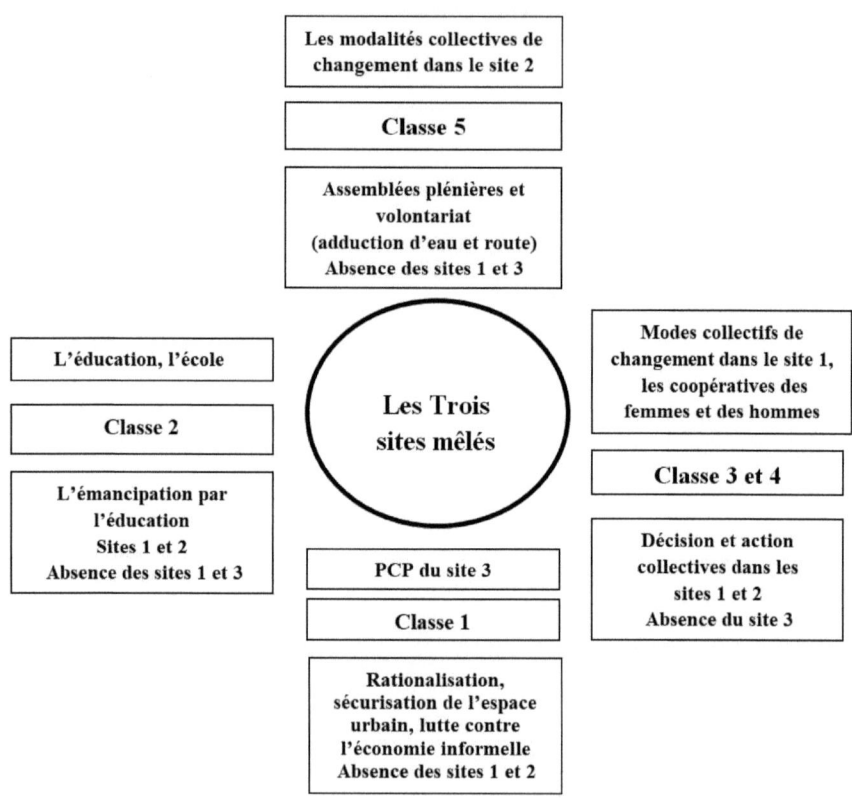

3.5. Synthèse des analyses Alceste pour les trois sites mêlés

Les premières constatations laissent penser que les trois sites ne peuvent être traités ensemble et de la même manière. Plus précisément, les deux émergences rurales partagent des éléments entre elles, mais apparaissent nettement différenciées de l'émergence périurbaine. Ainsi, malgré les différences d'approches, les sites 1 et 2 partagent-ils des modes collectifs de décision, d'action et de gestion du changement, ce qui n'est pas vraiment le cas du site 3. Dans ce dernier, c'est l'autorité publique qui décide et intervient (le gouverneur et l'Amel), tandis que la gestion courante (des loyers, de l'entretien et du nettoyage…) est confiée à l'entreprise qui a porté le projet depuis qu'a été prise la décision publique. Le support du développement met en scène, pour les sites 1 et 2, la question de la condition féminine.

Si, dans le site 2, il n'est pas évoqué une émancipation des femmes, celles-ci sont bien au centre de la préoccupation des décideurs : tout en restant, au moins en apparence, dans le cadre de la tradition (rôle séculaire des femmes, place de la religion et de la mosquée…) le changement a pour objet d'améliorer la vie de tous et, particulièrement, des femmes dont la fonction traditionnelle est, par exemple, d'aller chercher et ramener de l'eau sur leur dos, aussi loin qu'elle puisse se trouver. Par ailleurs, les femmes participent fortement à la vie collective (atelier du tapis, préparation des repas pour les hommes qui travaillent sur les chantiers d'intérêt général…), mais dans le respect de la tradition.

Tableau 2. Tableau synoptique des trois sites

Thèmes / Site	Modes collectifs de décision, d'action et de gestion			Support de développement		Mode de développement	Nature du Changement (et choix des dominantes)[152]
Site 1	Coopérative des femmes	Coopérative des hommes	Association (peu active)	Femmes : commerce du couscous	Hommes : Permaculture, culture biologique, tourisme	Autonome, soutenu implicitement par pouvoir central (occupation illégale des terres, subventions…)	Émancipation des femmes (acquisition d'un revenu monétaire et autonomisation par ce biais) et amélioration du niveau de vie général (jardins familiaux, sécurité alimentaire…)
Site 2	Association de développement Réunion générale de tous les habitants sur modèle apparent de la *Jmâa* traditionnelle			Femmes : atelier du tapis, école primaire, scolarité de tous et des filles notamment	Hommes : tourisme, construction du gîte, autres construction	Autonome – selon modèle de la *meslaha* (travail d'intérêt général, gratuit)	Amélioration du niveau de vie des femmes (eau courante, eau potable, lavoir couvert…) Scolarisation généralisée aux deux sexes pour améliorer la vie future Amélioration du mode de vie de tous (la route, l'internat pour les élèves du collège…)
Site 3	Pas de véritable instance de décision collective, sauf une association de commerçants peu active Pouvoir centralisé (gouverneur), Amel, quelques commerçants de rue, l'entreprise partenaire			Sécurisation des lieux et du quartier, rationalisation de la circulation, du commerce (achalandage, qualité, conditions de vente, propreté…)		Apparemment peu autonome : décision de création du gouverneur, intervention d'un *Amel*	Amélioration du mode de vie des commerçants, sécurité des femmes, hommes, enfants, meilleure circulation des piétons et des véhicules dans les rues. Modernité affirmée
Trois sites regroupés	Degré décroissant estimé de la décision collective : 1ᵉʳ Site 2, 2ᵉ Site 1, 3ᵉ Site 3			Degré décroissant de séparation des progrès pour les femmes et les hommes : 1. Site 1 (émancipation), 2. Site 2 (amélioration des conditions de vie), 3. Site 3 (sans objet, sauf l'amélioration de la sécurité pour les femmes)		Les modes de développement des deux sites ruraux sont plus autonomes que celui du PCP du site 3. Pour ce dernier, le développement est plus circonscrit (système commercial, modernisation du quartier et non évolution d'une communauté villageoise)	Site 1 : désir d'échapper à la précarité antérieure (nourriture, notamment) et ouverture sur l'extérieur. Émancipation des femmes (et des enfants, par l'éducation). Désir de modernité. Site 2 : désir d'améliorer les modes de vie des femmes (amélioration de leur condition), des hommes et des enfants (scolarisation comme pivot du développement). Site 3, volonté de modernisation et (donc) de sécurisation et de rationalisation du quartier et du modèle commercial

Dans le site 1, les femmes disposent d'une coopérative que leur ont transmis les hommes. Ce sont elles qui décident et qui agissent. Ce sont elles qui sont payées et qui, ainsi, peuvent prendre de la distance par rapport à leurs maris. Bien entendu, les réunions ne se font pas toujours avec les seules femmes de la coopérative du couscous. Il y a d'ailleurs une autre

---

[152] La « dominante » désigne un choix stratégique. Par ex., dans le site 1, c'est la condition féminine qui doit être un levier du développement ; dans le site 2, c'est la scolarisation. Parler de « dominante » signifie que les deux stratégies ne sont pas incompatibles, mais que l'une est privilégiée dans un site, l'autre dans un site différent.

coopérative[153], des hommes celle-là, dont l'évolution conditionne aussi les transformations du village. Il y a donc parfois des réunions collectives générales, regroupant femmes et hommes... Mais habituellement ces rencontres se font entre les seuls adhérents respectifs des deux coopératives.

Dans le site 3, l'enjeu n'est pas du tout le même, ni le contexte, évidemment. Loin d'être une communauté de personnes vivant ensemble dans la mesure où elles partagent l'espace constamment, la question de la distinction entre les sexes n'a pas le même sens. Certes, on peut penser que ce sont surtout les femmes qui font les courses, mais les enquêteurs n'ont interrogé que 2 femmes clientes sur 16 personnes. L'émancipation féminine, le développement de la scolarité, la solidarité et les tâches collectives, telles ne sont pas les problématiques proposées aux décideurs du PCP, ni aux commerçants, ni aux clients.

L'autonomie relative qui ressort des propos des personnes interrogées dans les sites ruraux ne se fait pas sentir dans le site 3 et la « Nature du changement et le choix des dominantes » (colonne 4) sont très nettement différenciés dans les trois sites, les sites ruraux étant à nouveau proches, l'urbain étant à nouveau éloigné. Mais, si l'on veut trouver des ressemblances, ce n'est pas impossible, cependant. Ainsi, pourrait-on évoquer une différence de degré plus que de nature entre les mode collectifs de décision, action et gestion. Si les sites 1 et 2 ont procédé par mode collectif, il y a eu aussi des interventions proches du type *bottom up*, ce que livre Youssef (27) :

> *Alors, au début, l'entreprise est venue et certaines personnes m'ont fait rencontrer avec eux. Ils m'ont demandé de travailler avec eux etc. J'ai accepté. C'est moi qui ai constitué l'équipe qui a commencé avec eux*[154].

Mais un autre thème pourrait être mis en avant : dans les sites 1 et 2, comme dans le troisième, la « modernisation » est recherchée. Modernisation des modes de vie (eau potable disponible dans la maison) dans le site 2 ; développement de l'agriculture biologique (question environnementale), émancipation des femmes... dans le site 1 ; modernisation des marchés, des modes de vie urbains dans le site 3 ; ce qui implique (dans les trois sites) un développement de la sécurité pour tous. Enfin, avec une distance nécessaire, le côté communautaire, sous une forme radicalement différente, n'est pas irréductiblement absent du site 3. C'est sans doute dans l'intérêt des habitants, des marchands, des automobilistes, des clients, etc. que s'est imposée cette inscription de l'activité commerçante dans des cadres urbains se voulant plus contemporains.

---

[153] La coopérative de « l'Agriculture moderne ».
[154] Les citations ont été mises en retrait du texte. Celles qui sont en italiques correspondent aux propos des personnes interrogées. Les autres sont des citations d'ouvrages référencés en bibliographie.

D'une certaine façon, nous avons affaire à trois sites classables relativement le long de 6 axes représentant le niveau des valeurs affichées de modernité, tradition, sécurité, solidarité, confiance et identité (figure 8, ci-dessous).

Figure 8. Profils comparés des trois sites selon les six valeurs affichées

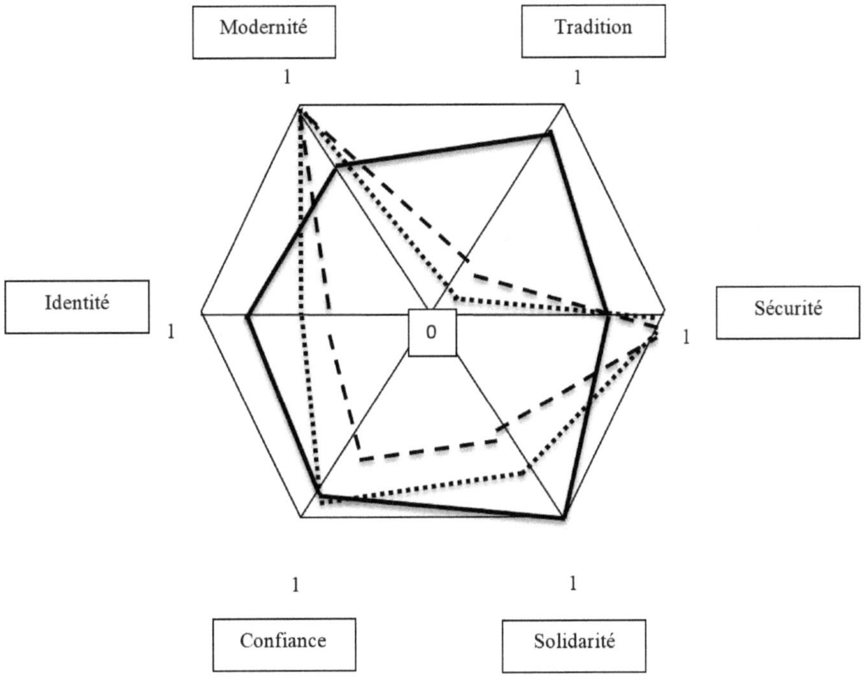

Légende : Le graphique se lit ainsi : pour chaque axe représentant une valeur évoquée au cours des entretiens, l'importance du désir affiché est estimé sur l'axe correspondant selon une échelle de 0 à 1. Les trois sites sont représentés par les traits suivants :

- ········ pour le site 1,
- ──── pour le site 2,
- ─ ─ ─ ─ pour le site 3.

Cette figure est tirée des verbatims. Elle est appuyée sur les propos des personnes interrogées et mis en lumière par Alceste. Elle conforte l'idée selon laquelle les sites 1 et 3 ont des points communs : leurs profils apparaissent assez proches du point de vue des valeurs affirmées ou appelées de leurs vœux par les personnes interrogées. Ce n'est pas si surprenant, malgré la différence de contexte, les deux sites partageant des préoccupations liées à une activité commerciale et se situant relativement en dehors des traditions rurales de solidarité, notamment, ce qui n'est pas le cas dans le site 2. Dans ce dernier village, les habitants sont restés longtemps retirés du fait de leur situation géographique, difficile d'accès. Le village a ainsi gardé quelque chose de sa conformation historique, même si, depuis son émergence, le béton et les parpaings ont pris la place de la boue séchée dans les constructions, symbole de changement dans les conditions de vie.

Dans le site 1, où l'espace de vie est occupé illégalement, les habitants apparaissent comme gens en rupture d'une certaine manière : ils ont osé s'approprier ces terres au nom d'un droit d'usage quelque peu tombé en désuétude, ils osent poursuivre dans ce sens et tenter de développer ce lieu sur cette base, laquelle est aussi empreinte d'une volonté de pratiques plus vertueuses, agriculture biologique, permaculture…

Dans le site 3, la question de la tradition n'est pas visible dans les verbatims, ce qu'expliquent la nature du site et de son activité, mais aussi, et peut-être plus encore, le fait que l'édification du marché s'est faite contre une pratique traditionnelle de vente dans la rue.

Ce qui rapproche ces trois sites, c'est le désir de modernité, celui de sécurité, auxquels on peut ajouter le désir et, plus encore, le besoin de confiance : confiance entre les habitants dans les deux sites ruraux, confiance entre vendeurs et acheteurs dans le site 3, mais aussi dans le site 1. Ce qui les sépare, ce sont les questions de la tradition, de la solidarité et de l'identité. Celle-ci est plus forte dans le site 2 que dans les deux autres sites et la solidarité y semble plus affirmée.

TROISIÈME PARTIE

La mise en œuvre du modèle RISE

Pour appliquer RISE, il faut désormais modeler nos données pour qu'elles puissent épouser la forme du modèle. Ainsi nous faut-il distinguer, dans l'information acquise, ce qui est susceptible de s'appliquer aux individus, aux systèmes, aux événements.

Nous allons devoir sélectionner et interpréter les éléments qui permettent de donner corps à ces catégories. Quels sont les individus qui, par leur action ou leur présence, sont susceptibles d'orienter, volontairement ou non, le devenir du village ? Y a-t-il des particularités institutionnelles, des éléments systémiques qui favorisent ou rendent moins probable une évolution souhaitée par les acteurs ? S'est-il produit des événements qui, brutaux ou progressifs, ont généré, facilité une bifurcation, ou ont modifié en profondeur les modes du vivre ensemble dans les deux sites (voire ont eu des effets contraires) ?

Répondre à ces questions est vital, puisque nous devons faire apparaître la force des relations ou liaisons entre ces diverses caractéristiques des situations observées. Nous devons tenter de montrer que, dans ces relations, l'alliage formé par deux de ces catégories, ou par les trois, pèse plus ou moins lourd, déforme plus ou moins le « champ relationnel » I, S, E. Nous allons donc définir empiriquement chacune des trois catégories pour chaque site.

Une précision, cependant, s'impose avant d'entrer dans la définition empirique des catégories. Le modèle RISE a pour vocation de décrire des configurations de situations mêlant des individus, des systèmes et des événements. Ces configurations ne vont pas, ensuite, être généralisées à toutes les situations possibles dans une société. Elles vont permettre de dire si certaines des configurations révélées (celles-là et pas d'autres) paraissent plus ou moins favorables à l'apparition d'un phénomène donné (ici, une émergence entendue comme l'amélioration de certains indicateurs : niveau de vie, confort domestique, scolarisation, sécurité alimentaire, sécurité civile, capacité à poursuivre le développement…). C'est la mise en évidence de ces configurations sociales qui est recherchée. Ce sont elles qui, notamment par comparaisons, permettront de saisir les raisons complexes (c'est-à-dire multiples et contradictoires, à la fois autonomes et hétéronomes, homogènes et hétérogènes...) permettant de comprendre la survenue du phénomène. Autrement dit, l'objectif de cette étude n'est pas de faire apparaître une théorie générale des causes du développement ou de l'« émergence », mais de rendre intelligible ces « imprévisibles bouillonnements » dont parle Pablo Jensen :

> Le social ressemble plus à un fluide tourbillonnant qu'à ces nettes combinaisons de briques [par exemple, de *Lego*, NDA]. Au sein de ce fluide en mouvement placide, surgissent d'imprévisibles bouillonnements. Ils forment ici et là des tourbillons[155] qui, tels des individus, possèdent une certaine stabilité, mais ne peuvent se maintenir qu'en évoluant constamment, en interaction forte avec ce fluide toujours mouvant de relations sociales[156].

1. Les trois catégories du modèle

Les verbatims nous ont permis d'obtenir des informations diverses sur les personnes rencontrées, les modes d'organisation et les institutions, que nous désignons comme systèmes et des événements qui se sont produits et ont été identifiés ou non comme événement, dont les personnes interrogées ont plus ou moins parlé et de façon telle ou autrement...

1.1. Les individus

Les 39 personnes rencontrées n'ont pas toutes été retenues pour la modélisation RISE. Nous en avons choisi 8 par site, ce nombre étant suffisant pour obtenir une saturation d'informations : au-delà, les individus supplémentaires apportent peu de nouvelles informations et alourdissent le traitement par le modèle. Les tableaux 3, 4 et 5 ci-dessous sont formés par séparation en trois sites du tableau 1 que l'on trouve plus haut et qui affiche toutes les personnes ayant été interrogées. Nous y avons repéré les personnes retenues et indiqué les critères de choix ayant présidé à leur inclusion.

Dans un premier temps, ont été retenues, pour les sites ruraux, les personnes qui répondent aux critères suivants :
1. être désignées par des personnes du site comme importantes pour celui-ci,

---

[155] Intéressant rappel de Morin citant Prigogine, Edgar Morin, *La Méthode, 1. La Nature de la Nature*, Seuil, 1977, p. 41.
[156] Pablo Jensen, *Pourquoi la société ne se laisse pas mettre en équations*, Paris, Seuil, 2018, p. 298.

2. être désignées par des Personnes extérieures au site comme importantes pour celui-ci,
3. avoir un discours propre qui signale un engagement particulier dans le site,
4. avoir une parenté avec un autre villageois important.

Tableau 3. Les personnes retenues dans le site 1

N°	Pseudo	Sexe	Âge	Statut matrimonial	Nombre d'enfants	Niveau d'éducation	Origine	Emploi	Lieu	Critères d'inclusion dans la modélisation RISE (critère et qualité)
01	Louis	masc	27	celib	0	sup	ext	Routard	Site 1	Étranger
02	Assia	fem	54	marié	nc	?	ext	Coop	Site 1	3
06	Brahim	masc	41	marié	2	secon	int	Guide	Site 1	1, 3, 4
08	Aïcha	fem	35	marié	2	0	ext	Coop	Site 1	3, 4 Femme épouse de Brahim
09	Farid	masc	57	marié	nc	0	ext	Coop	Site 1	3, Vice-Pt coop. Agric. moderne
20	Habib	masc	39	marié	4	sup	int	Coop	Site 1	1, 3, 4, frère de Brahim
21	Fatima	fem	32	marié	3	0	ext	Coop	Site 1	Femme
22	Hassan	masc	73	marié	nc	sup	ext	Ass ext	Site 1	1, 3

Tableau 4. Les personnes retenues dans le site 2

N°	Pseudo	Sexe	Âge	Statut matrimonial	Nombre d'enfants	Niveau d'éducation	Origine	Emploi	Lieu	Critères d'inclusion dans la modélisation RISE (critère et qualité)
11	Darifa	fem	23	marié	2	secon	ext	instit	Site2	3, Institutrice au douar
12	Jamal	masc	34	celib	0	Prim	int	Agrgîte	Site2	2, 4
13	Kamel	masc	42	marié	4	prim	int	Assguide	Site2	1, 2, 3, 4
14	Madani	masc	35	celib	0	0	int	agr	Site2	2, 3, 4
16	Mahdi	masc	55	marié	4	prim	int	ouv	Site2	3
17	Nassim	masc	46	marié	4	0	int	agr	Site2	4
19	Hamida	fem	33	marié	3	0	int	foy	Site2	Femme
23	Jamila	fem	20	marié	0	secon	int	crèche	Site2	3, Institutrice au douar

Tableau 5. Les personnes retenues dans le site 3

N°	Pseudo	Sexe	Âge	Statut matrimonial	Nombre d'enfants	Niveau d'éducation	Origine	Emploi	Lieu	Critères d'inclusion dans la modélisation RISE (critère et qualité)
24	Samir	masc	32	celib	0	secon	int	comsal	Site 3	3, Vendeur
25	Saïd	masc	56	marié	5	prim	int	retvend	Site 3	3, Vendeur
27	Youssef	masc	34	nc	nc	secon	int	comresp	Site 3	3, Responsable PCP
28	Layla	fem	30	marié	3	secon	ext	foyclient	Site 3	3, Cliente, femme
29	Malek	masc	74	marié	4	prim	int	retvend	Site 3	3, Vendeur, ancien sikh
30	Malika	fem	nc	nc	nc	nc	ext	foyclient	Site 3	3, Cliente, femme
36	Chadli	masc	30	marié	1	secon	int	nc	Site 3	3, Riverain
39	Alif	masc	54	marié	2	sup	nc	diradm	Site 3	3, Vice-directeur administration

À cela, j'ai ajouté le fait que nous voulions autant de personnes issues du site 1 que du site 2 et du site 3 et, en même temps, autant de femmes que d'hommes, si possible. En fait, seules deux femmes figurent parmi les personnes interrogées dans le site 3 (et 3 seulement dans les deux autres sites), ce qui interdit la parité recherchée[157] au moins pour ce site et pour les trois

---

[157] Cette recherche de parité n'a pas pour but de construire un échantillon par quotas, c'est-à-dire un échantillon structuré de façon à ce qu'il ressemble à la population étudiée. En fait,

sites mêlés. Mais, ce qui était recherché n'était pas une parité en soi, mais la mise en valeur de la parole des femmes dans des groupes humains où celle-ci ne l'est majoritairement pas. Les critères définis ne fonctionnaient pas vraiment pour le site 3, à l'exception du critère 3. J'ai donc utilisé ce critère unique pour ce site.

Pour les deux premiers sites, les personnes ajoutées ne sont pas citées par les autres et ne semblent pas avoir une position particulièrement remarquable dans chacun des deux villages. Elles présentent cependant quelques particularités qui justifient le fait de les choisir pour représenter « les petits, les obscurs, les sans-grades », selon les termes d'Edmond Rostand[158]. Plus précisément, il s'agit de mettre en lumière ceux sans qui rien ou presque ne serait possible, ceux qui construisent gratuitement, ceux qui produisent les légumes bio, ceux qui décident d'accepter les propositions des « gradés », ceux qui mettent en musique la partition… Ce que je voulais faire apparaître en faisant cela, c'est le discours de ceux qui ne sont pas visibles, mais peuvent dire la même chose que les leaders ou apporter une petite musique différente et signifiante, voire, comme dans le site 3, une parole très critique. Pour ces personnes, le critère de choix se trouve en partie justifié par les analyses réalisées par Alceste.

Pour le site 3, le choix est également guidé par la volonté de laisser s'exprimer la parole de personnes de catégories différentes : commerçants, clients, responsables des PCP, riverains… et de donner la parole aux deux seules femmes qui ont pu être interrogées.

Si l'on veut clarifier la justification des inclusions hors critère, on peut voir ci-dessous la part prise par Alceste dans ce choix.

Pour le site 1, la personne 02 (Assia) répond au moins au critère 3 ; c'est son discours qui nous induit à penser qu'elle joue un certain rôle, bien que n'ayant pas de position formelle d'autorité. Les personnes 21 (Fatima) et 09 (Farid) apparaissent respectivement comme influençant quelque peu les

---

l'échantillon utilisé pour l'enquête est de nature « accidentelle » au sens où ont été interrogées toutes les personnes : 1. qui ont été rencontrées au hasard ; 2. qui ont accepté de répondre. Cette approche échantillonnale ressortit à deux logiques : d'abord, un « échantillonnage par choix raisonné », soit le choix de certains sites identifiés comme correspondant à la problématique de l'étude ; ensuite, l'échantillonnage s'est également fait sur la base de « volontaires », soit tous ceux qui ont accepté la proposition des enquêteurs. L'un des enquêteurs pour l'un des sites nous a rapporté avoir été orienté vers des personnes particulières et n'avoir pu accéder à d'autres personnes que celles-là. L'échantillon sur lequel nous avons travaillé est donc un échantillon qui relève de plusieurs types. Sous réserve de la dernière remarque sur les personnes désignées pour être interrogées, l'échantillon est plutôt de type raisonné. Je renvoie à l'ouvrage de Simon Laflamme et Rhun-Min Zhou, *Méthodes statistiques en sciences humaines*, Sudbury, Prise de parole, coll. « Cognitio », 2014, nouvelle édition en 2020.

[158] Edmond Rostand, *L'Aiglon* (1900), Acte 2, Scène 9 : « Et nous les petits, les obscurs, les sans-grades, - Nous qui marchions fourbus, blessés, crottés, malades, - Sans espoir de duchés ni de dotation. » Disponible sur le site : Quatrième Acte - Les Ailes Meurtries (free.fr) ou sur La tirade de Flambeau - Le Blog du Rite Français (trusatiles.org) cette fois référencé Acte 2, scène 8…

classe 4 et 2 : individu 021, avec un χ^2 de 13, individu 09 avec un χ^2 de 7. La personne 01 (Louis)[159] a été ajoutée du fait de son statut d'étranger en résidence temporaire dans le premier site.

Pour le site 2, ce sont les individus 11, 16, 17, 19 et 23 : l'individu 11 (Darifa), dans la classe 4, a un χ^2 égal à 5^{160} ; les personnes 16, 19 ont, elles, des χ^2 respectivement de 20 et de 8^{161}. La personne 23 (Jamila)[162] a été incluse au titre de son genre.

Enfin, pour le troisième site, sont signalés, notamment par des mots étoilés qui apparaissent dans les classes 2, 3 et 5, les individus suivants (par ordre de χ^2 et par classe) : *classe 2* (χ^2 max = 84), les individus 30 (χ^2 = 23), 35 (χ^2 = 22), 33 (χ^2 = 19), 31 (χ^2 = 16) ; *classe 3*, (χ^2 max = 77), les individus 39 (χ^2 = 49), 36 (χ^2 = 43), et 28 (χ^2 = 18) ; enfin, *classe 5* (χ^2 max = 30), les individus 24 (χ^2 = 47), 25 (χ^2 = 30), 26 (χ^2 = 11), 27 (χ^2 = 8). Nous avons retenu les personnes 24, 25, 27, 28, 29, 30, 36 et 39 qui, à l'exception de la personne 29^{163}, sont toutes citées par Alceste comme ayant une influence sur les verbatims. Ce faisant, nous avons aussi obéi au besoin de permettre l'expression de paroles différentes, comme cela a déjà été signalé plus haut.

Bien entendu, ces influences sont relativement faibles. Mais elles sont cependant signalées par Alceste, ce qui est un élément de choix relativement objectivé de ce fait. En fonction de ces critères, nous avons donc décidé de retenir les personnes qui apparaissent dans les tableaux 3, 4 et 5 ci-dessus.

Pour chacune de ces personnes, nous avons établi une fiche individuelle. Cette fiche nous permet de disposer d'informations classées, notamment, par catégorie analytique (I, S, E). C'est en partie grâce à ces informations synthétiques que nous pouvons percevoir les types de relations des catégories entre elles et que nous pouvons leur attribuer des valences.

1.2. Les éléments de système

Les éléments de systèmes, ce sont des institutions matérielles ou immatérielles, des éléments de culture, des règles juridiques ou coutumières… Nous avons retenu pour chaque site :
- Le mode de gouvernance pratiqué (plus ou moins hiérarchique, plus ou moins distribué)
- La place des femmes dans la société (plus ou moins d'autonomie, d'égalité, d'éducation)

---

[159] χ^2 non comptabilisé dans la classe.
[160] Ce qui est très faible. Cependant, Darifa présente l'intérêt d'être institutrice, ce qui, sans lui donner de position d'influence, accorde un intérêt spécifique à ses propos.
[161] Comme précédemment, c'est très faible. Mais Hamida est une femme au foyer, ce que nous avons déjà évoqué pour justifier notre choix.
[162] χ^2 non comptabilisé dans la classe.
[163] χ^2 non comptabilisé dans la classe.

- Les fondements concrets des activités économiques (tourisme, commerce, agriculture)
- Le rapport à la politique et à ses institutions (marge de liberté face aux pouvoirs centraux)
- Les valeurs sur lesquelles le groupe humain est adossé

C'est dans ces cadres, et aussi parfois avec et/ou contre eux, que se développent les changements dans les sites. On voit, dans le tableau 6 ci-dessous, quelles sont les déclinaisons de ces éléments de système dans chacun des trois sites.

Ainsi, le site 1 et le site 2 partagent-ils une gouvernance décentralisée, par le biais de coopératives dans le premier, par celui d'une association de développement, pour le second, tandis que le troisième pratique une gouvernance « verticale », les décisions étant prises par le gouverneur sans partage avec les acteurs de terrain intéressés mais soumis à la décision politique.

Il en va de même pour chaque élément de système pour chaque site.

Tableau 6. Éléments de système retenus par site

	Site 1	Site 2	Site 3
Systèmes ou éléments de système	*Mode de gouvernance* Décentralisé : coopératives des femmes et des hommes	*Mode de gouvernance* Décentralisé : association de développement	*Mode de gouvernance* Centralisé : l'ancien gouverneur + (quelques marchands + des associations de commerçant + l'entreprise de gestion du PCP)
	Place des femmes dans la société Autonomie économique puis Égalité de l'éducation	*Place des femmes dans la société* Égalité de l'éducation dans la société, puis autonomie économique	*Place des femmes dans la société* Pas de place particulière en termes d'autonomie ou d'égalité Cadre légal du commerce *vs* illégal + l'absence d'un cadre assurantiel
	Fondements concrets des activités économiques Tourisme, commerce du couscous, agriculture bio et permaculture	*Fondements concrets des activités économiques* Confort domestique (gestion de l'eau, de la route et du tourisme)	*Fondements concrets des activités économiques* Les zones urbaines dangereuses + la propreté des rues et des marchés, la paix sociale
	Distance par rapport à la politique Prise de distances (faire soi-même)	*Distance par rapport à la politique* Prise de distances (faire soi-même)	*Distance par rapport à la politique* Processus de décision politique
	Les valeurs auxquelles le groupe humain est adossé Valeurs à tendance moderniste + confiance mutuelle + volontarisme	*Les valeurs auxquelles le groupe humain est adossé* Valeurs tendance traditionnalistes + confiance mutuelle + volontarisme	*Les valeurs auxquelles le groupe humain est adossé* Valeurs à tendance individualiste

On voit qu'en termes de systèmes (comme en termes d'événements, ainsi qu'on va le voir plus bas) diverses proximités peuvent déjà être mises à jour. Ainsi, le mode de gouvernance est-il proche pour les deux sites 1 et 2, mais pas pour le site 3.

1.3. Les événements

À l'issue d'un collationnement d'articles divers rapporté dans les développements précédents, une définition de l'événement est retenue qui regroupe les caractères suivants : 1. *l'événement doit être rendu public* (« déclaration d'événement »), même s'il est intime, autrement dit, étiqueté comme un événement par les acteurs et par les observateurs ; en ce sens, 2. *l'événement est interprété par les diffuseurs et les récepteurs* ; 3. *l'événement apparaît souvent comme un choc* ; cependant, un changement lent mais en profondeur (dans le statut des femmes, par exemple) peut être considéré comme un événement, si cela déclenche dans la durée, des modifications importantes de la société ; 4. *l'événement est nécessairement inscrit dans la socialité* ; 5. *l'événement semble souvent improbable, accidentel, a-normal*[164] : c'est la « rupture d'intelligibilité » dont parle Éric Fassin[165].

Dans cette étude, nous identifions comme événements, dans les trois sites :
- Pour le site 1 : la création de l'association et, surtout, des coopératives ; les manifestations pour l'électricité, pour la terre, pour le développement du village ; la rencontre avec Hassan ; les changements de mentalité des hommes par rapport aux femmes (émancipation des femmes) ;
- Pour le site 2 : la création de l'association de développement ; le mariage de Kamel ; la crise du choléra ; la fin du décrochage scolaire ;
- Pour le site 3 : la décision du gouverneur de créer le PCP ; l'engagement de quelques commerçants dans le projet (personne 27, Youssef) ; la sécurisation des rues et du quartier et la formalisation de l'économie (transactions monétaires déclarées). Le tableau 7 qui suit récapitule ces éléments et les synthétise.

Tableau 7. Les événements retenus par site

Site Nature de l'evenement	Site 1	Site 2	Site 3
Changement dans les modes de gouvernance	Création de structures collectives : Coopératives	Création de structures collectives : association de développement	Pas de changement : décision du Gouverneur
Influence d'acteurs particuliers	Rencontre Hassan, Habih, Brahim	Kamel et sa femme	Gouverneur + quelques commerçants de rue
Événement collectif	Manifestation sur la route	Crise du choléra	Mise en sécurité du quartier
Modernisation	Émancipation des femmes (commerce du couscous, monétisation…)	Émancipation des enfants et des jeunes : scolarisation, fin du décrochage scolaire…	Meilleure formalisation et sécurisation de la société et de l'économie

---

[164] Voir Claude Vautier, « Cette étrange pliure… », *op. cit.*
[165] Éric Fassin, « Événements sexuels. D'une affaire l'autre, Clarence Thomas et Monica Lewinwky », *Terrain, Anthropologie et sciences humaines*, n° 38, mars 2002, en ligne : https://journals.openedition.org/terrain/1900, § 9.

Pour pouvoir comparer les trois sites, il faut trouver des éléments communs entre eux. C'est le cas de certains événements comme de certains éléments de systèmes.

Concernant les événements, on peut effectuer leur regroupement sous une catégorie commune. Ainsi, le « mode de gouvernance » peut-il être considéré comme un élément jouant un rôle important dans un phénomène d'émergence. Ceci étant, ce mode n'est pas le même dans chaque site : les structures de décision et d'action, bien que différemment, sont décentralisées dans les sites 1 et 2 ; par contre, elles sont centralisées dans le site 3 où c'est le bras de l'État (le gouverneur) qui décide de faire évoluer le quartier en créant une Plateforme de Commerce de Proximité.

Il semble également que certains individus ou relations entre individus jouent aussi un rôle important : dans le site 1, c'est la rencontre entre les villageois (notamment Habib) et Hassan, le président de l'association environnementale de Rabat ; dans le site 2, c'est le mariage de Kamel qui conduit celui-ci à revenir au village, son épouse ne voulant pas vivre en ville ; dans le site 3, cela pourrait être la personnalité du gouverneur ou ses choix confortés par quelques vendeurs de rue favorables au projet...

Il y a encore des événements collectifs de nature différente selon le site : dans le site 1, la manifestation organisée sur la route pour l'électricité, la terre... Dans le second, on peut suggérer que la crise du choléra[166] a été motrice, d'une certaine façon, puisque les habitants les plus actifs ont lancé les travaux d'adduction d'eau potable et du réseau d'assainissement. Quant au site 3, il est envisageable que l'action du gouverneur soit aussi liée à la situation insatisfaisante du quartier : insécurité pour les personnes et les biens, encombrement des rues préjudiciable aux riverains, écart entre les valeurs modernistes portées par le gouverneur et la situation sur le terrain, jugée archaïque.

Enfin, la modernisation elle-même, résultats et facteur de l'émergence, peut se décliner dans les trois sites. Dans le site 1, la coopérative du couscous a permis aux femmes de s'émanciper et cette émancipation change les conditions de vie concrètes et des femmes et de la société locale tout entière ; dans le site 2, c'est l'accent mis sur la scolarisation des enfants qui transforme les conditions de la société ? Enfin, pour le site 3, la création du PCP a sans doute également modifié les conditions de vie et de travail de nombreuses personnes en rationalisant le travail, en sécurisant le quartier, en rationalisant l'occupation de l'espace. Ces hypothèses, concernant les faits pouvant être considérés comme des événements, sont importantes, puisqu'elles vont pouvoir être testées en examinant, pour chacune d'entre

---

[166] Seul Habib en parle. On peut donc se demander si ce phénomène a vraiment rang d'événement. Pourtant, on peut faire légitimement l'hypothèse que si les villageois ne parlent pas de cette crise qui a fait des morts, c'est davantage par désir de se projeter dans le futur que dans le passé, dans les solutions plus que dans les problèmes, comme le disent plusieurs personnes interrogées, ou encore pour ne pas ternir l'image de leur village.

elles, l'état des relations entre les trois catégories du modèle en estimant les relations qui sont le plus à l'œuvre dans chaque site.

1.4. Synthèse : les individus, les éléments de systèmes, les événements

Dans le tableau 8 sont récapitulés les individus, les éléments de système et les événements retenus pour chaque site. Ce sont 8 personnes, 5 éléments de système et 4 événements qui sont rappelés dans le tableau.

On voit déjà, également, que les deux premiers sites ont des ressemblances, présentent des similitudes que le troisième site ne peut exhiber. À partir d'ici, les trois sites ont été traités séparément, dans l'ordre : site 1, puis site 2, puis site 3.

Pour chaque site, il a été procédé à l'étude systématique des propos de chacune des 8 personnes retenues et ont alors été établies 8 fiches individuelles par site. Dans ces fiches, les propos des personnes retenues ont été classées dans quatre catégories. Elles peuvent parler : des individus, des systèmes ou éléments de système, des événements ou encore d'autre chose difficile à affecter à l'une des catégories. Puis, sur cette base, ont été étudiées les relations liant les trois catégories, également pour chacun des trois sites.

Tableau 8. Synthèse : les individus, les éléments de système, les événements

Individus	Systèmes (ou Éléments de Système)	Événements
Site 1 Individus 06, 08, 20, 22, 02, 09, 21, 01	Mode de gouvernance : décentralisé : coopératives des femmes et des hommes	Création de structures collectives coopératives
	Autonomie économique des femmes, puis égalité de l'éducation	Rencontre Hassan, Habib, Brahim
	Fondements économiques : tourisme, commerce, permaculture et agriculture bio	Manifestation sur la route
	Distance par rapport à la politique	Émancipation des femmes (commerce du couscous, monétarisation…)
	Les valeurs à tendance moderniste + confiance mutuelle + volontarisme	
Site 2 Individus 12, 13, 14, 23, 11, 16, 19, 17	Mode de gouvernance : association de développement	Création de structures collectives : association de développement
	Place de l'éducation, puis des femmes	Kamel et sa femme
	Confort domestique et touristique	Crise du choléra
	Distance par rapport à la politique	Émancipation des enfants, scolarisation
	Les valeurs empreintes de traditions	
Site 3 Individus 24, 25, 27, 28, 29, 30, 36, 39	Mode de gouvernance : L'ancien gouverneur + quelques marchands + des associations de commerçant + L'entreprise de gestion du PCP. Processus politique	Mode de gouvernance Décision du Gouverneur
	Le cadre légal du commerce *vs* illégal + l'absence d'un cadre assurantiel	Gouverneur + quelques commerçants de rue
	Les zones urbaines dangereuses + la propreté des rues et des marchés	Insécurité du quartier du site 3
	Formalisation et sécurisation de la société	
	Les valeurs à tendance individualiste	

2. Les fiches individuelles

Chaque fiche renferme les informations tirées des verbatims qui permettent de repérer le profil de la personne qui s'est exprimée au cours d'un entretien individuel. Ces fiches permettent, en outre, de s'assurer que l'affectation de valences aux relations est bien en adéquation avec la personne concernée et avec ses propos.

2.1. Site 1

2.1.1. Brahim (personne 06)

Homme accueillant de 41 ans, Brahim est marié, a 2 enfants, un niveau d'études secondaires et il est spécialiste de permaculture, dont il enseigne les méthodes à ses voisins. Il fait partie des fondateurs des coopératives et joue visiblement un rôle important dans l'expérience conduite dans le site 1. Il est originaire du village, comme son épouse, et travaille comme guide pour les touristes. Il fait partie de ceux qui ont poussé au développement de l'écotourisme : agriculture biologique, permaculture, randonnées dans la région reconnue pour la beauté de sa nature et attractive pour les investisseurs, dit-il. Les visiteurs amateurs de randonnée sont hébergés et nourris de produits bios et invités à réfléchir sur les pratiques agricoles durables. Si son frère, Habib, est un gestionnaire plutôt discret, Brahim, lui, est le communiquant du village. Il a des projets plein la tête : des auberges (oui, au pluriel), des stations de randonnée à bicyclette dans les montagnes de la région, mais aussi des projets de broyage et de stockage des céréales, des plantations d'arbres, le développement d'une activité viticole, l'installation d'un centre de formation faisant de son village un « centre international de formation aux pratiques vertueuses en matière d'agriculture »…

L'émigration d'il y a quelques années, lorsque les habitants partaient au loin pour travailler et gagner leur vie, n'est plus d'actualité :

> *Maintenant, il y a des personnes qui ne travaillent que dans leurs maisons et dans leurs jardins. Ils gagnent la même chose que quand ils étaient loin [...] Il y a aussi un changement au niveau de l'éducation. Nous avons acheté cinq ordinateurs pour l'école primaire.*

Tableau 9. L'entretien de Brahim

Brahim \ Parle	des individus	des systèmes	des événements	d'autres choses
Quelques éléments de son identité Site 1 Individu 06 Homme, 41 ans Marié, 2 enfants Instruction secondaire Originaire du village Guide, agriculture (permaculture) Co-fondateur des coopératives Avec son frère Habib Parlent de lui la personne 01 et sa femme Aïcha (08)	Les touristes Le parlementaire propriétaire des terres Les villageois qui émigraient autrefois pour travailler	Nature, produits bios, la sécurité La terre appartient à un parlementaire qui n'y investit pas Démarches de l'homme politique contre les villageois Changement : achat de 5 ordinateurs pour l'école primaire Autosuffisance alimentaire Éducation (primaire, collège, lycées, internats) Services (gendarmerie, marché hebdomadaire)	Dons de voitures aux femmes pour la coop. Don de 25 000 dhs par le Ministère des eaux et forêts pour installer un goute à goute solaire Défense de la terre Réclamations pour en disposer Création d'une coopérative des hommes (tourisme, agriculture) Création de l'association « L'Agriculture moderne », en 2009 Manifestation sur la route pour le village	Paysages, nature, produits bios, absence de pollution Changements, tourisme, médias et publicité Projets autour du tourisme Projets de centre international de formation aux pratiques vertueuses en agriculture Importance de l'union et de se débrouiller par soi-même Réduction de l'émigration

Brahim explique que le changement dans le village a commencé en 2009, lors de la création de l'association. Cette association, il l'a mise en place avec son frère, titulaire d'une licence en droit et qui est devenu président de cette structure. En fait, cette association se confond largement avec une coopérative, nommée « L'Agriculture moderne » qui est la coopérative des hommes. À l'exception de Brahim, aucune personne interrogée n'utilise le terme association dans le site 1. La coopérative a été fondée en 2013. En 2014, les habitants du douar ont manifesté sur la route pour revendiquer l'électrification du village. Cette manifestation, assez tendue par moment, selon Brahim, a entraîné la visite du gouverneur et a permis de régler divers problèmes, dont l'électrification. Cela a aussi, pour Brahim, montré aux villageois l'importance de l'union et la nécessité de se débrouiller par soi-même, sans attendre simplement l'aide de l'État.

2.1.2. Aïcha (personne 08)

Femme de 35 ans, mariée, 2 enfants, sans instruction scolaire et non originaire du village, elle est l'épouse de Brahim (06) et la présidente de la coopérative du couscous. Initialement, depuis l'âge de 15 ans, elle se consacrait à des tâches diverses, dans la banlieue de Rabat. Dès son arrivée au village, elle a travaillé dans la coopérative. Elle vante la qualité de vie au village :

[Le village] est une partie de moi, c'est comme si vous me demandez qu'est-ce que votre foie représente pour vous. Comme je disais, c'est une partie de moi, et je ne peux pas vivre ailleurs avec le même sentiment de bonne humeur que j'éprouve ici. Et en plus mes enfants sont nés ici, et cette région a un charme bizarre [...] les citoyens sont très sympas et très

bien éduqués, tu n'entendras jamais dire qu'il y a eu une infraction, un viol ou quoi que ce soit, nous vivons dans une paix totale dans ce village.

Aïcha expose ainsi sa propre transformation en même temps que celle des autres femmes du village. Bien entendu, Aïcha n'est pas une villageoise ordinaire. En tant qu'épouse de Brahim, elle a sans doute bénéficié de conditions favorables pour évoluer ainsi, d'autant que son mari est un homme ouvert et qui devait déjà avoir avec elle des rapports plus libéraux que les autres hommes avec leurs épouses. Elle insiste beaucoup sur les changements qui concernent les femmes :

et particulièrement pour les femmes, il n'y avait nulle part où nous pouvions travailler et gagner notre vie ; certes l'agriculture a été toujours active, mais nous, les femmes, nous n'avions rien à faire.

Tableau 10. L'entretien d'Aïcha

Aïcha \ Parle	des individus	des systèmes	des événements	d'autres choses
Quelques éléments de son identité Site 1 Individu 08 Femme, 35 ans Mariée, 2 enfants Jamais scolarisée Non originaire du village Épouse de Brahim Présidente de la coopérative Personne ne parle d'elle	Elle, ancienne femme au foyer, présidente de la coopérative Habib (20), Hassan (22) Ses enfants Son mari Brahim (06)	Charme de la région, paix, sécurité, citoyens bien éduqués Manque de place, besoin d'un quartier général/siège de la coopérative La coopérative des femmes Enfants tous à l'école Autorisation du ministère pour vendre à Rabat	La création de la coopérative des femmes	Changements pour les femmes, relations avec les étrangers, les hommes Autonomie, indépendance des femmes grâce au travail et aux revenus du travail Changement du village, jardins familiaux, agriculture

La relation femmes-hommes a également changé :

au début, nous étions très très timides, nous n'arrivions pas à maintenir un dialogue de plus d'une minute avec les inconnus ; maintenant, les femmes sont capables d'interagir et négocier avec les nouveaux clients, et d'imposer leurs opinions devant les hommes surtout, chose qui a été difficile, voire impossible dans certains cas.

2.1.3. Habib (personne 20)

Tableau 11. L'entretien d'Habib

Parle Habib	des individus	des systèmes	des événements	d'autres choses
Quelques éléments de son identité Site 1 Individu 20 Homme, 39 ans Marié, 4 enfants Instruction supérieure Originaire du village Co-fondateur de l'association et de la coopérative avec son frère Brahim Président de la coop. des hommes Parlent de lui les personnes 04, 06, 07, 21	Lui, ancien fonctionnaire, démissionnaire, travaille dans 5 coopératives extérieures au site 1 Les femmes, une présidente et une vice-présidente de la coopérative Lui partageait son salaire en deux : famille et association Sa passion pour le village Hassan et son épouse Farid	Climat, qualité de la terre, grand nombre de jeunes La prise en charge des jeunes, travail dans l'association et revenus Volonté de changement autonome Distance à la politique Bonnes relations avec administration Nécessité du gain individuel pour le développement collectif Sécurité Fermeture des hommes par rapport aux femmes	Création de l'association en 2009 Revendication des droits Rencontre avec Hassan (association environnementale) Femmes et permaculture Caractère non officiel de certaines réunions Agriculture biologique Permaculture, mais quelques engrais chimiques	Des changements, autosatisfaction, électricité, eau potable, instruction des enfants L'émancipation des femmes, leur participation dans le processus de développement Résistance au changement Développement de la collectivité, développement de l'individu Il y a encore des progrès à faire Tourisme, produits locaux Retour des habitants

Habib est le frère de Brahim. Il a 39 ans, est marié et a 4 enfants. Licencié en droit, il a travaillé à Rabat comme fonctionnaire avant de revenir au village, son lieu d'origine, avec sa famille et son frère. Il est, avec ce dernier, le fondateur de l'association, puis de la coopérative. Il est président de la coopérative des hommes.

2.1.4. Hassan (personne 22)

Hassan n'est pas un habitant du village. Vivant à Rabat, président d'une association environnementale, c'est au titre de cette dernière qu'il est entré en relation avec le site 1 :

> *Au départ, la mission de l'association était la sauvegarde de l'Arganier, là où il pousse, souvent dans le sud du Maroc. Et suite à ça Habib nous a contactés pour nous demander de venir leur donner un coup de main. Ils nous ont demandé de venir travailler avec eux.*

Aux habitants du site 1, Hassan a proposé la mise en œuvre de la permaculture. Cette pratique agricole respectueuse de la biodiversité et des échanges entre plantes, refusant le recours à des produits chimiques (produits phytosanitaires, pesticides, engrais non naturels…) est proche des pratiques de l'agriculture biologique. Elle permet à la fois d'augmenter les rendements, de préserver les sols, de disposer de produits « naturels », sains. Mais elle est aussi associée à une éthique. Pour certains, tel Brahim, la permaculture, plus qu'une pratique, est « *venue pour réconcilier l'homme et la terre* », dit-il, est une éthique en soi, un mode de vie. Et Louis (01) ajoute :

permaculture? C'est large... C'est comment utiliser l'écosystème, comment faire partie de l'écosystème et en retirer des richesses et améliorer cet écosystème. En gros, ça peut s'appliquer à la culture comme ici, mais ça peut aussi s'appliquer avec les gens... de... toujours pas que prendre ou pas que donner mais rester dans un cercle d'échange. Ça fait partie de la permaculture aussi,

Hassan a proposé la permaculture pour, dit-il, « *inciter les villageois à travailler. Chaque famille fait son jardin potager en permaculture. Et aussi d'avoir l'autosuffisance alimentaire* ».

Habib rapporte le fait qu'Hassan insistait sur la nécessité de la présence des femmes dans les projets : « *ils nous ont préconisé de travailler sur des projets qui permettront de renforcer les femmes et de leur donner plus d'indépendance* ». Et il ajoute :

[les villageois] *refusent souvent d'essayer ce qui est nouveau et inconnu, et se contentent de ce qui est familier, mais nous avons pu lutter contre cela, avec une campagne immense de communication, et nous avons eu un suivi permanent de l'association environnementale, et cela nous a encouragés à donner plus et à chaque fois on voulait montrer qu'il y a du progrès, et l'association, pour sa part, elle nous a toujours accompagnés, Hassan m'appelle chaque jour de deux à quatre fois par jour.*

Tableau 12. L'entretien d'Hassan

Parle Hassan	des individus	des systèmes	des événements	d'autres choses
Quelques éléments de son identité Site 1 Individu 22 Homme, 73 ans, Marié, des enfants Instruction supérieure Extérieur Président d'association environnementale Parlent de lui les personnes 07, 20, 22	Habib Des hommes et des femmes du village et de leur persévérance	Permaculture, agriculture biologique, Tourisme solidaire développement durable L'autosuffisance alimentaire aide au développement de l'autonomie	Demande d'aide de Habib (et les autres) Prise de conscience de leur potentiel, hommes et femmes	Plantation des arbres Évolution progressive dans un temps assez court

C'est, selon les déclarations du président de l'association de Rabat, cette dernière préconisation qui est à l'origine de la création de la coopérative des femmes. Désormais, dit-il, « *je ne participe plus parce qu'ils sont devenus, d'après moi, autonomes et responsables* ».

2.1.5. Assia (personne 02)

Assia est une femme de 54 ans, mariée et mère de plusieurs enfants sans instruction scolaire et non originaire du village de son mari, le site 1, où elle vit depuis 25 ans. Elle se présente comme étant la femme qui connaît le mieux la coopérative des femmes (ou du couscous).

Tableau 13. L'entretien d'Assia

Assia \ Parle	des individus	des systèmes	des événements	D'autres choses
Quelques éléments de son identité Site 1 Individu 02 Femme, 54 ans Mariée, des enfants Jamais scolarisée Non originaire du village, mais l'habite depuis 25 ans Travaille à la coopérative Personne ne parle d'elle	Les femmes Sa fille, professeur (Fierté) Ses enfants Les maris réticents à voir leurs femmes côtoyer des étrangers et des hommes Dieu (avoir confiance en Dieu)	Coopérative des femmes Peur des femmes, puis motivation, confiance, courage Assia n'a plus peur pour ses enfants Le village plus calme que la ville Les réunions de toutes les femmes, Le terrain occupé illégalement	Manifestations pour l'électricité Changements de mentalité (les hommes face à l'émancipation féminine…) Augmentation du nombre de touristes et de clients Les femmes gagnent de l'argent pour elles et leur famille	Le changement du village depuis 6 ans Le don de citernes par une association extérieure pour avoir des jardins Le changement grâce aux jeunes qui viennent visiter La publicité pour le village

Elle s'est investie dès le début dans la future coopérative. Elle s'est rendue au ministère avec d'autres femmes. Ensemble, elles ont constaté qu'il existait des coopératives dans divers villages et ont trouvé qu'elles étaient en retard. Assia était tailleuse, avant la création des coopératives (des femmes et des hommes), mais, désormais, elle travaille uniquement pour la coopérative du couscous. Elle-même et certaines de ses compagnes ont suivi une formation pour apprendre à vendre leurs produits.

Ce qui ressort de ses propos, c'est que les femmes, grâce à la coopérative, ont changé de mentalité. Le changement qu'elle observe – et auquel elle contribue – lui donne confiance dans l'avenir et la rassure sur le devenir de ses enfants. Elle a également pris confiance en elle. Grâce à la mise à disposition de réservoirs d'eau, elle a développé son jardin potager en agriculture biologique, pour la consommation familiale. Les femmes se rendent dans diverses villes en voiture et commercialisent leurs produits, légumes et couscous. Ce travail leur est payé et leur permet de disposer d'une autonomie nouvelle.

2.1.6. Farid (personne 09)

Non originaire du village, Farid est venu s'y installer avec sa femme pour vivre autrement. Il était maçon, il est devenu agriculteur et se sent plus autonome ainsi : « *nous travaillons pour nous-mêmes sans être sous la tutelle de qui que ce soit* », dit-il. Cette autonomie va de pair avec le fait qu'ici (site 1), il peut davantage gagner sa vie, de même que son épouse :

Ma femme aussi fabrique des tapis traditionnels. Elle aime produire des tapis sur commande comme les gens le souhaitent. Elle est bien sûr payée. Ma plus grande fille est membre de la coopérative, elle y travaille également. À chaque période de l'année il y a un produit qui apparaît. Les habitants trouvent quoi faire. À chaque moment de l'année, on trouve quoi faire [...]. Mais il faut développer d'autres activités pour attirer les touristes [...] il y a la sécurité [...] il n'y a pas d'actes de terrorisme ou d'agression [...] Même les gens qui ne sont pas membres de la coopérative en bénéficient beaucoup.

On sent, dans les propos de Farid, que l'aspect économique est important. Ce qu'il retient le plus clairement de l'expérience d'installation au village, c'est qu'il y a un certain développement économique. Ce ne sont pas des valeurs éthiques, morales ou religieuses qui traversent son discours, mais des valeurs modernistes de croissance économique, d'organisation de marchés nouveaux, d'activités lucratives, telles que le tourisme : Farid salue le rôle de l'association et de son président, Habib. Il désigne également le rôle des réseaux sociaux et des médias qui ont fait connaître le village.

Tableau 14. L'entretien de Farid

Farid \ Parle	des individus	des systèmes	des événements	d'autres choses
Quelques éléments de son identité Site 1 Individu 09 Homme, 57 ans Marié Instruction 0 Non originaire du village Agriculteur Personne ne parle de lui	Habib Sa femme Sa fille Désir d'autonomie	L'association environnementale Il y a de l'emploi Possibilité d'autonomie Sécurité Développement d'activités économiques : tourisme, agriculture biologique...		

2.1.7. Fatima (personne 21)

Fatima a longtemps été agricultrice. Maintenant, elle travaille à la coopérative du couscous. Le village est beau, dit-elle, avant d'emprunter, comme Farid, un vocabulaire plus économique, bien qu'empreint de solidarité :

il est situé dans un endroit stratégique et c'est une région de prospérité, mais dommage qu'on n'exploite pas la terre comme il le faut [...] avec l'association, nos produits sont commercialisés et nous avons amélioré notre niveau de vie [...] beaucoup des habitants ont cru que l'association leur mentait, maintenant quand ils ont vu le rendement de différentes activités exercées, ils ont commencé à faire les mêmes activités.

Ou encore : « *ils nous préconisent de nouvelles méthodes de commercialisation et de distribution* ». Elle dit aussi, cependant : « *c'est un lieu où tout le monde travaille pour tout le monde* ».

Fatima insiste aussi sur son statut de femme dans la société :

j'ai vraiment senti la différence entre avant et maintenant. Et je suis devenue capable de payer le transport scolaire pour ma fille, et acheter des choses que je ne pouvais pas acheter ou demander à mon mari de les acheter avant.

Tableau 15. L'entretien de Fatima

Fatima \ Parle	des individus	des systèmes	des événements	d'autres choses
Quelques éléments de son identité Site 1 Individu 21 Femme, 32 ans Mariée, 3 enfants, Instruction 0 Non originaire du village Employée coopérative Personne ne parle d'elle	Habib Au début, les habitants qui ont cru que l'association mentait	L'association La coopérative des femmes Position stratégique du village L'émancipation économique des femmes Les méthodes de commercialisation La solidarité	L'association L'émancipation économique des femmes	

2.1.8. Louis (personne 01)

Louis est un étranger qui séjourne temporairement dans le site 1. Il paie son gîte en effectuant divers travaux utiles pour les habitants, construction d'une maison, garde des enfants, guide touristique... C'est la raison essentielle pour laquelle nous avons choisi de l'inclure. Sa présence est liée au développement du village. Ce qu'il trouve intéressant dans le village, c'est la symbiose avec la nature, mais associée à l'évolution moderniste.

Tableau 16. L'entretien de Louis

Louis \ Parle	des individus	des systèmes	des événements	d'autres choses
Quelques éléments de son identité Site 1 Individu 01 Homme, 27 ans Célibataire Instruction sup Non originaire du village. Voyageur Personne ne parle de lui	Hassan Des habitants pas stressés, libres, vivants L'éthique (bio, permaculture...)			Liberté, tranquillité Mode de vie (symbiose avec la nature)

2.2. Site 2

2.2.1. Darifa (personne 11)

Darifa est devenue institutrice dans l'école préélémentaire construite dans le village. C'est l'association qui lui a offert ce poste et l'a aidée à obtenir une formation pédagogique.

Tableau 17. L'entretien de Darifa

Parle \ Darifa	des individus	des systèmes	des événements	d'autres choses
Quelques éléments de son identité Site 2 Individu 11 Femme, 23 ans Mariée, 2 enfants, Instruction secondaire Non originaire du village Travaillant à la crèche du village (institutrice) Parle d'elle, Jamila, l'autre institutrice (23)	Des habitants et du travail volontaire Lien de confiance individus /association Détermination collective	L'association, Le pilotage du changement La crèche, la pédagogie L'aide à la scolarisatio Le lien de confiance individus /association Détermination collective et gouvernance collective	La création de l'association L'école, la fin du décrochage scolaire (garçons et, surtout, filles)	L'eau potable, l'électricité La division des rôles masculins et féminins Ramadan, fête du sacrifice Fêtes collectives

Darifa soutient totalement les actions de l'association en même temps qu'elle souligne l'enthousiasme et la détermination des habitants (elle parle de « citoyens »).

Cela la met au cœur du projet de développement largement appuyé, dans le site 2, sur la scolarisation des enfants.

2.2.2. Jamal (personne 12)

Jamal est le frère de Madani et le cousin de Kamel.

Tableau 18. L'entretien de Jamal

Parle \ Jamal	des individus	des systèmes	des événements	d'autres choses
Quelques éléments de son identité Site 2 Individu 12 Homme, 34 ans Célibataire Instruction primaire Originaire du village Travaillant au gîte Personne ne parle de lui	Les habitants solidaires et qui s'engagent dans les projets Changement de mentalité Union des individus Le lien de confiance individus /association, complémentarité L'existence d'un leader : il faut qu'il soit patient	L'association de développement Le changement de mentalité (naissance de l'intérêt commun), L'union des individus La scolarisation Le lien de confiance individus/association, complémentarité La délibération collective Distance à la politique	La création de l'association (« la meilleure chose qui nous soit arrivée ») La création de la route L'eau potable, l'adduction d'eaux usées La scolarisation des filles, l'internat Le choléra	La nature, le calme, la beauté, le retrait (fond de vallée) Un équipement financé par un expatrié et construit par les habitants Gouvernance collective : recensement des besoins du village, La mosquée, la prière du vendredi

Avant de revenir au village, il a vécu 10 ans à Marrakech. Il dit : « *tu ne peux pas trouver ton calme là-bas* ». Pour lui, l'association est « *la meilleure chose qui nous soit arrivée* ». Parmi les succès de l'association, il voit, outre le déploiement des projets, un changement de mentalité :

La mentalité est aujourd'hui complètement différente. À l'époque les gens ne parlaient que des problèmes et de leurs soucis. Les projets importants n'étaient pas discutés. Maintenant nos réunions sont bien organisées et efficaces où chacun donne son avis et participe dans la prise de décision [...] Auparavant tout le monde s'intéressait à lui-même. L'intérêt commun n'importait pas pour les habitants.

On peut penser qu'en tant que cousin de Kamel, il est beaucoup intervenu dans l'association et l'animation du village dont il apparaît qu'il est l'un des leaders.

2.2.3. Kamel (personne 13)

Kamel est le créateur de l'association de développement. Parti du village à l'âge de 14 ans pour travailler, au début des années 2000, il a vécu à Marrakech durant 2 ans. Il se marie durant cette période et, sa femme ne souhaitant pas vivre en ville, ils reviennent au village en 2004.

Tableau 19. L'entretien de Kamel

Kamel \ Parle	des individus	des systèmes	des événements	d'autres choses
Quelques éléments de son identité Site 2 Individu 13 Homme, 42 ans Marié 4 enfants Instruction primaire Originaire du village Initiateur de l'association de développement Guide touristique Jamal parle de lui	Lui et son désir d'avoir sa propre maison et de travailler pour lui Sa femme qui veut revenir au village La solidarité, la volonté, l'engagement des habitants Lien de confiance individus/association Pas de corruption	L'association et la délibération collective La solidarité, la volonté, l'engagement des habitants Distance par rapport à la politique Lien de confiance individus/association Scolarisation (garçons et filles) Pas de corruption	Création de divers services Sa femme qui veut revenir au village Changement de mentalité Lutte contre le décrochage scolaire Création de l'adduction d'eau potable, l'école, le pressing, l'atelier pour les femmes…	Le village autrefois « un peu misérable » L'eau potable, l'école, l'atelier pour les femmes… La nature, la montagne L'équipement financé par un expatrié Collaboration avec autres associations pour développer des écoles maternelles La mosquée, la prière du soir Le groupe WhatsApp

En 2004, sa femme n'imaginant pas un avenir en ville, ils reviennent au village et commencent à accueillir quelques touristes dans leur maison aménagée en chambre d'hôte. Jusque-là, nous sommes en présence d'une histoire classique d'un migrant revenant au village. Mais, les nombreux déplacements dans des régions différentes du Maroc ont permis à Kamel de capitaliser en matière de connaissances et de réinvestir celles-ci dans des projets de développement du site 2. Après une première tentative [...] l'ambitieux K rebondit en 2011 avec la création [de l'association de développement] [...] le premier projet de l'association fut le raccordement de toutes les maisons à un réseau d'eau potable [...] l'éducation est un point central pour l'association

dit de lui une personne qui a vécu dans le site 2. Ainsi, Kamel apparaît-il comme l'un des acteurs majeurs du site 2.

2.2.4. Madani (personne 14)

Frère de Jamal, Madani est également le cousin de Kamel. Il fait partie des membres historiques de l'association. Dans ses propos, il apparaît comme un villageois quelconque, sans participation plus importante que les autres. Il ne se présente pas comme un leader et n'apparaît pas comme tel non plus dans le discours des autres personnes interrogées.

Tableau 20. L'entretien de Madani

Madani \ Parle	des individus	des systèmes	des événements	d'autres choses
Quelques éléments de son identité Site 2 Individu 14 Homme, 35 ans Célibataire Sans scolarité Originaire du douar Agriculteur Membre historique de l'association Personne ne parle de lui	L'union des habitants La solidarité avec les autres villages Le sérieux dans le travail Le recul de l'analphabétisme	L'association Le mode collectif de gouvernance : réunions, assemblées, liste des besoins et projets L'union des habitants et l'intérêt du village La solidarité avec les autres villages Le travail gratuit (*meslaha*)	Le tourisme	Calme, pas de bruit, pas de problème (drogue, tabac, alcool...) L'équipement financé par un expatrié Le tourisme Mosquée, dernière prière de la journée

On voit dans le tableau que personne ne parle de lui. Il est pourtant un membre historique de l'association dont il appuie les principales règles : mode collectif de prise de décision, travail collectif gratuit au profit de la collectivité, calquée sur la *meslaha* traditionnelle, le principe de solidarité pour tous les habitants du douar.

2.2.5. Mahdi (personne 16)

Tableau 21. L'entretien de Mahdi

Mahdi \ Parle	des individus	des systèmes	des événements	d'autres choses
Quelques éléments de son identité Site 2 Individu 16 Homme, 55 ans Marié, 4 enfants Instruction primaire Originaire du village Ouvrier Personne ne parle de lui	Kamel Les changements de mentalité Confiance mutuelle	L'association L'aide de l'association à la scolarité et aux veuves Le mode collectif de gouvernance Le travail gratuit (meslaha) solidarité Confiance mutuelle	L'aide de l'association à la scolarité et aux veuves Le réseau d'assainissement de l'eau La route	Le calme, l'air pur, la sécurité Le manque d'eau pour l'agriculture La prière Les divers changements

2.2.6. Nassim (personne 17)

Comme Mahdi, Nassim appuie sur les changements du village qu'il affecte à l'association de développement, mais aussi à la population du site qui accepte de travailler pour la communauté sans être rémunérée.

Tableau 22. L'entretien de Nassim

Parle Nassim	des individus	des systèmes	des événements	d'autres choses
Quelques éléments de son identité Site 2 Individu 17 Homme, 46 ans Marié, 4 enfants Sans instruction scolaire Originaire du douar Membre historique de l'association de développement Agriculteur Personne ne parle de lui	Travail séreux des villageois L'engagement des habitants	L'association Le travail gratuit (meslaha) Entente des villageois L'intérêt commun du village, des villageois Mode collectif de gouvernance	L'eau La route L'électricité L'école	Le tourisme L'équipement financé par un expatrié

Nassim indique aussi que l'association a un fonctionnement collectif :

Oui tous les habitants et l'association. Nous nous réunissions. Chacun exprime son point de vue. Nous nous mettons d'accord sur un avis et tout le monde le suit.

2.2.7. Hamida (personne 19)

Hamida parle des femmes, de leur statut qui n'est pas suffisamment modifié par l'évolution du village :

en fait, je pense qu'il faut qu'il y ait beaucoup d'améliorations dans la vie quotidienne des femmes ici au village, et qu'il y ait plus d'attention sur les activités lucratives qu'on peut exercer.

Tableau 23. L'entretien d'Hamida

Parle Hamida	des individus	des systèmes	des événements	d'autres choses
Quelques éléments de son identité Site 2 Individu 19 Femme, 33 ans Mariée, 3 enfants Sans scolarité Originaire du village Femme au foyer Personne ne parle d'elle	Acceptation de sacrifices personnels pour la communauté	L'association Mode collectif de gouvernance Assemblées Fierté du travail collectif, construction de la communauté et de soi L'apprentissage préscolaire, l'aide à la scolarité Le travail gratuit, les hommes au chantier, les femmes cuisinent (tradition)	La création de l'association La fin du décrochage scolaire L'amélioration de la condition féminine	Le besoin d'amélioration de la condition des femmes, des activités lucratives des femmes L'investissement insuffisant, intérêt faible pour les activités des femmes La mosquée Le désir d'une vie meilleure pour les enfants Le manque d'eau pour l'agriculture

2.2.8. Jamila (personne 23)

Jamila est devenue institutrice à l'école maternelle construite dans le site 2. Elle s'occupe des petits enfants de moins de 3 ans. Elle aussi parle de l'association et indique que c'est :

Tableau 24. L'entretien de Jamila

Jamila \ Parle	des individus	des systèmes	des événements	d'autres choses
Quelques éléments de son identité Site 2 Individu 23 Femme, 20 ans, Mariée, sans enfant, Instruction secondaire Originaire du douar Travaillant à la crèche du village (institutrice) Personne ne parle d'elle	Transparence et honnêteté Humilité et reconnaissance	L'association, mode collectif de gouvernance : réunions (association, femmes…) Solidarité avec les autres villages	Situation indésirable → création de l'association L'eau potable L'électricit L'école maternelle La fin du décrochage scolaire	La crèche L'équipement financé par un expatrié L'hôtel L'atelier des tapis Intérêt insuffisant pour les activités des femmes, besoin d'une coopérative Nettoyage des rues Insuffisance de la route

de cette situation indésirable où nous vivions qu'est né le besoin de créer une association, pour pallier aux différents problèmes auxquels nous nous confrontons, et ce changement nous a vraiment servi.

Elle estime que beaucoup de choses manquent encore. Elle évoque également le fait que de nombreux talents féminins sont laissés en friche :

il y a beaucoup de choses qui manquent, par exemple une coopérative, parce que les femmes sont très talentueuses mais malheureusement, ils ne font rien de ces talents.

2.3. Site 3

2.3.1. Samir (personne 24)

Tableau 25. L'entretien de Samir

Samir \ Parle	des individus	des systèmes	des événements	d'autres choses
Quelques éléments de son identité Site 3 Individu 24 Homme, 32 ans Célibataire Sans instruction scolaire Originaire du quartier Commerçant salarié Personne ne parle de lui		L'organisation formelle et légale Le confort supérieur, mais manque de propreté, odeurs de poisson La difficulté de se repérer dans le marché La situation juridique précaire		Organisation insuffisante La perte de clientèle à cause d'autres nouveaux marchés Les loyers trop élevés

Samir est un ancien vendeur de rue. Il travaille désormais dans le PCP. Il est très critique, cependant, et se plaint d'un manque d'organisation (les clients, selon lui, se perdent et ne retrouvent pas le commerçant qu'ils recherchent), du manque de propreté, du coût élevé du loyer. Il incrimine aussi « la crise » qui réduit les ventes…

2.3.2. Saïd (personne 25)

Saïd aussi est critique envers le PCP. Retraité, il améliore l'ordinaire en travaillant avec son fils. Il trouve que le loyer est cher et que l'engagement pécuniaire de son fils (7200 drh) risque de se volatiliser puisque cette somme ne le rend pas propriétaire de son échoppe et que le PCP pourrait bien fermer un jour. Son propos se centre volontiers sur le risque.

Tableau 26. L'entretien de Saïd

Saïd \ Parle	des individus	des systèmes	des événements	d'autres choses
Quelques éléments de son identité Site 3 Individu 25 Homme, 56 ans Marié, 5 enfants Instruction primaire Originaire du quartier Retraité et commerçant (père d'un vendeur de rue converti au PCP) Personne ne parle de lui	Ceux qui créent les marchés non pas pour les citoyens mais pour encaisser les loyers	Situation juridique précaire, pas d'assurance pour les produits La corruption pour avoir un stand		Le confort supérieur, mais la propreté insuffisante

2.3.3. Youssef (personne 27)

Lui aussi ancien vendeur de rue, Youssef se présente d'emblée comme une des personnes actives dans le projet du PCP.

Tableau 27. L'entretien de Youssef

Youssef \ Parle	des individus	des systèmes	des événements	d'autres choses
Quelques éléments de son identité Site 3 Individu 27 Homme, 34 ans État matrimonial, nc Instruction secondaire Originaire du quartier Commerçant et responsable de l'association de citoyenneté et de développement Travaille avec le PCP Personne ne parle de lui	Lui : a constitué l'équipe de travail pour l'entreprise support Lui et d'autres : ont aidé à faire le projet, idées…	Le gouverneur L'entreprise support L'association de citoyenneté et de développement La formalisation du commerce, sécurité et dignité du vendeur La sécurité pour les clients Pas de gouvernance collective véritable (pas assez de réunions)	Le projet de PCP	L'amélioration de la circulation dans les rues La distribution des stands au profit des pauvres Deux groupes : les opposants et les partisans du marché. Ceux qui payaient 2000 drh dans la rue et trouvent que 900 c'est trop cher… Création d'emploi pour les riverains

Youssef dit :

Nous sommes nés avec ce projet. Nous sommes des commerçants. Nous vendions nos produits dans la rue. Et quand le projet a commencé, nous les avons aidés par nos idées.

Il insiste sur le progrès que représente, selon lui, la construction du PCP. Il parle notamment de sécurité et de « dignité » :

Tu as un local qui préserve ta dignité. C'est très différent de la rue. Dans la rue, tu es toujours confronté à des problèmes et des risques.

Il fait partie de ceux qui ont soutenu le projet dès le début.

2.3.4. Layla (personne 28)

Pour Layla, le PCP est une découverte, résolument signe de modernité :

bon, faire mes courses, quelque chose de nouveau, un nouveau concept qu'on découvre et qu'on essaie d'améliorer, c'est quelque chose que nous n'avons pas à Ainsbaa, et je remarque une grande différence entre chez nous et ici.

Layla évoque la sécurité, la variété des produits, l'organisation et l'amélioration des espaces de circulation, les rues alentour, dégagées alors qu'elles étaient envahies par les vendeurs autrefois.

Tableau 28. L'entretien de Layla

Layla \ Parle	des individus	des systèmes	des événements	d'autres choses
Quelques éléments de son identité Site 3 Individu 28 Femme, 30 ans Mariée, 3 enfants Instruction secondaire Non originaire du quartier Cliente Personne ne parle d'elle		Le PCP, nouveau concept, beaucoup de choix, sécurité, organisé, les prix sont corrects Remplacement du jardin où se regroupaient les clochards, les ivrognes, les mendiants... Auparavant, les marchands de rue bloquaient les rues Initiative de l'État		Comme une « grande surface », on trouve tout

2.3.5. Malek (personne 29)

Malek est un ancien Sikh (responsable de province) à la préfecture du site 3. Aujourd'hui retraité (il a 74 ans), il est devenu commerçant dans le PCP. Il évoque la nécessité de déplacer les vendeurs de rue du fait de la mise en service de la ligne de tramway. Il évoque aussi la dangerosité de l'ancien jardin que l'on a sacrifié pour la mise en place du marché et considère que ce fut une bonne idée. Malek explique aussi que le PCP a été confié initialement à une association, mais que celle-ci n'existe plus ou, plutôt, ne fonctionne plus. Outre la difficulté à gérer les relations entre le PCP et les commerçants et les clients, il y a un certain désintérêt de la chose collective. À la question : « *Est-ce que vous organisez des activités collectives ?* », Malek répond : « *Non, ma fille, tu sais, les gens ici galèrent pour gagner de l'argent, ils n'ont pas vraiment l'envie de fêter quoi que ce soit* ».

Tableau 29. L'entretien de Malek

Malek \ Parle	des individus	des systèmes	des événements	d'autres choses
Quelques éléments de son identité Site 3 Individu 29 Homme, 74 ans Mariée, 4 enfants Instruction primaire Non originaire du quartier Retraité (ancien Sikh) et commerçant Personne ne parle de lui	Les marchands de rue qui ont décidé d'adhérer au PCP	Le remplacement du jardin où se regroupaient clochards, mendiants, SDF… L'ancien gouverneur L'entreprise partenaire Une association créée au début pour faire adhérer les gens au concept Pas très active aujourd'hui	Activation de la ligne de tram et déplacement des marchands de rue	Loyer un peu cher

2.3.6. Malika (personne 30)

Tableau 30. L'entretien de Malika

Malika \ Parle	des individus	des systèmes	des événements	d'autres choses
Quelques éléments de son identité Site 3 Individu 30 Femme, âge, nc État matrimonial nc nombre d'enfants nc Instruction, nc Non originaire du quartier Femme au foyer cliente Personne ne parle d'elle		Le remplacement du jardin mal fréquenté Choix Gentillesse des commerçants Sécurité Organisation Entretien Prix corrects Pas de gouvernance collective	Le remplacement du jardin mal fréquenté	Les commerçants n'aiment pas payer le loyer

2.3.7. Chadli (personne 36)

Chadli est un homme de 30 ans, marié et père d'un enfant. Il dispose d'un brevet du collège, est originaire de Casablanca. Sa profession n'est pas connue. Il explique qu'auparavant, il y avait un jardin à la place actuelle du PCP. À ce moment-là, les femmes et les enfants ne pouvaient se promener dans ce lieu, ils étaient importunés ou agressés par des clochards et des ivrognes. Aujourd'hui, avec le PCP qui est sécurisé et organisé, chacun peut venir en famille, en toute sécurité. Ce marché, selon lui, a apporté d'autres avantages, procurant des emplois aux jeunes et, même, aux clochards et sans-abris dont certains, désormais, travaillent pour le PCP.

Par ailleurs, le PCP a permis un assainissement du lieu qui n'est plus encombré par des ordures ménagères et les habitants sont devenus plus solidaires entre eux et, dit-il, « plus civilisés ». Enfin, le PCP a permis de dégager les rues avoisinantes qui, jusque-là, étaient encombrées et ne permettaient pas une fluidité suffisante des véhicules et des piétons. Cette création a été faite dans le cadre de l'Initiative Nationale de Développement Humain. Il parle également d'une association des marchands, mais indique qu'elle n'est pas la seule, suggérant apparemment qu'elle est peu active.

Tableau 31. L'entretien de Chadli

Chadli \ Parle	des individus	des systèmes	des événements	d'autres choses
Site 3 Individu 36 Homme, 30 ans, Marié, 1 enfant, Instruction secondaire (brevet du collège) Originaire de Casablanca, Profession non connue Personne ne parle de lui	Plus de solidarité entre habitants,	Sécurité, plus de clochards ou d'agresseurs Marché très organisé Créations d'emplois dans la zone Les clochards devenus gens actifs Assainissement du quartier (ordures ménagères…)	l'Initiative Nationale de Développement Humain	Le jardin d'autrefois L'insécurité des femmes avant le PCP Lenteur du développement, certains ne se sont pas décidé rapidement Assemblées générales Il y a plusieurs associations

2.3.8. Alif (personne 39)

Alif est un homme de 54 ans, marié, père de 2 enfants, disposant d'une licence d'anglais et d'un diplôme de traducteur. Il est actuellement vice-directeur de l'administration du PCP. Dès le début de l'entretien, il évoque des termes comme habitant, mentalité, communication…

Tableau 32. L'entretien d'Alif

Alif \ Parle	des individus	des systèmes	des événements	d'autres choses
Site 3 Individu 39 Homme, 54 ans, Marié, 2 enfants, Instruction supérieure (licence d'anglais, diplôme de traducteur) Origine non connue, Ex professeur d'anglais et de français), Vice-directeur de l'administration de gestion du PCP Personne ne parle de lui	Les commerçants qui savent s'adapter à la clientèle et les autres	Libération des rues des marchands de rue, pour les piétons et les voitures, Disparation du jardin mal famé (clochards, ivrognes…) Le PCP est moins cher que la rue (loyer 1000 drh contre 4000 drh) Il existe une association qui gère et vérifie Le marché le plus structuré		Changements de mentalité L'État cherchait un lieu pour le PCP Volonté de libérer l'espace public et supprimer le jardin Pacte entre les marchands, l'administration et l'État

Alif parle également du jardin qui était là avant le marché et dont les autorités ont voulu faire un lieu organisé, réglant, du même coup, la question de l'insécurité, le jardin étant mal fréquenté par des clochards, des ivrognes ; réglant aussi la question de l'encombrement des voies de circulation des véhicules et des piétons en déplaçant les vendeurs de rue. Selon lui, les vendeurs du PCP qui se plaignent de loyers trop chers oublient de dire que, dans la rue, ils payaient jusqu'à 4 000 drh pour avoir un emplacement. Désormais, le PCP est bien structuré, une association, qui a géré le dossier de la construction, en surveille le fonctionnement, le paiement des loyers... Pour lui, il y a un pacte entre les marchands, l'administration du PCP et l'État.

2.4. Synthèse : Les trois sites marocains et leurs caractéristiques

Nous disposons désormais de nombreuses informations concernant les individus, les éléments de système et les événements dans les trois sites retenus.

Après avoir caractérisé le modèle RISE, j'ai recherché, à l'aide du logiciel Alceste, à faire ressortir les principaux thèmes apparaissant dans les entretiens des 39 habitants répartis dans les trois sites. J'ai ensuite détaillé les positions de ces personnes, leurs situations dans chacun des sites en termes de relations avec d'autres personnes, avec le système dans lequel elles vivent et avec les événements qui sont apparus au cours d'une période de quelques années. Il ressort de ce travail que la catégorie analytique individu, comme les catégories éléments de système et événement sont tous reliés les uns aux autres.

Il faut maintenant formaliser ces informations pour définir les champs relationnels (c'est-à-dire les configurations) de chacun des trois sites. C'est la comparaison de ces configurations qui permettra de déterminer pourquoi tel site semble avoir émergé, pourquoi tel autre ne le semble pas.

C'est l'objet de la quatrième partie.

QUATRIÈME PARTIE

Force des relations et émergence dans les sites

Il s'agit, maintenant, de repérer et d'analyser les relations entre I, S et E pour chaque individu, chaque élément de système et chaque événement retenus, dans chacun des trois sites. Il va falloir estimer sur une échelle allant de « très faible » à « très fort » la force ou le poids (« valence ») de toutes les relations potentielles reliant les trois catégories analytiques. L'échelle des valences se présente ainsi :
- Très faible (notée - -)
- Faible (notée -)
- Modérée (notée + -)
- Forte (notée +)
- Très forte (notée + +)

L'affectation de ces valences s'effectue à partir des informations dont on dispose par les entretiens et leur traitement par Alceste. Les fiches individuelles qui précèdent ont permis de condenser les informations sur les personnes, les éléments de systèmes et les événements et permettent de vérifier rapidement que les affectations de valence sont étayées par la parole des individus interrogés. Pour obtenir une valeur numérique (un score) des valences de chaque relation, j'affecte à chacune les signes + ou − selon l'échelle ci-dessus. Les valeurs numériques sont obtenues ensuite en comptabilisant le nombre de signes + et de signes − et en faisant le rapport des signes + à la totalité des signes obtenus par chaque relation. J'obtiens ainsi le code d'affectation suivant :
- De 0 à 19 % : très faible
- De 20 à 39 % : faible
- De 40 à 59 % : modérée
- De 60 à 79 % : forte
- De 80 à 100 % très forte

J'ai accordé une valence très forte (+ +) quand la relation entre deux ou trois catégories spécifiées (tel individu, tel événement, telle partie du système) pouvait être considérée comme ayant des effets clairement perceptibles. Je parle de valence forte (+) quand l'effet est nettement supposable. J'ai accordé une valence modérée (+ -) lorsque la relation pouvait être considérée comme diffuse et ayant des effets assez peu perceptibles mais supposables. Lorsque la relation pouvait être considérée comme diffuse et ayant des effets peu perceptibles ou peu supposables, j'ai considéré que la valence était faible (-). J'ai enfin parlé de valence très faible (- -) quand l'effet recherché n'est ni visible ni supposable.

Plusieurs types de relations sont traités. D'abord les relations binaires orientées[167] :
- La relation binaire I/S correspond à I → S, puis à S → I
- La relation binaire I/E correspond à I → E, puis à E → I
- La relation binaire E/S correspond à E → S, puis à S → E

Je traite ensuite les relations ternaires. Ce sont celles qui relient une catégorie à la relation binaire entre les deux autres. Celles-là aussi sont orientées. On a donc :
- I/ES qui se décline en I → [E/S] et [E/S] → I
- E/IS qui se présente ainsi : E → [I/S] et [I/S] → E
- S/IE, soit S → [I/E] et [I/E] → S

Les affectations de valences apparaissent dans des tableaux présentant la relation concernée, sa signification, la valence affectée et les raisons du choix de cette valence plutôt que d'une autre.

Je rappelle qu'afin d'alléger le texte, je ne présente, dans le corps de celui-ci, que des tableaux synthétiques des valeurs attribuées. Pour plus de détails, je renvoie le lecteur aux annexes déposées sur le site de l'Harmattan (https://www.editions-harmattan.fr/complement/27949 ou QR Code en début d'ouvrage, page 12) où se trouvent les tableaux détaillés comportant les justifications de l'affectation de chaque valence à chaque relation. Enfin, je présente pour chaque site un tableau général des valences binaires, des valences ternaires et des valences trialectiques, ces dernières obtenues par sommation des valences binaires et des valences ternaires. J'y ajoute des tableaux des valences binaires orientées, pour préciser l'analyse[168].

---

[167] L'orientation de la relation est signifiée par la flèche. Ainsi la formulation I → S évoque-t-elle l'influence de l'individu sur le système et S → I, l'influence du système sur l'individu. Ces deux influences peuvent être de même force, mais on perçoit de manière intuitive que ce n'est pas forcément le cas. Il en est de même pour les relations ternaires.
[168] Les termes « valences binaires », « valences ternaires » et « valences trialectiques » sont utilisés par commodité. Il faudrait écrire « valence *des relations* binaires », etc.

1. Étude du site 1

Le tableau 33 ci-dessous décrit les catégories I, S et E retenues pour le site et leurs déclinaisons.

Tableau 33. Les trois catégories analytiques pour le site 1

	Systèmes (ou éléments de système)	Événements
Individus 01, 02, 06, 08, 09, 20, 21, 22	Mode de gouvernance : coopératives des femmes et des hommes et des femmes	Création de structures collectives : coopératives
	Place des femmes dans la société, puis dans l'éducation	Influence d'acteurs particuliers : rencontre Hassan, Habib et Brahim
	Tourisme, commerce, permaculture et bio	Manifestation sur la route
	Distance par rapport à la politique	Modernisation, émancipation des femmes (commerce du couscous, monétarisation...)
	Les valeurs auxquelles s'adosse le groupe humain	

1.1. Événement 1. Le mode de gouvernance : la création de structures collectives

1.1.1. Relations pour les trois catégories, les personnes, les éléments de système et l'événement 1

Ce sont les verbatims qui ont fourni les arguments pour affecter telle valence ou telle autre. Ces choix peuvent toujours être discutés.

Pour chaque site, sont produits successivement les tableaux suivants :
- tableau des valences *binaires* liant les trois catégories I, E, S, pour toutes les personnes retenues dans le site et chaque événement (1, puis 2, puis 3, puis 4) ;
- tableau des valences *ternaires* liant les trois catégories I, E, S, pour toutes les personnes retenues dans le site et l'événement 1, (puis 2, puis 3, puis 4) ;
- tableau récapitulatif des valences *binaires*, *ternaires* et *trialectiques*[169] liant les catégories I, E, S, pour toutes les personnes retenues dans le site et l'événement 1 (puis 2, 3, 4) ;
- J'ajoute des tableaux de valences des relations *binaires orientées* pour préciser le sens qui l'emporte dans la relation. Ces tableaux donnent ces valences par personne et par relation.

Cette procédure est donc répétée pour chaque événement, nous venons de le voir, et pour chaque site. Ainsi les tableaux 34, 35 et 36 ci-dessous présentent-ils de façon synthétique les valences accordées à toutes les relations *binaires*, puis *ternaires* et, enfin, *trialectiques* entre I, S et E, pour toutes les personnes et l'événement 1 dans le site 1.

---

[169] Obtenues par sommation des valences binaires et ternaires.

1.1.1.1. Relations *binaires* pour les personnes et l'événement 1 dans le site 1

Tableau 34. Valence des relations binaires pour les personnes et l'événement 1 (site 1)

Individu	N°	E/S	S/E	I/S	S/I	I/E	E/I
Brahim	06	+ +	+	+ +	+ -	+ +	+ -
Aïcha	08	+ +	+	+	+ -	+ -	+
Habib	20	+ +	+	+ +	+ -	+ +	+ -
Hassan	22	+ +	+	+ +	-	+ -	+ -
Assia	02	+ +	+	+	+ -	-	+
Farid	09	+ +	+	+ -	+ -	- -	+
Fatima	21	+ +	+	+ -	+	- -	+
Louis	01	+ +	+	+ -	+	- -	-

1.1.1.2. Relations *ternaires* pour les personnes et l'événement 1

Tableau 35. Valence des relations ternaires pour les personnes et l'événement 1 (site 1)

Individu	N°	I/ES	ES/I	E/IS	IS/E	S/IE	IE/S
Brahim	06	+	+ -	+ +	+ +	+	+ +
Aïcha	08	+	+ +	+ +	-	+	+ +
Habib	20	+	+ -	+ +	+ +	+	+ +
Hassan	22	+ +	+ -	+ -	+ +	+ -	+ +
Assia	02	+ -	+	+	-	- -	- -
Farid	09	+ -	+	+ +	-	- -	- -
Fatima	21	+ -	+	+	-	-	-
Louis	01	-	+ -	- -	- -	- -	-

1.1.1.3. Relations *binaires*, *ternaires* et *trialectiques* pour les personnes et l'événement 1

Les informations disponibles sont regroupées dans le tableau de synthèse (tableau 39) pour l'événement 1. Toutes les valences y sont notées pour chaque individu. La dernière colonne montre ainsi les valences binaires, ternaires et trialectiques pour chaque personne. La dernière ligne montre les valences par type de relation. Nous pouvons, de cette manière, préciser la configuration qu'adopte le site lorsqu'on le réfère à l'événement 1, « création de structures collectives »[170].

---

[170] Dans les tableaux présentant toutes les valences (ici, tableau 36), on a obtenu ces valences en divisant pour chaque colonne le nombre de signes + accordés par le nombre total de signes (+ et -) ; en lignes, on a divisé le nombre de signes + accordés aux seules valences trialectiques par le nombre total de signes affectés.

Tableau 36. Toutes les valences des relations pour les personnes et l'événement 1 (site 1)

Relation / Individu	Binaire E/S	Ternaire I/ES	Trialectique Bloc 1	Binaire I/S	Ternaire E/IS	Trialectique Bloc 2	Binaire I/E	Ternaire S/IE	Trialectique Bloc 3	Valeur trialectique-moyenne
Brahim	+++	++-	5+/1-	+++-	++++	7+/1-	+++-	+++	6+/1-	0,85 Très forte
Aïcha	+++	+++	6+/0-	++-	++-	4+/2-	++-	+++	5+/1-	0,83 Très forte
Habib	+++	++-	5+/1-	+++-	++++	7+/1-	+++-	+++	6+/1-	0,85 Très forte
Hassan	+++	+++-	6+/1-	++-	+++-	5+/2-	++--	+++-	5+/3-	0,72 Forte
Assia	+++	++-	5+/1-	++-	+-	3+/2-	+-	----	1+/5-	0,52 Modérée
Farid	+++	++-	5+/1-	++--	++-	4+/3-	+--	----	1+/5-	0,50 Modérée
Fatima	+++	++-	5+/1-	++-	+-	3+/2-	+--	--	1+/4-	0,58 Modérée
Louis	+++	+--	4+/2-	+--	----	1+/6-	---	---	0+/6-	0,26 Faible
Valence moyenne	1,00 Très forte	0,68 Forte	0,83 Très forte	0,62 Forte	0,65 Forte	0,64 Forte	0,50 Modérée	0,46 Modérée	0,52 Modérée	

1.1.2. Synthèse et interprétation pour l'événement 1 dans le site 1

Le tableau 36 donne la synthèse des valences des relations pour les huit personnes retenues et l'événement 1 (Création de structures collectives, essentiellement les coopératives), pour le site 1[171]. Si l'on prend la dernière ligne de ce tableau 36, on voit que les valences du bloc 1 sont très fortes ou fortes, celles du bloc 2 toutes fortes, celles, enfin, du bloc 3, toutes modérées. Dans le site 1, l'événement « Création de structures collectives » s'est cristallisé dans la création d'une association, puis d'une première coopérative et, enfin, d'une seconde coopérative (« L'Agriculture moderne »). Cette seconde coopérative est destinée aux hommes qui veulent, de diverses manières, assurer leur emprise sur les terres qu'ils occupent illégalement selon la loi en vigueur[172]. Elle a eu, en particulier, vocation à développer les activités du tourisme et de la permaculture sur lesquelles les leaders du site 1 veulent appuyer le développement du village. La première coopérative devient celle du « Couscous », animée par les femmes.

1.1.2.1. Synthèse descriptive

Du point de vue de cet événement, il semble logique que Habib et Brahim apparaissent comme les leaders de premier plan du douar, puisque ce sont

---

[171] L'analyse complète de chaque site suppose que ce travail soit réalisé, toujours pour les huit personnes et pour les autres événements, pour chaque site. L'interprétation du tableau 36 ne peut donc être que très partielle et provisoire. Nous allons disposer d'autant de tableaux tels que le tableau 36 que nous avons retenus d'événements.

[172] Les entretiens nous laissent entendre que la création de la seconde coopérative avait pour but d'enraciner les habitants dans ce village imposé sur des terres ne leur appartenant pas, en développant leur exploitation.

eux qui ont initié la création des structures collectives (dernière colonne : 0,85 pour chacun). Mais Aïcha également apparaît comme un moteur, surtout dans le domaine des femmes : les informations disponibles après enquête laissent penser qu'elle a une très grande autonomie dans ce rôle, de même que d'autres femmes qui travaillent dans la coopérative du couscous. Ainsi d'Assia qui s'est investie dès le début de la création des structures collectives, participant à une rencontre au moins au ministère, en suivant une formation de vendeuse... Pour en revenir à Aïcha, celle-ci semble jouer un rôle de marginal sécant entre les hommes et les femmes. Épouse de Brahim, président de la coopérative du couscous, elle a un pied dans chacun des deux mondes, elle est un passeur avec lequel, sans doute, il faut compter. Le score qu'elle obtient (0,83 contre 0,85 pour son mari et son beau-frère Habib) illustre bien ce qui précède.

Hassan, personne extérieure au village, a joué un rôle fondamental dans l'évolution de celui-ci. Ce rôle est attesté par Habib, mais aussi par Ali qui dirige l'association « Village Nouveau » qui est intervenue dans le site 1[173]. Certes, ce sont les personnes de l'intérieur qui relèvent le défi du développement, mais sans le président de l'association de Rabat, que serait-il advenu ? Hassan semble bien avoir joué pour le premier site un rôle de catalyseur : ce sont ses idées sur les jardins familiaux et sur la nécessité du travail rémunéré des femmes pour leur émancipation qui ont orienté tous les efforts et accompagné toutes les réussites[174].

On peut s'interroger, au passage, sur la question de l'autonomie, caractéristique considérée, depuis le début de l'étude comme l'un des critères de la notion d'émergence. Sur ce point, il faut raison garder. L'autonomie n'est pas l'autarcie. Aucun système ne peut perdurer en restant fermé à son environnement[175]. Edgar Morin parle d'autonomie dépendante, concept paradoxal qui implique l'abandon des simplismes selon lesquels, ouverture et fermeture sont incompatibles. Nous vérifierons donc dans la suite si cette autonomie dépendante est également présente dans le cadre d'autres événements et pour d'autres sites.

Ce sont incontestablement les relations binaires, dans lesquelles interviennent seulement le système et l'événement qui ont le plus de force

---

[173] Ali n'a pas été interrogé lors de l'enquête.
[174] En chimie, un catalyseur est une substance capable d'accélérer la vitesse d'une réaction, sans être consommée par celle-ci : « Il n'est capable de modifier ni le sens de l'évolution du système, ni son état d'équilibre. Il influe uniquement sur la cinétique chimique en accélérant la réaction ou en permettant de privilégier une réaction par rapport à une autre », *Futura Science*, en ligne : https://wwwfutura-sciences.com/sciences/definitions/chimie-catalyseur-676. Cela correspond assez bien au rôle joué par Hassan, favorisant l'émergence sans être partie prenante, sauf moralement et par passion, semble-t-il.
[175] Le terme « environnement » est entre guillemets pour souligner le caractère dualiste de l'expression « fermé à son environnement ». Le système (planétaire, social, humain...) fait partie intégrante de l'« environnement ». Il n'y a pas, à proprement parler, d'environnement, mais une symbiose, relation généralisée entre tout ce qui constitue ce que nous appelons « le monde ».

(tableau 36, colonne 1). Et lorsque l'individu intervient dans cette relation, la force de celle-ci diminue très sensiblement : de 1 pour la relation E/S, on passe à 0,68 (tableau 36, colonne 2). Les relations du bloc 2 sont toutes fortes (mais avec des scores limités : 0,62, 0,65 et 0,64) et très proches les unes des autres. Avec un score de 0,62, la relation binaire I/S amène à penser que ce n'est pas là (c'est-à-dire entre l'individu et le système) que se joue l'essentiel. On voit que l'intervention de l'événement dans cette relation en augmente légèrement la force (0,65 contre 0,62), ce qui n'est pas très concluant. Il est également remarquable que, dans le bloc 3, la relation I/E ne soit pas non plus celle qui joue le rôle le plus important, confirmant à nouveau que c'est d'abord entre le système et l'événement que les choses se jouent.

Le tableau 37 permet de voir que l'individu l'emporte un peu sur le système (0,77 pour E→S contre 0,62 pour S→E, dernière colonne du tableau), tandis que l'événement l'emporte un peu sur l'individu et sur le système. Ce sont les individus qui ont initié l'événement, mais celui-ci s'impose à eux. Le tableau permet de voir que Brahim et Habib sont des leaders incontestables pour l'événement 1, suivis de près, tout de même par les autres personnes, à l'exception de Louis, l'étranger résident temporaire.

Tableau 37. Valences binaires orientées par personnes pour l'événement 1 (site 1)

Relation	Brahim	Aïcha	Habib	Hassan	Assia	Farid	Fatima	Louis	Valence par relation
E/S									E→S >S→E
E→S	5	5	5	5	5	5	5	5	40/40 = 1,00 Très forte
S→E	4	4	4	4	4	4	4	4	32/40 = 0,80 Très forte
I/S									I→S>S→I
I→S	5	4	5	5	4	3	3	2	31/40 = 0,77 Forte
S→I	3	3	3	2	3	3	4	4	25/40 = 0,62 Forte
I/E									E→I=I→E
I→E	5	3	5	3	2	1	1	1	21/40=0,52 Modérée
E→I	3	4	3	3	4	4	4	1	26/40 = 0,65 Forte

Le tableau 37 permet également de préciser que ces relations sont plus fortes dans le sens E→S que dans le sens S→E, dans le sens I→S que dans le sens inverse et, moins nettement, dans le sens E→I que dans le sens I→E. On voit cela dans la dernière colonne du tableau (1,00 contre 0,80 pour E/S, 0,77 contre 0,62 pour I/S et 0,65 contre 0,52 pour E/I). On peut interpréter la situation en disant que les leaders ont initié la création de structures collectives et ont ainsi modifié le système, mais que l'événement a eu des effets qui ont débordé ceux qui étaient attendus : il n'est pas certain que les leaders aient anticipé que l'émancipation des femmes se réaliserait si vite après qu'elles aient pris en main la coopérative du couscous…

1.1.2.2. Synthèse interprétative

Nous venons de voir qu'il y a des leaders parmi les personnes retenues dans le site 1. C'est le cas de Brahim, de son frère Habib et de sa femme Aïcha. Appelons-les « Leaders internes » pour les différencier du « leader externe », Hassan. On a vu (dans le tableau 36, dernière colonne) que leurs scores sont élevés et proches (respectivement 0,85 pour Brahim et Habib et 0,83 pour Aïcha). Leur influence apparaît forte. L'impression qui se dégage est que les individus font *avec et contre* le système, en fonction des événements qui les imprègnent, comme ils imprègnent le système, lequel résiste, et, cependant, laisse des ouvertures à cette imprégnation. Par ailleurs, il y a aussi des événements qui génèrent du mouvement auquel le système résiste ici, auquel il souscrit là. L'événement, d'ailleurs, va chercher sa dynamique souvent dans le système (comme le système va aussi chercher dans l'événement des éléments de son adaptation, de sa re-production - Barel) : il y a les brèches du système, telle la possibilité dans le site 1 d'accepter implicitement une violation des règles de la propriété, le système changeant alors de logique. Il y a aussi ce qui, dans ce système, joue un rôle de repoussoir et incite à la révolte et/ou au dépassement, telle la précarité alimentaire ou la subordination féminine. Les relations intégrant l'événement l'emportent plutôt sur celles incluant le système et l'individu. Dans la relation E/S, l'événement pèse davantage que le système (tableau 38, 40 contre 32), ce que nous avons signalé en disant que l'événement est moteur, le système plutôt résistance, ce qui n'exclut pas des évolutions, mais montre un système plus statique que ne le sont événement et individu. Dans la relation I/S, c'est bien l'individu qui pèse plus que le système (tableau 38, 31 contre 25). C'est ici une empoignade d'une autre nature entre l'individu voulant exister *dans et hors* les règles du système (ou de certaines d'entre elles), désirant imposer à ce dernier de lui laisser une place suffisante pour vivre dignement, et un système défendant sa cohérence du moment, ne laissant disponible que ce qui lui échappe (qu'il ne perçoit pas) ou lui est arraché, ou bien encore, lorsqu'il contient suffisamment de « ferments étrangers », tels que des « individus-événements » favorables à l'évolution des règles, normes et autres institutions et qui peuvent imposer quelque changement, voire des mutations.

Ce sont les personnes qui ne sont pas à l'origine de l'événement qui sont dominées par lui. Les leaders, on l'a vu, sont en relation forte avec l'événement (ce qui est logique, puisqu'ils l'ont initié) et avec le système (c'est bien leur objectif que de transformer celui-ci). Pourtant, bien que les leaders soient à l'origine de l'événement « création de structures collectives », celui-ci s'impose dans le nœud des relations par ses conséquences que ces leaders n'ont pas toujours anticipées, même s'ils les souhaitaient plus ou moins clairement ou confusément. D'une certaine manière, les inventeurs que sont les leaders sont dépassés par les événements.

1.2. Événement 2. L'influence d'acteurs particuliers : la rencontre avec Hassan

Sous ce vocable, se trouvent des rencontres plus ou moins fortuites. D'ailleurs, ce qui est fortuit, dans l'événement, ce n'est pas forcément le fait lui-même, cela peut être ses conséquences. Ici, c'est de la rencontre (recherchée et non fortuite) entre Habib, son frère Brahim et Hassan que sont issues les conséquences qui font de cette rencontre un événement. Comme pour la création de structures collectives, l'influence de la rencontre entre Hassan, Habib et Brahim, son frère, est une création des leaders et provient sans doute aussi d'un hasard heureux. Nous avons déjà signalé que le rôle joué par Hassan pouvait s'apparenter à celui d'un catalyseur dans une réaction chimique. Il faut remarquer que ce qui est nommé ici « rencontre avec Hassan » désigne, non pas une simple entrevue entre ces personnes, mais une collaboration qui s'engage, se noue et se développe sur des années, jusqu'à ce que Hassan considère qu'il peut désormais laisser le douar se développer tout seul : *« Je participais au démarrage. Maintenant je ne participe plus parce qu'ils sont devenus, d'après moi, autonomes et responsables »*. Cette rencontre aura des conséquences bien plus importantes que celles que les protagonistes avaient pu imaginer. Elle a, notamment, été imbriquée dans une série d'autres événements, tels l'émancipation des femmes (événement que j'ai retenu) ou le développement de la permaculture (que je n'ai pas retenu).

1.2.1. Relations pour les trois catégories, toutes les personnes et l'événement 2

1.2.1.1. Relations binaires pour tous les individus et l'événement 2 dans le site 1

Tableau 38. Valences des relations binaires pour les personnes et l'événement 2 (site 1)

Individu	N°	E/S	S/E	I/S	S/I	I/E	E/I
Brahim	06	+ +	-	+ +	+ -	+ +	+ +
Aïcha	08	+ +	-	+ -	+	-	+
Habib	20	+ +	-	+ +	+ -	+ +	+ +
Hassan	22	+ +	-	+ +	+ -	+ +	-
Assia	02	+ +	+	+ -	+	- -	+ -
Farid	09	+ +	+	+ -	+	-	+
Fatima	21	+ +	+	-	+	- -	+ +
Louis	01	+ +	-	-	-	- -	-

1.2.1.2. Relations ternaires pour tous les individus et l'événement 2 dans le site 1

Tableau 39. Valences des relations ternaires pour les personnes et l'événement 2 (site 1)

Individu	N°	I/ES	ES/I	E/IS	IS/E	S/IE	IE/S
Brahim	06	+ +	+	+ +	+ +	-	+ +
Aïcha	08	+ -	+ +	+	-	+ -	-
Habib	20	+ +	+ +	+ +	+ +	-	+ +
Hassan	22	+ +	+ -	+ -	+ -	-	+
Assia	02	- -	+	+ +	- -	- -	- -
Farid	09	-	+	+ +	-	- -	-
Fatima	21	- -	+ +	+ +	- -	- -	- -
Louis	01	-	+ -	+ -	- -	- -	-

1.2.1.3. Toutes les relations pour les personnes et l'événement 2, site 1

Tableau 40. Toutes les valences des relations pour les personnes et l'événement 2 (site 1)

Relation \ Individu	Binaire E/S	Ternaire I/ES	Trialectique Bloc 1	Binaire I/S	Ternaire E/IS	Trialectique Bloc 2	Binaire I/E	Ternaire S/IE	Trialectique Bloc 3	Valeur trialectique moyenne
Brahim	+ + -	+ + +	5+/1-	+ + + -	+ + + +	7+/1-	+ + + +	+ + -	6+/1-	0,85 Très forte
Aïcha	+ + -	+ + + -	5+/2-	+ +	+ -	3+/1-	+ -	+ - -	2+/3-	0,62 Forte
Habib	+ + -	+ + + +	6+/1-	+ + + -	+ + + +	7+/1-	+ + + +	+ + -	6+/1-	0,86 Très forte
Hassan	+ + -	+ + + -	5+/2-	+ + + -	+ + - -	5+/3-	+ + -	+ -	3+/2-	0,65 Forte
Assia	+ + +	+ - -	4+/2-	+ + -	+ + - -	4+/3-	+ - - -	- - - -	1+/7-	0,42 Modérée
Farid	+ + +	+ -	4+/1-	+ + -	+ + -	4+/2-	+ -	- - -	1+/4-	0,56 Modérée
Fatima	+ + +	+ + - -	5+/2-	+ -	+ + - -	3+/3-	+ + - -	- - - -	2+/6-	0,47 Modérée
Louis	+ + -	+ - -	3+/3-	+ - -	+ - - -	2+/5-	- - -	- - -	0+/6-	0,29 Faible
Valence moyenne	0,79 Forte	0,66 forte	0,72 Forte	0,68 Forte	0,64 Forte	0,67 Forte	0,57 Modérée	0,24 Faible	0,41 Modérée	

1.2.2. Synthèse et interprétation pour l'événement 2 dans le site 1

1.2.2.1. Synthèse descriptive

Le tableau 40, ci-dessus, donne la synthèse des valences des relations binaires, des relations ternaires et des relations trialectiques pour huit personnes et l'événement 2 pour le site 1.

Si l'on prend la dernière ligne de ce tableau, on voit que les valences du bloc 1 et celles du bloc 2 sont toutes fortes, celles du bloc 3, modérées, voire faibles.

La dernière colonne montre à nouveau qu'il y a deux leaders incontestables qui se révèlent pour l'événement 2, Brahim et Habib, son frère (respectivement, 0,85 et 0,86, la différence étant trop faible pour être interprétable). Deux autres personnes ressortent avec des scores forts de 0,65

(Hassan) et 0,62 (Aïcha, la femme de Brahim). Mais avec des scores de 20 points supérieurs à ceux de Hassan et Aïcha, ce sont bien les deux frères qui sont à la manœuvre pour l'événement 2, et non Hassan. Et si Aïcha a sans doute été consultée par son mari en ce qui concerne l'appel fait au président de l'association de Rabat, elle n'a pas eu la main sur la décision. On remarque cependant que, pour les quatre leaders, les scores sont importants dans les trois blocs du modèle (dernière ligne du tableau). En termes de relations (dernière ligne du tableau), on voit surtout que quand le système intervient dans la relation (bloc 3, relation S/IE), le score est fortement dégradé, passant de 0,57 pour I/E à 0,24 pour S/IE. Par contre, quand c'est l'événement qui est en lice, les valences pour l'ensemble des individus sont fortes (relation binaire E/S et relation ternaire E/IS), voire à la limite inférieure de très forte (relation E/S).

Le tableau 41, produit à partir des seules relations binaires, permet de voir que ce sont les relations reliant l'événement aux autres catégories qui sont les plus fortes : 1,00 pour E→S (mais 0,55 pour S→E), 0,80 pour E→I (mais 0,55 pour I→E (dernière colonne du tableau). Les relations mettant en cause l'individu et le système (lignes 3 et 4) sont plus équilibrées mais avec un léger avantage quand c'est l'individu qui influence le système, et non l'inverse. On y voit aussi qu'à l'exception de Louis, toutes les personnes ont des relations binaires fortes et que paraissent à nouveau les deux frères Brahim et Habib avec des scores de 0,83, dominant ainsi un peu les autres personnes.

Tableau 41. Valences binaires orientées par personne pour l'événement 2 (site 1)

Relation	Brahim	Aïcha	Habib	Hassan	Assia	Farid	Fatima	Louis	Valence par relation
E/S									E→S>S→E
E→S	5	5	5	5	5	5	5	5	40/40 = 1,00 Très forte
S→E	2	2	2	2	4	4	4	2	22/40 = 0,55 Modérée
I/S									I→S>S→I
I→S	5	4	5	5	3	3	2	2	29/40 = 0,72 Forte
S→I	3	4	3	3	4	4	4	2	27/40 = 0,67 Forte
I/E									E→I>I→E
I→E	5	2	5	5	1	2	1	1	22/40 = 0,55 Modérée
E→I	5	4	5	2	5	4	5	2	32/40=0,80 Très forte

Le tableau 41 laisse voir que la force de l'événement l'emporte largement, dans les relations binaires, sur celle du système (E→S = 1,00 et S→E = 0,55), ainsi que sur celle de l'individu (E→I = 0,80 et I→E = 0,55). Dans les relations I/S, l'individu l'emporte faiblement sur le système (I→S = 0,72 et S→I = 0,67).

1.2.2.2. Synthèse interprétative

Nous raisonnons sur l'événement 2 « rencontre avec Hassan ». Il est donc normal que les leaders qui ont initié la rencontre aient des relations fortes ou très fortes pour cet événement puisqu'ils sont à son origine. Pour les relations E/S, dans le tableau 41, l'individu concerné ne change rien : l'événement influe toujours très fortement sur le système. La rencontre avec Hassan a déclenché des changements très importants dans le site 1. Certes, le système a contenu autant qu'il le pouvait les initiatives des villageois[176]. L'action menée par le propriétaire des terres occupées, les vieilles habitudes de méfiance et les querelles autour des éléments vitaux qui ont divisé la population du douar en sont la preuve. Mais l'événement a tout de même débordé le système. Par ailleurs, dans le bras de fer connexe entre les individus et le système (relations I→S et S→I), on peut imager le propos en disant qu'il y a jeu égal : 0,72 pour I→S contre 0,67 pour S→I. Les individus doivent bien « faire avec » le système et le système « avec » les individus. Mais on a vu aussi que l'événement « pèse » un peu plus lourd que les individus : ceci paraît lié au fait que si l'événement couvre l'ensemble des individus pour lesquels il va générer du changement, les individus n'ont pas tous la maîtrise de cet événement issu de la décision de quelques leaders.

Comme dans le cas de l'événement 1, on pourrait trouver curieux que l'événement surpasse en influence, dans les diverses relations, les individus qui l'ont imaginé, mis en œuvre ou pris en compte en y réagissant. Nous avons déjà discuté ce point et opté pour une position selon laquelle les individus, une fois mis en place l'événement décidé, perdent un peu la main. L'événement va se heurter au système et ce n'est plus entre individu et événement seulement que se joue la suite. La réaction du système complexifie le jeu. On voit bien, dans le tableau 41 que les trois catégories du modèle RISE (I, S et E) participent à ce jeu, d'une façon à peu près identique et qu'aucune ne peut, sans dommage pour la compréhension, être retirée de l'analyse.

1.3. Événement 3. La manifestation sur la route

Le troisième événement retenu est la manifestation sur la route organisée par Brahim, son frère Habib et quelques autres. Ici aussi, ces personnes (notamment Brahim et Habib) ont été moteurs. Il est peut-être temps de faire remarquer que, jusqu'à présent, les événements retenus (événement 3 inclus) sont issus de décisions de certains individus. En d'autres termes, ce n'est pas le hasard, l'impondérable, la contingence qui ont joué au premier chef. S'agit-il alors d'événements ? Oui, sans doute puisque leur point commun,

---

[176] L'expression semblant hausser le système ainsi que l'événement au rang de personne autonome, qui agit de sa propre volonté, n'est qu'un mode d'expression commode et n'a aucune vocation à réifier ces deux catégories.

c'est d'avoir entraîné une chaîne de phénomènes qui étaient souhaités, mais dont personne ne pouvait prédire, *ex-ante* (ou alors sous forme de profession de foi) qu'ils aboutiraient au résultat enregistré *ex-post*. Le troisième événement ne diffère pas, sur ce point, des précédents. La manifestation a été voulue et organisée dans le but d'obtenir un certain nombre d'évolutions (électrification, adduction d'eau…). Mais elle aboutira à beaucoup plus que cela, puisque les villageois en obtiendront également une certaine considération du gouverneur dont l'appui permettra de stabiliser la situation.

1.3.1. Relations pour les trois catégories, les personnes et l'événement 3

1.3.1.1. Relations *binaires* pour tous les individus et l'événement 3

Tableau 42. Valences des relations binaires pour les personnes et l'événement 3 (site 1)

Individu	E/S	S/E	I/S	S/I	I/E	E/I
Brahim	+ +	+	+ +	+ -	+ +	+ -
Aïcha	+ +	+	+ -	+	+ -	+
Habib	+ +	+	+ +	+ -	+ +	+ -
Hassan	+ +	+ -	+ +	-	- -	-
Assia	+ +	+ -	+ -	+	- -	+
Farid	+ +	+ -	+ -	+	+ -	+
Fatima	+ +	+ -	-	+ -	-	+ +
Louis	+ +	+ -	-	-	- -	-

1.3.1.2. Relations *ternaires* pour tous les individus et l'événement 3

Tableau 43. Valences des relations ternaires pour les personnes et l'événement 3 (site 1)

Individu	I/ES	ES/I	E/IS	IS/E	S/IE	IE/S
Brahim	+ +	+ -	+ +	+ +	+	+ +
Aïcha	+	+ +	+ +	+ -	+ -	+ -
Habib	+ +	+ -	+ +	+ +	+	+ +
Hassan	-	+ -	+ -	- -	+ -	+ +
Assia	-	+	+ +	-	-	-
Farid	+ -	+	+ +	+ -	+ -	+ -
Fatima	-	+ +	+ +	-	+ -	+ -
Louis	-	+ -	+ -	- -	- -	- -

1.3.1.3. Relations *binaires*, *ternaires* et *trialectique*s pour les personnes et l'événement 3

Tableau 44. Toutes les valences pour les personnes et l'événement 3 (site 1)

Relation / Individu	Binaire E/S	Ternaire I/ES	Trialectique Bloc 1	Binaire I/S	Ternaire E/IS	Trialectique Bloc 2	Binaire I/E	Ternaire S/IE	Trialectique Bloc 3	Valeur trialectique moyenne
Brahim	+ + +	+ + + -	6+/1-	+ + + -	+ + + +	7+/1-	+ + + -	+ + +	6+/1-	0,86 Très forte
Aïcha	+ + +	+ + +	6+/0-	+ + -	+ + +	5+/1-	+ + + -	+ + - -	5+/3-	0,80 Très forte
Habib	+ + + -	+ + + -	6+/2-	+ + + -	+ + + -	6+/2-	+ + + -	+ + +	6+/1-	0,78 Forte
Hassan	+ + + -	+ - -	4+/3-	+ + -	+ - - -	3+/4-	- - -	+ + + -	3+/4-	0,47 Modérée
Assia	+ + +	+ - -	4+/2-	+ + -	+ + -	4+/2-	+ - -	- -	1+/4-	0,52 Modérée
Farid	+ + + -	+ +	5+/1-	+ + -	+ + + -	5+/2-	+ + -	+ + - -	4+/3- -	0,70 Forte
Fatima	+ + +	+ + -	5+/1-	+ - -	+ + -	3+/3-	+ -	+ + - -	3+/3-	0,64 Forte
Louis	+ + + -	+ - -	4+/3-	+ - -	+ - - -	2+/5-	- - -	- - - -	0+/7-	0,28 Faible
Valence Moyenne	**0,85 Très forte**	0,64 Forte	0,75 Forte	0,61 Forte	0,65 Forte	0,62 Forte	0,52 Modérée	0,53 Modérée	0,52 Modérée	

1.3.2. Synthèse et Interprétation pour le site 1 et l'événement 3

1.3.2.1. Synthèse descriptive

La dernière colonne du tableau des valences (tableau 44) nous donne à voir, à nouveau, les leaders que nous avons déjà rencontrés, Brahim, Aïcha et Habib, avec des scores respectifs de 0,86, 0,80 et 0,78. Pour Hassan, le score très modéré de 0,47 explicite le fait que, selon nos informations, le président de l'association de Rabat n'a pas joué de rôle particulier dans l'événement « manifestation ». Par contre, Farid a un score de 0,70, donc fort, ce qui s'explique par le fait que, s'il ne fait pas partie des leaders, il a participé à la manifestation, ce qui, pour cet événement, renforce son influence. Ce n'est pas le cas d'Assia, notamment, dont le score pour cet événement est modéré (0,52), ni de Louis dont le score, logiquement, est faible (0,28). Pour les relations elles-mêmes, on remarquera que toutes sont fortes (blocs 1 et 2), voire très fortes pour E/S, le bloc 3 étant constitué de relations modérées. La dialectique entre le système et l'événement est très forte, celle entre l'individu et le système, forte, celle, enfin, entre l'individu et l'événement, modérée. La manifestation sur la route est entrée en collision avec le système et a radicalement participé à son changement.

Tableau 45. Valences binaires orientées par personne pour l'événement 3 (site 1)

Relation	Brahim	Aïcha	Habib	Hassan	Assia	Farid	Fatima	Louis	Valence par relation
E/S									E→S>S→E
E→S	5	5	5	5	5	5	5	5	40/40 = 1,00 Très forte
S→E	4	4	4	3	3	3	4	3	28/40 = 0,70 Forte
I/S									I→S>S→I
I→S	5	3	5	5	3	3	2	2	28/40 = 0,70 Forte
S→I	3	4	3	2	4	4	3	2	25/40 = 0,62 Forte
I/E									E→I>I→E
I→E	5	3	5	1	1	3	2	1	21/40 = 0,52 Modérée
E→I	3	4	3	2	4	4	5	2	27/40 = 0,67 Forte

Le tableau 45 montre que la relation E→S est plus forte que la relation S→E (1,00 contre 0,70) et que la relation E→I est plus forte que la relation inverse (0,67 contre 0,52). La relation I/S est légèrement à l'avantage de I→S.

L'événement est plus signifiant pour l'événement 3 que le système. Comme cela a été constamment signalé, l'événement est la catégorie dynamique, celle qui vient heurter un système minéralisé, sans doute fossilisé en certains points, et qui se défend par inertie ou par attaques ou contre-attaques. C'est aussi plutôt l'événement qui est à l'œuvre que l'individu. Entre l'individu et le système, il y a une certaine parité : chacune des deux catégories doit compter avec l'autre. Aucun individu n'est hors système et chacun doit respecter ou jouer avec les règles, normes, traditions… De même, il n'existe aucun système social sans individu. La relation I/S nous est ainsi un rappel de ces évidences souvent perdues de vue : individu, système et événement sont intimement liés, noués et inséparables.

1.3.2.2. Synthèse interprétative

Bien entendu, ce sont les humains (au moins certains d'entre eux, ceux qui apparaissent comme des leaders) qui ont initié la manifestation. Sans eux qui ont décidé des moyens (la création des structures collectives, l'appel à Hassan, la manifestation sur la route…), on peut penser que rien ne se serait produit. Mais sans doute les résultats obtenus nous montrent-ils que les conséquences de l'empoignade entre système et événement, a au moins autant à voir avec l'imprévu de cette dialectique qu'avec l'action raisonnée des acteurs du site. Cela expliquerait que les valences des relations liant I et E restent, paradoxalement semble-t-il, modérées (bloc 3 du tableau 46). Dans une société, les individus sont évidemment toujours dans le jeu, mais ils peuvent l'être de façon seconde, leurs choix et actions pouvant, aléatoirement, avoir des conséquences plus ou moins fortes, en fonction du contexte et des autres éléments du jeu. Ici, il semble bien que, dans ces éléments, l'événement prenne plus de place dans les relations que l'individu lui-même et, particulièrement, dans ses relations avec le système.

1.4. Événement 4. Modernisation : l'émancipation des femmes

Peut-on considérer que l'émancipation des femmes dans le site 1 est un événement ? Nous avons donné, au début de cette partie consacrée à la modélisation RISE, un ensemble d'éléments de définitions qui permettent de soutenir cette assertion. Cependant, l'événement « émancipation des femmes » n'est pas de même nature que les trois autres événements. Les trois premiers sont organisés par les villageois (et surtout les hommes). Le dernier se développe « tout seul », c'est-à-dire que, d'une certaine manière, il prend de court les hommes comme les femmes. Le développement de l'activité du couscous et, donc, de l'activité féminine, la monétarisation qui en résulte et le fait que cette monétarisation ne soit pas accaparée par les hommes ont produit, en quelques années, ce phénomène fondamental qu'est l'émancipation des femmes.

1.4.1. Relations pour les trois catégories, les personnes et l'événement 4

1.4.1.1. Relations *binaires* pour les personnes et l'événement 4 dans le site 1

Tableau 46. Valences des relations binaires pour les personnes et l'événement 4 (site 1)

Individu	E/S	S/E	I/S	S/I	I/E	E/I
Brahim	+ +	+ -	+ +	+	+ +	+
Aïcha	+ +	+ -	+ +	+	+	+ +
Habib	+ +	+ -	+ +	+	+ +	+
Hassan	+ +	+ -	+ +	-	+ +	-
Assia	+ +	+ -	+	+ -	+	+ +
Farid	+ +	+ -	-	+ -	+ -	+ -
Fatima	+ +	+ -	+ -	+	+	+ +
Louis	+ +	+ -	-	-	- -	-

1.4.1.2. Relations *ternaires* pour les individus et l'événement 4 dans le site 1

Tableau 47. Valences des relations ternaires pour les personnes et l'événement 4 (site 1)

Individu	I/ES	ES/I	E/IS	IS/E	S/IE	IE/S
Brahim	++	+ -	+ -	+ +	+	+ +
Aïcha	+	+ +	+ +	+ +	+ -	+ +
Habib	+ +	+ -	+ -	+ +	+	+ +
Hassan	+ +	-	-	+ +	+ -	+ +
Assia	+	+ +	+ +	+ -	+ -	+ +
Farid	+ -	+ -	+ -	-	-	+ -
Fatima	+ -	+ +	+ +	+ -	+ -	+ -
Louis	-	-	+ -	-	-	-

1.4.1.3. Relations *binaires*, *ternaires* et *trialectiques* pour les personnes et l'événement 4

Tableau 48. Toutes les valences des relations pour les personnes et l'événement 4 (site 1)

Relation / Individu	Binaire E/S	Ternaire I/ES	Trialec-tique Bloc 1	Binaire I/S	Ternaire E/IS	Trialec-tique Bloc 2	Binaire I/E	Ternaire S/IE	Trialec-tique Bloc 3	Valeur trialectique moyenne
Brahim	+ + + -	+ + + -	6+/2-	+ + +	+ + + +	7+/0-	+ + + -	+ + +	6+/1-	0,86 Très forte
Aïcha	+ + + -	+ + + -	6+/2-	+ + + +	+ + + +	8+/0-	+ + + -	+ + - -	5+/3-	0,82 Très forte
Habib	+ + + -	+ + + -	6+/2-	+ + + -	+ + + -	6+/2-	+ + + -	+ + +	6+/1-	0,78 Forte
Hassan	+ + + -	+ + -	5+/2-	+ + -	+ + -	4+/2-	+ + +	+ + + -	6+/1-	0,78 Forte
Assia	+ + + -	+ + +	6+/1-	+ + -	+ + + -	5+/2-	+ + +	+ + + -	6+/1-	0,80 Très forte
Farid	+ + + -	+ + - -	5+/3-	+ - -	+ - -	2+/4-	+ + - -	+ - -	3+/4-	0,50 Modérée
Fatima	+ + + -	+ + + -	6+/2-	+ + -	+ + + -	5+/2-	+ + + -	+ + - -	5+/3-	0,69 Forte
Louis	+ + + -	- -	3+/3-	-	+ - -	1+/3-	- - -	- -	0+/5-	0,25 Faible
Valence moyenne	0,75 Forte	0,70 Forte	0,71 Forte	0,75 Forte	072 Forte	0,70 Forte	0,68 Forte	0,62 Forte	0,66 Forte	

1.4.2. Synthèse et Interprétation pour le Site 1 et l'événement 4

1.4.2.1. Synthèse descriptive

La dernière colonne du tableau 48 fait apparaître des valeurs très fortes pour plusieurs personnes : Brahim et sa femme, Aïcha, avec un score respectif de 0,86 et 0,82, Assia avec 0,80. Pour Habib et Hassan, le score est de 0,78 chacun. Fatima parvient à un score fort de 0,69. Seuls Farid (0,50) et Louis (0,25) ont des relations plutôt limitées pour l'événement « émancipation des femmes ». La dernière ligne du tableau 48 montre que toutes les valences sont fortes, quel que soit le bloc du modèle.

Tableau 49. Valences binaires orientées par personne pour l'événement 4 (site 1)

Relation	Brahim	Aïcha	Habib	Hassan	Assia	Farid	Fatima	Louis	Valence par relation
E/S									E→S>S→E
E→S	5	5	5	5	5	5	5	5	40/40 = 1,00 Très Forte
S→E	3	4	3	3	3	3	3	3	25/40 = 0,62 Forte
I/S									I→S>S→I
I→S	5	5	5	5	4	2	3	2	31/40 = 0,77 Forte
S→I	3	4	4	2	3	3	4	2	25/40 = 0,62 Forte
I/E									I→E>E→I
I→E	5	4	5	5	4	3	4	1	31/40 = 0,77 Forte
E→I	4	5	4	2	5	3	5	2	30/40 = 0,75 Forte

On remarque, dans la dernière colonne du tableau 48, que toutes les femmes ont des valences très fortes. D'autre part, la dernière colonne du tableau 49 montre que le sens de la dialectique dans chaque bloc n'est pas forcément neutre. Ainsi la relation E/S a-t-elle une valence toujours supérieure dans le sens E→S, quelle que soit la personne concernée, à la relation S→E. On remarque aussi que les valences des relations binaires entre I et E sont à peu près équivalentes (0,77 contre 0,75), celles entre I et S laissant voir un avantage pour I→S (0,77 contre 0,62).

1.4.2.2. Synthèse interprétative

Le tableau 48 montre que presque toutes les personnes sont impliquées dans l'événement 4. Nous avons vu que seuls Farid (0,50) et Louis (0,25) ne le sont que modérément ou faiblement. Farid n'est pas venu dans le site 1 pour l'émancipation des femmes, mais pour quitter la grande ville et trouver un cadre de vie plus épanouissant. Nous ne savons pas si l'émancipation des femmes est une évolution majeure pour lui. Quant à Louis, étranger au village et au pays, c'est sans doute en partie pour cela qu'il apprécie le nouveau visage du site, mais il n'a évidemment pas participé (ou l'a fait très faiblement) à cette évolution. La position particulière d'Assia (valence sensiblement égale à celle de Brahim et d'Aïcha) souligne bien le fait que c'est de l'émancipation des femmes qu'il est question. Assia s'est engagée, comme Aïcha, mais sur un plan différent, dans cette évolution. Même Fatima, qui avait jusqu'ici des valences modérées, se trouve plus engagée en tant que femme travaillant à la coopérative du couscous. On retrouve Habib dans le groupe des leaders internes (avec un score de 0,78), ce qui n'est pas étonnant du fait de son implication générale et importante dans le douar et sa transformation. Il a également été remarqué que toutes les femmes retenues dans la liste des individus apparaissent dans le tableau 48 avec des valences trialectiques très fortes ou fortes pour cet événement. Pour les relations binaires, Aïcha atteint un score de 0,82 tandis qu'Assia et Fatima ont respectivement un score de 0,80 et 0,69. Bien que ne faisant pas partie des leaders reconnus et que n'apparaissant pas comme telles dans les résultats de la modélisation, elles sont concernées au premier chef par l'émancipation des femmes et semblent bien mettre leur poids dans la balance.

Le tableau 49 montre aussi, cela a été signalé plus haut, que l'événement joue le rôle le plus important dans sa relation avec le système (E/S=1,00 contre S/E=0,62) et qu'il fait part égale avec l'individu dans la relation I/E (0,75 pour E→I contre 0,77 pour I→E). Comme nous l'avons déjà vu, l'événement bouscule le système. L'émancipation des femmes transforme profondément le système traditionnel de la femme soumise et centrée sur son intérieur. Par ailleurs, si l'événement déborde les individus qui l'ont créé (relation I/E), ces derniers gardent tout de même une main sur un événement qui n'est tel (un événement) que parce que conçu ou interprété comme tel. Enfin, dans la relation I/S, c'est le sens I→S qui l'emporte (0,77 pour I→S contre 0,62 pour S→I). On voit là l'influence non négligeable du système sur les individus (respect des règles et normes, us et coutumes…), mais aussi que c'est tout de même l'individu qui, face au système, dans le site 1 et le cadre de l'événement « émancipation des femmes », a le plus d'influence. Dans la relation I/E, enfin, la parité des scores pour les individus et l'événement montre que, pour cet événement, l'individu prend une place supérieure à celle qu'il occupe dans les trois autres. Le développement de l'activité du couscous, et donc de l'activité féminine, la monétarisation qui en résulte et le fait que cette monétarisation ne soit pas accaparée par les hommes ont produit, en quelques années, ce phénomène fondamental qu'est l'émancipation des femmes. Ce phénomène semble s'auto-renforcer au fil du temps. Cet événement est progressif, en ce sens qu'il ne se produit pas un accident, un bouleversement soudain, assignable à un moment précis, mais que ses linéaments traversent toute la société du douar.

1.5. Conclusion pour le site 1. Le statut des femmes et la modernisation

Le modèle RISE permet de faire apparaître des configurations. Une configuration est, selon Norbert Elias, un processus qui met en présence en permanence des individus interdépendants qui construisent collectivement un « jeu » :

> Le processus du jeu est précisément une configuration mouvante d'êtres humains dont les actions et les expériences s'entrecroisent sans cesse, un processus social en miniature. L'un des aspects les plus instructifs de ce schéma est qu'il est formé par les joueurs en mouvement des deux camps. On ne pourrait suivre le match si l'on concentrait son attention sur le jeu d'une équipe sans prendre en compte celui de l'autre équipe. On ne pourrait comprendre les actions et ce que ressentent les membres d'une équipe si on les observait indépendamment des actions et des sentiments de l'autre équipe. Il faut se distancier du jeu pour reconnaître que les actions de chaque équipe s'imbriquent constamment et que les deux équipes opposées forment donc une configuration unique.[177]

Que peut-on faire avec une « configuration » ? On peut donc comprendre le jeu, celui de deux équipes de football ou celui qui se développe dans une société.

Une configuration, c'est d'abord un jeu particulier, un match spécifique. Mais c'est aussi une hypothèse (ou une série d'hypothèses) sur chaque jeu qui se développe, hypothèse plus ou moins vérifiée quand le jeu se développe. Cette hypothèse n'est plus une réalité ontologique. C'est *un point de vue spécial*, pour moi, ici celui d'un événement particulier.

---

[177] Norbert Elias & Éric Dunning, *Sport et civilisation. La violence maîtrisée*, Paris, Fayard, 1994, p. 70, cité par André Ducret, « Le concept de "configuration" et ses implications empiriques : Elias avec et contre Weber », § 25, en ligne : https://journals.openedition.org/sociologies/3459#tocto1n5.

Ainsi, dans le site 1, ai-je choisi quatre points de vue : chacun des quatre événements retenus n'est, après tout, qu'un point de vue particulier pour saisir un type particulier de jeu. Il y a le point de vue de la création de structures collectives. Les diverses personnes observées par l'intermédiaire de leurs réponses aux questions que nous leur avons posées ne jouent pas ce jeu de la même manière, mais, elles ne jouent pas non plus le même jeu selon le point de vue adopté. Les femmes jouent un jeu plus visible (ou plus facilement interprétable) quand il s'agit de leur émancipation que lorsqu'il s'agit de la manifestation sur la route, par exemple.

Pour garder la métaphore du match de football, chaque jeu, chaque match, fait l'objet d'une stratégie nouvelle, dans un environnement particulier, avec ses hasards spécifiques... Mais, que peuvent donc nous apprendre ces matchs, puisque chacun est différent ? Elias parle de démarche « synoptique » ou « globale », permettant la mise en évidence de « particularités structurelles »[178]. À travers ces divers jeux, apparaissent, en effet, des particularités structurelles. De même qu'il s'en dégage des constantes. Du différent et du semblable. En réunissant ensuite ces quatre configurations, pour chacun des sites, nous pourrons dessiner une configuration générale en faisant ressortir les éléments proches et ceux qui sont différents. Il est déjà visible, à cette étape du travail, que les quatre événements permettent de faire apparaître quatre configurations particulières qui peuvent se fondre en une configuration générale pour le site particulier étudié. L'objectif étant de comprendre comment un douar comme le site 1 a pu commencer à se transformer, l'approche a consisté à tenter d'évaluer quelles sont les relations, les liens ou interdépendances, comme dit Elias, qui se montrent les plus actifs dans la configuration générale du site.

1.5.1. Synthèse descriptive pour tous les événements

Le tableau 50 présente la synthèse des valences des relations trialectiques pour tous les individus et les quatre événements. Si on le lit ligne par ligne, Brahim, Aïcha (sauf pour l'événement 2) et Habib, sont généralement insérés dans des relations très fortes ou à la limite inférieure de très forte avec le système, l'événement et les relations entre système et événement. Ce sont bien les leaders du site. Hassan a toujours des relations fortes. Sauf pour l'événement 3. Mais toutes ses relations pour tous les événements sont moins fortes que celles des trois personnes citées précédemment, ce qui est facilement compréhensible. S'il est intéressé par le site, les habitants et leurs projets, Hassan n'est pas un membre de la communauté. Sa relation avec les événements est toujours forte, parce qu'il les a conçus, proposés, surtout la création de structures collectives et l'émancipation des femmes.

Les autres personnes étudiées ont des relations parfois fortes, parfois modérées. Assia s'est intéressée à la coopérative depuis le début et cet enga-

---

[178] *Ibid.*, § 38.

gement va de pair avec l'émancipation des femmes. Était-elle en mesure de prévoir que la coopérative du couscous aurait une telle retombée sur le village (l'émancipation) ? Peut-être pas, mais elle a sûrement très vite perçu le lien entre les deux événements. Fatima a des relations fortes dans le cadre des événements 3 et 4. Bien que nous n'ayons pas d'information claire sur ce point, on peut penser que Fatima a participé à la manifestation (événement 3), sans doute en cuisinant pour les hommes. Quant à l'événement 4, toutes les femmes retenues sont impliquées dans cet événement cumulatif.

Réservons un instant le tableau 50. Un regard sur le tableau 51 montre immédiatement des différences entre les trois blocs du modèle. Le premier bloc, celui qui traite de la relation entre l'événement et le système, fait apparaître des valences fortes ou très fortes. Aucune valence n'y est modérée ou faible. Le bloc 2 (relation entre individu et système) a des valences fortes, aucune très forte, aucune modérée. Enfin, le bloc 3 a des valences majoritairement modérées, une valence faible pour l'événement 2 et trois fortes pour l'événement 4.

Tableau 50. Valences trialectiques pour les individus et tous les événements dans le site 1

Événement / Individu	Événement 1 Création de structures collectives Valeur trialectique	Événement 2 Rencontre avec Hassan Valeur trialectique	Événement 3 Manifestation sur la route Valeur trialectique	Événement 4 Emancipation des femmes Valeur trialectique	*Valeur trialectique moyenne par individu pour tous les événements*
Brahim	**0,85** **Très forte**	**0,85** **Très forte**	**0,86** **Très forte**	**0,82** **Très forte**	*0,84* *Très forte*
Aïcha	**0,83** **Très forte**	0,62 Forte	**0,80** **Très forte**	**0,82** **Très forte**	*0,76* *Forte*
Habib	**0,85** **Très forte**	**0,86** **Très forte**	0,78 Forte	0,78 Forte	*0,81* *Très forte*
Hassan	0,72 Forte	0,65 Forte	0,47 Modérée	0,78 Forte	*0,65* *Forte*
Assia	0,64 Forte	0,42 Modérée	0,52 Modérée	**0,80** **Très forte**	*0,59* *Modérée*
Farid	0,50 Modérés	0,56 Modérés	0,70 Forts	0,50 Modérée	*0,56* *Modérée*
Fatima	0,58 Modérée	0,47 Modérée	0,64 Forte	0,69 Forte	*0,59* *Modérée*
Louis	0,26 Faible	0,29 Faible	0,28 Faible	0,25 Faible	*0,27* *Faible*
Valeur trialectique moyenne par événement	*0,65* *Forte*	*0,59* *Modérée*	*0,63* *Forte*	*0,68* *Forte*	

Ces différences signalent que la relation entre E et S est toujours forte ou très forte, que les relations entre I et S sont toujours fortes et les relations entre E et I sont principalement modérées. Cela indique que, pour l'essentiel, la configuration du site 1 est impressionnée par les relations E/S et I/S, beaucoup moins par les relations I/E. À première vue, cela semble logique : je ne reviens pas sur les relations événement-système qui ont été abondamment commentées. La relation I/S est forte parce que les individus portent les changements du système sous l'effet des événements. Mais les relations I/E sont moins fortes parce que l'événement échappe en partie (et plus ou moins selon l'événement) à la volonté des personnes. Celles-ci sont touchées par l'événement (bloc 2) ; quand l'événement intervient dans la relation I/S, il y a une légère hausse du score, mais les individus ne maîtrisent pas l'événement, ou peut-être, plutôt, toutes les personnes ne maîtrisent pas l'événement (nous avons déjà remarqué que les leaders maîtrisent bien davantage les événements que les autres personnes, bien que cette maîtrise reste relative).

Tableau 51. Toutes les valences pour tous les événements dans le site 1

Relation Événement	Binaire E/S	Ternaire I/ES	Trialec- tique Bloc 1	Binaire I/S	Ternaire E/IS	Trialec- tique Bloc 2	Binaire I/E	Ternaire S/IE	Trialec- tique Bloc 3
Valence pour l'événement 1 Création de structures coll.	**1,00** **Très forte**	0,68 Forte	**0,83** **Très forte**	0,62 Forte	0,65 Forte	0,64 Forte	0,50 Modérée	0,53 Modérée	0,51 Modérée
Valence pour l'événement 2 Rencontre avec Hassan	0,79 Forte	0,66 Forte	0,72 Forte	0,68 Forte	0,64 Forte	0,67 Forte	0,57 Modérée	0,24 Faible	0,41 Modérée
Valence pour l'événement 3 Manifestation sur la route	**0,85** **Très forte**	0,64 Forte	0,75 Forte	0,61 Forte	0,65 Forte	0,62 Forte	0,52 Modérée	0,53 Modérée	0,52 Modérée
Valence pour l'événement 4 Emancipation des femmes	0,75 Forte	0,70 Forte	0,71 Forte	0,68 Forte	0,72 Forte	0,70 Forte	0,68 Forte	0,62 Forte	0,66 Forte

1.5.2. Synthèse interprétative pour tous les événements

Le site 1, avant son émergence, est un village traditionnel, mal équipé, oublié du pouvoir central. On peut imaginer que les instances de décision traditionnelles étaient à l'œuvre (*jmâa*) et que les femmes étaient confinées dans leurs rôles, eux aussi traditionnels, qui consistent notamment à s'occuper de la maisonnée et de ses habitants. Le premier événement qui apparaît chronologiquement semble être la création d'une association et d'une coopérative. Une manifestation sur la route vient ensuite signaler l'insatisfaction des habitants aux autorités régionales et va conduire ces dernières à favoriser l'équipement (eau, électricité) du village, malgré le caractère illégal de l'occupation des terres. En même temps, l'appel à une association marocaine sise à Rabat conduit les leaders qui se sont déjà manifestés, à orienter leur action dans plusieurs domaines qui vont être très importants. La permaculture dans les jardins potagers va permettre d'atteindre une autosuffisance et une sécurité alimentaire qui n'existaient pas jusque-là. L'eau, l'électricité apportent le minimum indispensable pour une vie simple mais digne. Surtout, Hassan a donné un conseil qui apparaît fondamental : créer des activités économiques qui puissent faire travailler les femmes. Cette préconisation est sans doute la plus fondamentale de toutes. La création d'une seconde coopérative dans le site 1 semble liée à l'antagonisme entre les habitants du douar et le parlementaire propriétaire des terres occupées. Mais que telle soit la réalité ou non, le transfert de la première coopérative aux femmes dans le site 1 va se révéler être à la source d'une modernisation des situations et des esprits. Cet événement, nous l'avons déjà remarqué, est d'une nature différente de celle des autres. Les premiers sont relativement ponctuels. Il y a une situation, un acte fondateur limité dans le temps. Leurs conséquences s'imposent plutôt rapidement aux individus. L'événement 4 est une résultante de ces événements-là. Il se développe avec plus de lenteur, mais avec une force particulièrement importante. L'émancipation des femmes, dans des villages ruraux du Maroc, constitue une réelle révolution. Dans le site 1, cette révolution, qui est d'abord celle des esprits, est née d'une organisation économique dans laquelle, non seulement les femmes travaillent hors de leur foyer et sont rémunérées pour cela, mais encore dans laquelle les maris n'accaparent pas les revenus de leurs épouses. Celles-ci peuvent, alors, prendre une autonomie que les hommes semblent contester au début, mais finissent par accepter. Mieux, au-delà des leaders masculins, plusieurs villageois soutiennent aujourd'hui leur femme dans leur activité, mais soutiennent également le principe d'émancipation de toutes les femmes.

Cet événement, très lié aux trois autres, joue un rôle irremplaçable dans ce site. On a vu qu'il s'impose au système, et ce dernier ne peut résister qu'en l'incorporant. Comme tout système, celui-ci, pour survivre, semble bien adopter la position évoquée par l'auteur du « Guépard » : « Si nous voulons que tout reste tel que c'est, il faut que tout change[179] ». Une telle stratégie paradoxale ne réussit pas à tous les coups. Ou plutôt, sa réussite s'accompagne généralement de ce qui peut être un échec du système et qui est sa propre transformation. En voulant durer, le système s'adapte et se dénature. Le site 1 montre que l'événement 4 (ou les événements, mais celui-là est particulièrement important) a, d'une certaine façon, déjà triomphé du système (du système ancien).

Le lecteur aura sans doute perçu que ce qui vient d'être dite apparaît dans le tableau 50 dont j'ai laissé l'étude en suspens. Brossé à grands traits, ce tableau montre que la plupart des événements ont mobilisé assez fortement, mais pas de façon égale : cinq personnes engagées nettement, dont trois très fortement pour l'événement 1, cinq également pour l'événement 3 (dont également trois très fortement) ; enfin, l'événement 4 est très mobilisateur, peut-être du fait de l'engagement des femmes, mais sans doute aussi parce que ces femmes ont su entraîner les hommes et vaincre leurs réticences initiales. Avec l'événement 1, la création des structures collectives, c'est l'émancipation des femmes (événement 4) qui semble structurer l'émergence du site 1. Sur 32 relations aux quatre événements, 20 relations fortes ou très fortes apparaissent

---

[179] Guiseppe Tomasi di Lampedusa, *Le Guépard*, Paris, Seuil Point, Grands Romans, 2007 (1958), p. 37.

1.5.3. Synthèse générale pour le site 1

L'existence de leaders est un atout important. Pourtant, cela ne suffit pas. Il faut que d'autres acteurs se saisissent des opportunités qui apparaissent, parfois initiées par les leaders, parfois non. Ces opportunités sont souvent créatrices et/ou conséquences d'événements imprévus ou non, mais souvent non attendus dans toutes leurs conséquences : les deux frères, Brahim et Habib, avaient-ils vraiment prévu que la coopérative du couscous allait changer aussi singulièrement la donne ?

Ces événements, certains construits par les hommes pour lutter contre le système ou aider celui-ci à s'améliorer, d'autres imprévisibles affrontent le système. De façon paradoxale, le système ne peut vivre dans une fermeture totale et permanente, ni dans l'ouverture franche et constante. La stratégie double ou paradoxale est ce qui permet au système de préserver son intégrité et son identité (pour autant qu'on admette qu'il en a une ou qu'il n'en a qu'une), mais c'est aussi la faiblesse par laquelle sa perte est déjà programmée, tout au moins sa métamorphose. Précisons : cette perte est généralement nécessaire aux changements et est souvent vécue comme une libération par ceux qui promeuvent la transformation. Mais plus généralement, cette perte est souvent davantage adaptation que révolution.

Nous avons évoqué, au début de cet ouvrage (figure 8), les valeurs qui apparaissent dans le discours des personnes interrogées dans ce site. Ce sont essentiellement : la modernité, la sécurité et la confiance. La modernité est ce qui permet l'amélioration des conditions de vie (y compris l'augmentation du niveau de vie), matérielles et morales. L'eau, l'électricité, les jardins potagers traités par la permaculture, l'agriculture biologique pratiquée au sein de la coopérative de l'agriculture moderne, le tourisme permettant de faire connaître le village, la monétarisation de l'activité, celle des femmes avec la vente du couscous et celle des hommes avec le tourisme, voire la formation de personnes extérieures à la permaculture, l'émancipation des femmes, enfin, c'est tout cela que recouvre le terme « modernité ». Pour atteindre à cette modernité, la sécurité et la confiance sont nécessaires. Sécurité pour les touristes qui viennent faire du trekking dans la région et qui séjournent dans le village, confiance en ces lieux et en leurs habitants.

Ce qui a permis l'émergence du Site 1, c'est la volonté des hommes et des femmes qui se sont fait leaders pour porter la modernité. C'est leur capacité à introduire dans le système archaïque du site des éléments exogènes, tel la monétarisation, qui plus est pour les femmes d'abord et surtout. Une autre valeur, un peu moins représentée, est la solidarité. Il y a de la solidarité dans le site 1, mais ce n'est pas la valeur dominante. Elle s'efface partiellement devant la volonté de développement individuel : la création d'une société de marché qui permet à qui veut bien travailler de gagner de quoi vivre mieux et, même, correctement.

« L'union fait la force », disait-on dans les milieux ouvriers du vieux monde aux XIXe et XXe siècles. L'effort, dans le site 1, est collectif mais le résultat est nettement perçu comme individualisable. L'autonomie du village, c'est d'abord une autonomie de gestion. Distance avec les responsables politiques, pour garder la main et la confiance de tous. Les leaders font bouger les lignes, mais ils se soumettent à des instances de décision collectives internes, celles des coopératives qu'ils ont créées. Par contre, ils n'adoptent pas un modèle que l'on pourrait qualifier de démocratie directe (qui ressemble beaucoup, ailleurs, au mode traditionnel de décision, la *jmâa*, dans laquelle la puissance des familles les plus en vue se fait sentir). Les villageois font de leur méfiance à l'égard des pouvoirs extérieurs et intérieurs une sagesse qui leur tient lieu de modèle de développement. Enfin, dans le site 1, la tradition est délaissée au profit de la modernité. L'identité n'est revendiquée que par référence à la réussite du douar. On est du site 1 et fier de l'être, parce que le site 1 réussit.

Il reste à faire encore quelques remarques concernant l'ouverture/fermeture du site.

Au-delà de la méfiance professée dans le village à l'égard des pouvoirs extérieurs, les leaders et les habitants, plus généralement, ont su faire preuve d'une autre sagesse, l'ouverture contrôlée aux aides et aux facteurs nécessaires. Nécessité d'un marché extérieur pour vendre le couscous jusqu'à Rabat, voire Casablanca, nécessité d'aller chercher des touristes bien au-delà encore... Voilà pour les activités économiques. Mais aussi capacité à accepter les conseils dictés par l'expérience d'un Hassan, personnage externe, respectueux de la « souveraineté » du village, mais qui fait gagner du temps, éviter les chausse-trappes, repousser les fausses solutions. Hassan se comporte comme un catalyseur de tous ces points de vue. Ce n'est pas lui qui crée la réaction, mais sans lui elle n'aurait pas lieu.

Il est encore trop tôt pour décrire un « modèle de développement », c'est-à-dire un ensemble de conditions, une configuration qui auraient assez d'efficience pour générer de l'émergence. La comparaison avec les deux autres sites doit d'abord être présentée.

2. ÉTUDE DU SITE 2

Pour ce douar, nous avons retenu 8 individus, 5 éléments de système et 4 événements. Ces divers éléments apparaissent dans le tableau 52 ci-dessous.

Tableau 52. Les trois catégories analytiques pour le site 2

Individus	Systèmes	Événements
Site 2 Individus 11, 12, 13, 14, 16, 17, 19, 23,	Mode de gouvernance : Association de développement	Création de structures collectives : association de développement
	Place de l'éducation dans la société, puis des femmes	Influence d'acteurs particuliers : Retour de Kamel et sa femme dans le site 2
	Confort domestique et touristique	Crise du choléra
	Distance par rapport à la politique	Modernisation : l'émancipation des enfants par la scolarisation
	Les valeurs empreintes de traditions	

2.1. Événement 1. Le mode de gouvernance. La création de structures collectives

2.1.1. Relations pour les trois catégories, les personnes et l'événement 1 dans le site 2

2.1.1.1. Relations binaires pour tous les individus et l'événement 1 dans le site 2

Tableau 53. Valences des relations binaires pour les personnes et l'événement 1 (site 2)

Individu	E/S	S/E	I/S	S/I	I/E	E/I
Darifa	+ +	+ -	+ -	+ -	- -	+
Jamal	+ +	+ -	+	+ -	+	+ +
Kamel	+ +	+ -	+ +	+ -	+ +	+ +
Jamal	+ +	+ -	+	+	+	+
Mahdi	+ +	+ -	+ -	+ -	+ -	+ +
Nassim	+ +	+ -	+ -	+ -	+ -	+ +
Hamida	+ +	+ -	+ -	+ -	+ -	+ -
Jamila	+ +	+ -	-	+	- -	+

2.1.1.2. Relations *ternaires* pour les personnes et l'événement 1

Tableau 54. Valences des relations ternaires pour les personnes et l'événement 1 (site 2)

Individu	I/ES	ES/I	E/IS	IS/E	S/IE	IE/S
Darifa	+ -	+ +	+ +	- -	- -	+ -
Jamal	+ +	+	+ +	+	+	+ +
Kamel	+ +	+	+ +	+ +	+ -	+ +
Jamal	+	+	+ +	+	+ -	+
Mahdi	+	+ +	+	+	+ -	+
Nassim	+ -	+ +	+ +	+ -	+ -	+
Hamida	+ -	+ +	+ +	+ -	-	-
Jamila	+ -	+	+	- -	-	+ -

2.1.1.3. Relations *binaires*, *ternaires* et *trialectiques* pour les personnes et l'événement 1

Tableau 55. Toutes les valences des relations pour les personnes et l'événement 1 (site 2)

Bloc / Individu	Binaire E/S	Ternaire I/ES	Trialectique Bloc 1	Binaire I/S	Ternaire E/IS	Trialectique Bloc 2	Binaire I/E	Ternaire S/IE	Trialectique Bloc 3	Valeur trialectique moyenne
Darifa	+ + + -	+ + + -	6+/2-	+ + - -	+ + - -	4+/4-	+ - -	+ - - -	2+/5-	0,52 Modérée
Jamal	+ + + -	+ + +	6+/1-	+ + -	+ + +	5+/1-	+ + +	+ + +	6+/0-	0,89 Très forte
Kamel	+ + + -	+ + +	6+/1-	+ + + -	+ + +	6+/1-	+ + + +	+ + + -	7+/1 -	0,86 Très forte
Madani	+ + + -	+ +	5+/1-	+ +	+ + +	5+/0-	+ +	+ + -	4+/1-	0,87 Très forte
Mahdi	+ + + -	+ + +	6+/1-	+ + - -	+ +	4+/2-	+ + + -	+ + -	5+/2-	0,75 Forte
Nassim	+ + + -	+ + + -	6+/2-	+ -	+ + + -	4+/2-	+ + + -	+ + -	5+/2-	0,71 Forte
Hamida	+ + + -	+ + + -	6+/2-	+ -	+ + + -	4+/2-	+ + - -	- -	2+/4-	0,54 Modérée
Jamila	+ + + -	+ + -	5+/2-	+ -	+ - -	2+/3-	+ - -	+ - -	2+/4-	0,50 Modérée
Proportion de + Valences moyennes	0,75 Forte	0,84 Très forte	0,79 Forte	0,60 Forte	0,76 Forte	0,69 Forte	0,70 Forte	0,56 Modérée	0,63 Forte	

2.1.2. Synthèse et interprétation pour l'événement 1 dans le site 2

2.1.2.1. Synthèse descriptive

La dernière ligne du tableau 55 montre que les relations sont toutes fortes, sauf la relation ternaire S/IE (modérée) et la relation I/ES (très forte). Il n'y en a pas de faibles ou encore de très faibles. L'événement de la création de l'association de développement a eu une influence sur toutes les relations, binaires, ternaires et trialectiques.

On voit, cependant, que les relations du bloc 1 sont plus fortes (scores 0,75 à 0,84) que celles du bloc 2 (0,60 à 0,76), lesquelles sont un peu plus fortes que celles du bloc 3 (0,56 à 0,70). La valence la plus élevée dans la dernière ligne est celle de la relation ternaire I/ES. La plus faible, celle de la relation ternaire S/IE. Cela traduit la force des individus et la faiblesse du système. L'événement, avec des scores de 0,75 (relation E/S) et 0,76 (E/IS), est fortement présent.

La dernière colonne du tableau 55 fait apparaître des individus dont les relations ont des valences trialectiques fortes : Jamal (0,89), Kamel (0,86), Madani (0,87) ont une très forte influence dans la configuration. Proches d'eux par leurs scores, Mahdi (0,75) et Nassim (0,71). Darifa, Hamida et Jamila ont des valences modérées (respectivement 0,52, 0,54 et 0,50). On peut penser qu'au commencement du processus de transformation du douar, la création de l'association a été d'abord une affaire d'hommes plus que de femmes.

Tableau 56. Valences binaires orientées par personne pour l'événement 1 (site 2)

	Darifa	Jamal	Kamel	Madani	Mahdi	Nassim	Hamida	Jamila	Valence par relation
E/S									
E→S	5	5	5	5	5	5	5	5	40/40=1,00 Très Forte
S→E	3	3	3	3	3	3	3	3	24/40 = 0,60 Forte
I/S									
I→S	3	4	5	4	3	3	3	2	27/40 = 0,67 Forte
S→I	3	3	3	4	3	3	3	4	26/40 = 0,65 Fortes
I/E									
I→E	1	4	5	4	3	3	3	1	24/40 = 0,60 Forte
E→I	4	5	5	4	5	5	5	4	37/40 = 0,92 Très Forte

Le tableau 56 permet de préciser la force des relations selon leur orientation. Ainsi voit-on, dans ce tableau, que les relations E/S, dont on a déjà remarqué la force, sont plus intenses dans le sens E→S que dans le sens inverse (1,00 contre 0,60). Il en va de même pour les relations I/E avec des valences respectives de 0,92 et 0,60 pour E→I et I→E. C'est l'événement qui a la plus grande force dans le champ relationnel. De leur côté, les relations I/S sont à parité

2.1.2.2. Synthèse interprétative

Le tableau 55, dans sa dernière ligne, montre l'importance de l'événement 1 dans la configuration du site 2. Mais on y voit aussi que lorsque l'individu intervient sur la relation E/S (colonne 2 du bloc 1), le score de la relation ternaire augmente sensiblement par rapport à celui de la binaire E/S (passant de 0,75 à 0,84). De même, quand E intervient dans la relation I/S, la relation ternaire est également rehaussée par rapport à la relation binaire (colonne 2 du bloc 2, scores 0,76 contre 0,60). Ces valeurs nous orientent vers l'idée que l'événement 1 n'aurait pas eu lieu sans les individus, mais que ces derniers sont devenus tributaires de cet événement qu'ils ont initié. Les forces en présence dans le champ relationnel sont plus puissantes quand sont observées principalement les forces des relations entre individu et système et entre événement et système (blocs 2 et 1 du tableau 55). Dans le sens inverse, quand S est impliqué dans la relation, la valence des relations diminue. C'est le cas dans la colonne 2 du bloc 3 du modèle : alors que le score de la relation I/E est de 0,70, la relation ternaire passe à 0,56 quand on introduit le système dans le champ relationnel.

Le tableau 56 nous renseigne sur le fait que ce sont les relations binaires dans lesquelles on s'intéresse à l'influence de E sur l'une des deux autres catégories qui sont les plus fortes (pour la relation E→S, score 1,00 contre 0,60 dans le sens inverse ; pour la relation E→I, 0,92 contre 0,60 en sens inverse). La relation I/S est équilibrée (0,67 pour I→S et 0,65 pour S→I). L'événement « Création de structures collectives » est le point de départ des changements du douar. Il a fortement modifié celui-ci et il a également touché fortement les individus qui ont vu leurs conditions de vie s'améliorer (amélioration du système) et leur mentalité changer également. À ce stade de la réflexion, nous sommes induits à penser que la cohésion qui existe entre individus et événement 1 a un effet bien plus important quand l'individu ou l'événement sont pensés comme moteur des changements que lorsque c'est le système qui est mis dans cette position. La relation S→E est bien moins forte que la relation E→S (tableau 56, score 0,60 contre 1,00) et la relation I→E plus faible que la relation E→I (score 0,60 contre 0,92).

Par ailleurs, la dernière colonne du tableau 55 fait ressortir des leaders qui apparaissent aussi dans le tableau 56. Nous raisonnons sur l'événement « création de structures collectives ». Il est donc normal que les leaders qui ont créé ces structures ou ont eu un rôle significatif dans cette création aient des relations fortes à cet événement. Nous l'avons vu, ce sont principalement Jamal, Kamel et Madani. Mahdi a joué un rôle dans la création de l'association qu'il est difficile d'apprécier à partir des entretiens, mais il s'est engagé ensuite sans réserve dans celle-ci. La valence des relations pour ce villageois a été estimée en mêlant les temps de la création et du développement de la structure[180], ce qui fait de lui une force non négligeable et lui donne un statut proche de celui de leader historique pour l'association (score 0,75 dans le tableau 55). Un autre villageois, Nassim, peut être considéré comme un acteur historique de l'association. La valence de ses relations (tableau 55) est sensiblement la même (0,71) que celle de Mahdi (0,75). Il est remarquable que les valences modérées soient celles affectées aux relations des femmes : Darifa et Hamida et Jamila ont des scores respectifs de 0,52, 0,54 et 0,50. On perçoit bien, dans les entretiens que, si les femmes voient leurs mode et niveau de vie s'améliorer (avoir de l'eau disponible dans le douar, évitant ainsi de faire des marches de plusieurs kilomètres avec des dizaines de litres sur les épaule, par exemple), leur émancipation (en tout cas, à court terme) n'est pas ce qui a focalisé les efforts de l'association qui a été l'instrument d'une transformation du site. Mais on peut relever que l'influence de cet événement est marquée d'une certaine modération : contrairement au site 1 où la transformation du système est relativement brutale, ici, la transformation est plus progressive et respecte davantage la tradition.

---

[180] Jamal n'a pas forcément agi pour la création de l'association, donc en amont de cette création. Mais il est intervenu fortement en aval de celle-ci. Sans son engagement, une fois la structure créée, l'association n'aurait pas pu jouer aussi bien son rôle et transformer le village. En d'autres termes, l'association n'eut peut-être pas été un événement.

2.2. Événement 2. L'influence d'acteurs particuliers : Kamel et sa femme

Sous le vocable générique « L'influence d'acteurs particuliers », se trouvent des rencontres plus ou moins fortuites entre des individus.

Ce qui est fortuit, dans l'événement, ce n'est pas forcément le fait lui-même, cela peut être ses conséquences, ici le fait que Kamel épouse une femme qui ne souhaite pas rester à Marrakech. Et qu'ils prennent la décision de revenir dans le village natal de Kamel, le site 2.

2.2.1. Relations pour les trois catégories, les personnes et l'événement 2

2.2.1.1. Relations *binaires* pour tous les individus et l'événement 2 dans le site 2

Tableau 57. Valences des relations binaires pour les personnes et l'événement 2 (site 2)

Individu	E/S	S/E	I/S	S/I	I/E	E/I
Darifa	+ +	-	+ -	+ -	- -	+ +
Jamal	+ +	-	+ +	+ -	-	+ +
Kamel	+ +	-	+ +	+ -	+ +	+ +
Madani	+ +	-	+ +	+	- -	+ +
Mahdi	+ +	-	+ -	-	- -	+ +
Nassim	+ +	-	+ -	+ -	- -	+ +
Hamida	+ +	-	+ -	+ -	- -	+ +
Jamila	+ +	-	+ -	-	- -	+ +

2.2.1.2. Relations *ternaires* pour tous les individus et l'événement 2 dans le site 2

Tableau 58. Valences des relations ternaires pour les personnes et l'événement 2 (site 2)

Individu	I/ES	ES/I	E/IS	IS/E	S/IE	IE/S
Darifa	- -	+ +	+	- -	+ -	+ -
Jamal	- -	+ -	+ +	-	-	-
Kamel	+ +	+ -	+ +	+	+ -	+ +
Madani	-	+	+	-	-	-
Mahdi	- -	+	+	-	-	-
Nassim	- -	+	+	- -	- -	- -
Hamida	- -	+	+ +	- -	- -	- -
Jamila	+ -	+	+	- -	- -	- -

2.2.1.3. Relations *binaires*, *ternaires* et *trialectiques* pour les personnes et l'événement 2

Tableau 59. Toutes les valences des relations pour les personnes et l'événement 2 (site 2)

Relation / Individu	Binaire E/S	Ternaire I/ES	Trialectique Bloc 1	Binaire I/S	Ternaire E/IS	Trialectique Bloc 2	Binaire I/E	Ternaire S/IE	Trialectique Bloc 3	Valeur trialectique moyenne
Darifa	+ + -	+ + - -	4+/3-	+ + - -	+ - -	3+/4-	+ + - -	+ + - -	4+/4-	0,50 Modérée
Jamal	+ + -	+ - - -	3+/4-	+ + + -	+ + -	5+/2-	+ + -	- -	2+/3-	0,52 Modérée
Kamel	+ + -	+ + + -	5+/2-	+ + + -	+ + +	6+/1-	+ + + +	+ + + -	7+/1-	**0,81 Très forte**
Madani	+ + -	+ -	3+/2-	+ + +	+ -	4+/1-	+ + - -	- -	2+/4-	0,56 Modérée
Mahdi	+ + -	+ - -	3+/3-	+ - -	+ -	2+/3-	+ + - -	- -	2+/4-	0,41 Modérée
Nassim	+ + -	+ - -	3+/3-	+ + - -	+ - -	3+/4-	+ + - -	- - - -	2+/6-	0,40 Modérée
Hamida	+ + -	+ - -	3+/3-	+ + - -	+ + - -	4+/4-	+ + - -	- - - -	2+/6-	0,40 Modérée
Jamila	+ + -	+ + -	4+/2-	+ - -	+ - -	2+/4-	+ + - -	- - - -	2+/6-	0,40 Modérée
Valences Moyennes	0,66 Forte	0,46 Modérée	0,56 Modérée	0,56 Modérée	0,52 Modérée	0,55 Modérée	0,58 Modérée	0,19 Très faible	0,38 Faible	

2.2.2. Synthèse et interprétation pour l'événement 2 dans le site 2

2.2.2.1. Synthèse descriptive

La dernière ligne du tableau 59 montre que toutes les valences des trois blocs sont modérées ou faibles, à l'exception de la relation binaire E/S (forte : score 0,66) et de la relation ternaire S/IE (très faible : score 0,19). Le caractère modéré de presque toutes les valences à l'exception de celles de Kamel et de la relation E/S montre que l'événement initié par Kamel et sa femme s'est imposé au système et aux individus. Nous avons là l'exemple d'un événement privé qui devient un événement collectif. Lorsque la relation concerne l'impact de S dans la configuration, la valence globale obtenue est plus faible : 0,19 pour S/IE, contre 0,58 pour I/E. De même, l'intervention de I dans la relation E/S fait-elle baisser nettement la valence : 0,46 pour I/ES contre 0,66 pour E/S. Enfin, l'intervention de E dans la relation I/S fait légèrement baisser le score : 0,52 pour E/IS contre 0,56 pour I/S…

Concernant les relations impliquant E et I, le tableau 60 permet de voir si les relations binaires sont de même force dans les deux sens. Ce tableau montre que la relation E→S a un score de 1,00 contre 0,40 pour la relation inverse, ce qui souligne nettement la prévalence de l'événement 2 sur le système. De même, il y a une forte prévalence de l'événement 2 sur l'individu : le score de E→I est de 1,00 contre 0,32 pour celui de I→E…

Tableau 60. Valences binaires orientées par personne pour l'événement 2 (site 2)

	Darifa	Jamal	Kamel	Madani	Mahdi	Nassim	Hamida	Jamila	Valence par relation
E/S									
E→S	5	5	5	5	5	5	5	5	40/40 = 1,00 Très Forte
S→E	2	2	2	2	2	2	2	2	16/40 = 0,40 Modérée
I/S									
I→S	3	5	5	5	3	3	3	3	30/40 = 0,75 Forte
S→I	3	3	3	4	2	3	3	2	23/40 = 0,57 Modérée
I/E									
I→E	1	2	5	1	1	1	1	1	13/40 = 0,32 Faible
E→I	5	5	5	5	5	5	5	5	40/40 = 1,00 Très Forte

Le tableau montre également que l'individu l'emporte sur le système : 0,75 pour I→S contre 0,57 pour la relation inverse. Ce sont l'événement et l'individu qui jouent le rôle principal dans l'événement 2.

2.2.2.2. Synthèse interprétative

L'événement 2 est le mariage de Kamel à Marrakech, le désir de sa femme d'aller vivre hors d'une grande ville et le retour qui s'en suit dans le site 2. Un tel événement est avant tout personnel, lié aux choix du couple. Bien entendu, une telle décision doit aussi quelque chose au douar où Kamel est né, à l'imagination de ce dernier qui le renvoie à ses années d'enfance, à une certaine douceur de vivre, quelles que soient les insuffisances des équipements, des niveaux de vie... Les cousins de Kamel, Madani et Jamal, ont peut-être joué un rôle, mais nous ne le savons pas. Cependant, au-delà des hypothèses que nous sommes donc amenés à poser, les risques d'erreur se cantonnent essentiellement dans des éléments de détail, la logique d'ensemble étant respectée. Il est normal que Kamel soit le seul à avoir des valences très fortes, puisque c'est lui seul, avec son épouse, qui prend la décision. Certaines autres personnes ont pu éventuellement accompagner cette décision, ses deux cousins, par exemple. Mais ce ne sont pas elles qui peuvent prendre la décision, quoi qu'il en soit.

La force particulière des relations impliquant le poids de l'événement « Retour de Kamel » montre, une fois de plus, que l'on aurait tort de négliger les événements « fortuits » qui se produisent dans un système social. Tort, également, de ne pas prendre en compte l'influence des individus, qu'ils soient à l'origine des événements, ou qu'ils les accompagnent, ou, enfin, qu'ils en soient fortement changés dans leur être ou leur vie individuelle et/ou sociale. Tort encore de considérer le système comme le simple réceptacle des actions et réactions des individus et des événements, ou, à l'inverse, de considérer que c'est lui qui conduit le changement.

Les tableaux 59 et 60 montrent que les trois catégories interviennent, de façon plus ou moins active, mais sont en confrontation permanente, l'évolution étant une sorte de résultante de ces pressions venues de toutes les liaisons existant entre les catégories. On remarque que lorsque l'événement intervient dans la relation, c'est lui qui montre le poids le plus élevé. À défaut, (dans les relations I/S, tableau 60), c'est l'individu qui l'emporte modérément sur le système.

2.3. Événement 3. La crise du choléra

Initialement, la crise du choléra nous est apparue comme un événement de façon évidente dans la vie de la communauté du site 2. Puis, après analyse, nous nous sommes mis à douter : nul villageois, l'un d'entre eux mis à part, n'évoque cette situation. Nous l'avons cependant maintenu, sur la foi d'autres sources orales et de la persistance d'une forte plausibilité.

2.3.1. Relations pour les trois catégories, les personnes et l'événement 3 dans le site 2

2.3.1.1. Relations binaires pour tous les individus et l'événement 3 dans le site 2

Tableau 61. Valences des relations binaires pour les personnes et l'événement 3 (site 2)

Individu	E/S	S/E	I/S	S/I	I/E	E/I
Darifa	+ +	+	-	+ -	- -	-
Jamal	+	+	+ -	+ -	- -	+
Kamel	+ +	+	+ +	+ -	-	+
Madani	+	+	+ -	+ -	- -	+ -
Mahdi	+	+	-	-	-	-
Nassim	+ -	+	+ -	-	-	-
Hamida	+	+	+ -	+ -	-	+ -
Jamila	+	+	+ -	+ -	-	+ -

2.3.1.2. Relations ternaires pour tous les individus et l'événement 3

Tableau 62. Valences des relations ternaires pour les personnes et l'événement 3 (site 2)

Individu	I/ES	ES/I	E/IS	IS/E	S/IE	IE/S
Darifa	- -	+ -	+ -	- -	-	- -
Jamal	-	I	+		-	+ -
Kamel	+ +	+ +	+ +	-	+ -	+ +
Madani	+ -	+ -	+ -	-	+	+
Mahdi	-	-	-	-	+ -	+ -
Nassim	-	+ -	+	-	+	+
Hamida	-	+ -	+ -	-	+	+
Jamila	-	+ -	+ -	-	+	+

2.3.1.3. Relations *binaires*, *ternaires* et *trialectiques* pour les personnes et l'événement 3

Tableau 63. Toutes les valences des relations pour les personnes et l'événement 3 (site 2)

Relation / Individu	Binaire E/S	Ternaire I/ES	Trialectique Bloc 1	Binaire I/S	Ternaire E/IS	Trialectique Bloc 2	Binaire I/E	Ternaire S/IE	Trialectique Bloc 3	Valeur Trialectique Moyenne
Darifa	+ + +	+ - - -	4+/3-	+ - -	+ - - -	2+/5-	- - -	- - -	0+/6-	0,30 Faible
Jamal	+ +	+ -	3+/1-	+ + - -	+ -	3+/3-	+ -	+ - -	2+/3-	0,53 Modérée
Kamel	+ + +	+ + + +	7+/0-	+ + + -	+ + -	5+/2-	+ -	+ + + -	4+/2-	**0,80 Très forte**
Madani	+ +	+ + - -	4+/2-	+ + - -	+ - -	3+/4-	+ - - -	+ +	3+/3-	0,52 Modérée
Mahdi	+ +	- -	2+/2-	- -	- -	0+/4-	- -	+ + - -	2+/4-	0,28 Faible
Nassim	+ + -	+ - -	3+/3-	+ - -	+ -	2+/3-	- -	+ +	2+/2-	0,46 Modérée
Hamida	+ +	+ - -	3+/2-	+ + - -	+ - -	3+/3-	+ - -	+ +	3+/2-	0,56 Modérée
Jamila	+ +	+ - -	3+/2-	+ + - -	+ - -	3+/4-	+ - -	+ +	3+/2-	0,52 Modérée
Valences moyennes	**0,94 Très forte**	0,44 Modérée	0,65 Forte	0,48 Modérée	0,36 Faible	0,42 Modérée	0,23 Faible	0,63 Forte	0,44 Modérée	

Tableau 64. Valences binaires orientées par personne pour l'événement 3 (site 2)

Relation	Darifa	Jamal	Kamel	Madani	Mahdi	Nassim	Hamida	Jamila	Valence par relation
E/S									
E→S	5	4	5	4	4	3	4	4	33/40 = 0,82 Très forte
S→E	4	4	4	4	4	4	4	4	32/40 0,80 Très forte
I/S									
I→S	2	3	5	3	2	3	3	3	24/40 = 0,60 Forte
S→I	3	3	3	3	3	2	3	3	22/40 = 0,55 Modérée
I/E									
I→E	1	1	2	1	2	2	2	2	13/40 = 0,32 Faible
E→I	2	4	4	3	2	3	3	3	24/40 = 0,60 Forte

2.3.2. Synthèse et Interprétation pour l'événement 3 dans le site 2

2.3.2.1. Synthèse descriptive

La dernière ligne du tableau 63 montre d'abord des valences hétérogènes. Le bloc 1 fait apparaître une valence binaire moyenne très forte des relations E/S (0,94). L'introduction de l'individu dans cette dialectique E/S fait baisser fortement les scores, faisant passer la valence à 0,44 pour I/ES. Par contre (bloc 3), l'introduction du système dans le champ relationnel fait augmenter la valence : alors que la valence de la relation I/E est de 0,23, celle de la valence de S/IE passe à 0,63. La dernière colonne du tableau fait apparaître que, seul, Kamel a des valences fortes pour ses relations : 0,80, alors que toutes les autres valences sont modérées ou faibles.

2.3.2.2. Synthèse interprétative

L'événement 3 correspond à la crise du choléra. Cette crise sanitaire qui a fait plusieurs morts, nous dit Jamal, n'est évoquée par personne d'autre. Comment un tel avatar ayant eu des conséquences tragiques, et dans un temps assez proche peut-il être ainsi occulté si ce n'est par l'effet d'une censure inconsciente ou par celui d'une volonté d'effacement collectif ?

J'ai retenu l'hypothèse, sur ce point, que les habitants du douar ont sciemment omis de parler de cet événement dramatique, de peur que la mention de cette maladie archaïque surgissant dans le monde contemporain n'abime l'image qu'ils souhaitaient donner de leur village.

Le choix de cet événement parmi ceux paraissant notables est lié, d'une part, au fait qu'il en a été fait mention, hors enquête, par au moins un villageois rencontré lors d'une visite sur place et par le responsable d'une association ayant travaillé avec le douar ; d'autre part, au fait que cette hypothèse « colle bien » au terrain interrogé. Les habitants du site 2 se montrent fiers de leur village actuel et évoquent essentiellement ses progrès, remisant dans un passé peu déterminé (ils ne savent pas très bien si c'était il y a deux ou cinq ans que telle chose s'est passée...) les aspects négatifs du système. Ce n'est d'ailleurs pas une erreur ou une torsion de la réalité, d'une certaine manière. Beaucoup de défauts du système ont été corrigés et ce qui reste négatif est envisagé désormais sous la forme du projet, et non sous le régime de la plainte ou de la fatalité.

La crise du choléra est un événement dont on voit bien qu'il est peu lié à des responsabilités individuelles : la valence moyenne de la relation binaire I/E est évaluée à 0,32 contre 0,60 pour la relation I→E (tableau 64). Cette valence faible correspond au fait que la maladie n'est ni voulue ni organisée par les villageois. La responsabilité des habitants dans le phénomène n'est cependant pas nulle, et on peut estimer que chaque individu en porte une part. Manque de vision, résignation, ces attitudes ont empêché les villageois de se prémunir contre les carences du système, notamment l'hygiène défaillante. Mais on ne peut pas non plus affecter la crise à la responsabilité de chaque villageois. La relation ternaire du bloc 3 est forte (0,63, tableau 63), montrant l'importance du système dans le champ relationnel et sa responsabilité dans l'épidémie.

L'incidence du choléra sur le système du site 2 est très forte si l'on se réfère à la valence de la relation binaire E/S (0,94 tableau 63), faisant ainsi que la relation trialectique du bloc 1 est forte : la crise du choléra a rebattu les cartes de la relation entre les trois dimensions. Les individus dans leur rapport avec le système ont absorbé l'événement et en ont tiré les conséquences logiques en réformant le système. D'où les travaux concernant l'eau potable et l'assainissement des eaux usées... Plutôt que de parler de la crise du choléra, les villageois parlent de la disponibilité de l'eau pour chaque foyer, de l'hygiène conquise, des efforts évités pour les femmes qui n'ont plus besoin de parcourir de longues distances chargées de lourds récipients d'eau.

Le système a fortement influé sur l'advenue du choléra, laquelle a entraîné des bouleversements du système. Les individus portent aussi une responsabilité sur l'événement, à peu près équivalente à celle que porte le système lui-même dans la maladie qui s'abat sur les individus.

Ainsi cet événement dont personne, ou presque, ne parle, a-t-il joué un rôle important dans les transformations du site 2. Non initié de façon volontaire par les êtres humains, très lié à l'état du système, il met en cause aussi bien la passivité des villageois que l'organisation du douar au moment de la crise.

2.4. Événement 4. L'émancipation des enfants : la scolarisation

Le quatrième événement retenu pour le site 2 est l'émancipation des enfants par la scolarisation. Dans ce village, ce ne sont pas les femmes qui sont la cible privilégiée des transformations, mais les enfants. Autre stratégie qui consiste à miser sur l'avenir, à faire des enfants d'aujourd'hui les adultes éduqués et libres de demain. Il faut remarquer que cet événement est, de façon typique, un événement se déroulant dans la durée et non pas ponctuellement.

2.4.1. Relations pour les trois catégories, les personnes et l'événement 4 dans le site 2

2.4.1.1. Relations binaires pour tous les individus et l'événement 4 dans le site 2

Tableau 65. Valences des relations binaires pour les personnes et l'événement 4 (site 2)

Individu	E/S	S/E	I/S	S/I	I/E	E/I
Darifa	+	+ -	+ -	+	+ -	+
Jamal	+ +	+ -	+	+ -	+ -	+ -
Kamel	+ +	+ -	+ +	+ -	+ +	+ -
Madani	+ +	+ -	+ -	-	-	-
Mahdi	+	+ -	+ -	+ -	-	+ -
Nassim	+	+ -	+ -	+ -	-	-
Hamida	+	+ -	+ -	+	+ -	+ -
Jamila	+	+ -	+	+	+ -	+

2.4.1.2. Relations *ternaires* pour tous les individus et l'événement 4 dans le site 2

Tableau 66. Valences des relations ternaires pour les personnes et l'événement 4 (site 2)

Individu	I/ES	ES/I	E/IS	IS/E	S/IE	IE/S
Darifa	+	+ +	+	+ -	-	+
Jamal	+	+ -	+ +	+ +	-	+
Kamel	+ +	+ -	+ +	+ +	-	+
Madani	+ -	+ -	-	-	-	+ -
Mahdi	- -	+ -	+ -	-	-	-
Nassim	-	-	-	-	+ -	-
Hamida	-	+ -	+ -	-	+ -	-
Jamila	+	+	+	-	+ -	-

2.4.1.3. Relations *binaires*, *ternaires* et *trialectiques* pour les personnes et l'événement 4

Tableau 67. Toutes les valences des relations pour les personnes et l'événement 4 (site 2)

Relation / Individu	Binaire E/S	Ternaire I/ES	Trialectique Bloc 1	Binaire I/S	Ternaire E/IS	Trialectique Bloc 2	Binaire I/E	Ternaire S/IE	Trialectique Bloc 3	Valeur trialectique moyenne
Darifa	+ + -	+ + +	5+/1-	+ + -	+ + -	4+/2-	+ + - -	+ -	3+/3-	0,66 Forte
Jamal	+ + + -	+ + -	5+/2-	+ + -	+ + + +	6+/1-	+ + -	+ -	3+/2-	0,73 Forte
Kamel	+ + + -	+ + + -	6+/2-	+ + + -	+ + + +	7+/1-	+ + + -	+ -	4+/2-	0,77 Forte
Madani	+ + + -	+ + + -	6+/2-	+ - -	- -	1+/4-	- -	+ - -	1+/4-	0,44 Modérée
Mahdi	+ + -	+ - - -	3+/4-	+ + - -	+ - -	3+/4-	+ - -	- -	1+/4-	0,36 Faible
Nassim	+ + -	- -	2+/3-	+ + - -	- -	2+/4-	- -	+ - -	1+/4-	0,31 Faible
Hamida	+ + -	+ - -	3+/3-	+ + -	+ - -	3+/3-	+ + - -	+ - -	3+/4-	0,47 Modérée
Jamila	+ + -	+ +	4+/1-	+ +	+ -	3+/1-	+ + -	+ - -	3+/3-	0,66 Forte
Valence Moyenne	0,70 Forte	0,60 Forte	0,65 Forte	0,61 Forte	0,56 Modérée	0,59 Modérée	0,48 Modérée	0,35 Faible	0,39 Faible	

Tableau 68. Valences binaires orientées par personne pour l'événement 4 (site 2)

Relation / Individu	Darifa	Jamal	Kamel	Madani	Mahdi	Nassim	Hamida	Jamila	Valence par relation
E/S									
E→S	4	5	5	5	4	4	4	4	35/40 =0,87 Très forte
S→E	3	3	3	3	3	3	3	3	24/40 = 0,60 Forte
I/S									
I→S	3	4	5	3	3	3	3	4	28/40 = 0,70 Forte
S→I	4	3	3	2	3	3	4	4	26/40 = 0,65 Forte
I/E									
I→E	3	3	5	2	2	2	3	3	23/40 = 0,57 Modérée
E→I	4	3	3	2	3	2	3	4	24/40 = 0,60 Forte

2.4.2. Synthèse et interprétation pour l'événement 4 (scolarisation des enfants)

2.4.2.1. Synthèse descriptive

La dernière colonne du tableau 67 ci-dessus montre que quatre personnes surtout ont agi sur la scolarisation. Ce sont d'abord Kamel (score 0,77) et Jamal (score 0,73). Viennent ensuite deux femmes, Darifa, l'institutrice venant de l'extérieur et recrutée pour la crèche du douar (score 0,66), puis, avec un score identique (0,66), Jamila, elle aussi institutrice au village où elle est née. La dernière ligne du même tableau fait apparaître quatre relations aux valences fortes : les relations binaires E/S et l/S, la relation ternaire

I/ES et la relation trialectique du bloc 1. Trois valences sont modérées : celles de la relations ternaire E/IS, de la trialectique du bloc 2 et de la binaire I/E. Les autres relations S/IE et la trialectique du bloc 3 sont faibles.

Le tableau 68 permet de montrer que l'événement est dominant dans les relations avec le système : une valence de 0,87 pour E→S, contre 0,60 pour S→E, même si le système a une valence à la limite entre forte et modérée (0,60). Avec la catégorie individu, l'événement n'est plus dominant : 0,60 pour E→I contre 0,57 pour I→E.

On voit que toutes les relations (dernière colonne du tableau 68) sont fortes (ou au moins modérées pour I→E et très forte pour S→E) et proches dans les deux orientations, sauf pour E/S. On voit également que toutes les valences pour les individus (dernière ligne du tableau 68) sont fortes ou modérées, proches de fortes : entre 0,56 (Madani et Nassim) voire très forte pour Kamel (0,80).

2.4.2.2. Synthèse interprétative

Nous savons que c'est Kamel qui a lancé l'association qui a permis les actions sur la scolarisation des enfants. Il a été appuyé dans les divers projets et, notamment, ceux qui concernent la scolarisation, par ses cousins, Jamal et Madani. Nous avons également vu que Madani est plus réservé que son frère Jamal (on le voit bien dans son score plutôt bas pour l'événement 4) et qu'il apparaît moins parmi les figures notables du douar. Jamal se montre davantage comme l'un des leaders. Les deux frères sont célibataires, sans enfant, et la scolarisation, pour eux, correspond à l'une des voies pouvant conduire à l'émancipation des villageois. Ils ne sont pas touchés directement comme le sont les parents du village.

Que les deux institutrices semblent intervenir davantage que les autres villageois (Madani, Mahdi, Nassim et Hamida), à l'exception de ceux dont nous venons de parler, n'est pas surprenant. Nous les avons considérées, pour cette question de la scolarisation, comme symboliquement plus engagées. Leurs rapports concrets avec les mamans d'enfants scolarisés à la crèche du douar leur donnent un levier pour faire évoluer les manières de voir l'école et l'intérêt de sa généralisation aux filles autant qu'aux garçons. Encore faut-il remarquer qu'elles obtiennent, pour leurs relations, des scores forts mais proches de modérées (pour chacune, score de 0,66, l'épithète « modéré » s'appliquant aux valences dont les scores sont situés entre 0,60 et 0,79). Les deux institutrices, malgré tout, sont employées en préélémentaires et leur influence, de ce fait, se limite au cercle des parents (et surtout des mères) du douar.

Le fait que les relations binaires E/S aient des valences toujours supérieures à celles des autres relations dans le tableau 68 (sauf pour Kamel) peut s'interpréter comme le fait que la scolarisation est un événement qui, se poursuivant dans la durée, transforme lentement le système et se diffuse à tous les éléments de la société. Cet événement qui transforme le système du site 2 en continu aura des conséquences sans doute de plus en plus importantes dans le futur.

En comparaison avec l'émancipation des femmes dans le site 1, la scolarisation des enfants et, particulièrement, des filles produira des effets moins immédiats sur le statut de celles-ci et sur les relations femmes/hommes. Mais la relative lenteur du changement peut être compensée par la profondeur de ce changement sociétal.

2.5. Conclusion pour les quatre événements dans le site 2

2.5.1. Synthèse descriptive pour tous les événements

L'observation du tableau 69 permet de montrer que dans le site 2, un individu s'affiche comme un leader incontestable. Kamel a une valence trialectique moyenne très forte (score 0,81). Cette valence est très forte pour chacun des quatre événements. L'événement 1, cependant, apparaît comme ayant la seule valence trialectique moyenne ayant un score fort pour l'ensemble des répondants : dernière ligne du tableau 69, score de 0,70, loin devant les valences des autres événements.

Tableau 69. Valences trialectiques par personne pour tous les événements (site 2)

Événement / Individu	Événement 1 Création de structures collectives	Événement 2 Kamel et sa femme	Événement 3 Crise du choléra	Événement 4 Scolarisation des enfants	*Valeur trialectique moyenne par individu*
Darifa	0,52 Modérée	0,50 Modérée	0,30 Faible	0,66 Forte	*0,49 Modérée*
Jamal	**0,89 Très forte**	0,52 Modérée	0,53 Modérée	0,73 Forte	*0,66 Forte*
Kamel	**0,86 Très forte**	**0,81 Très forte**	**0,80 Très forte**	0,77 Forte	***0,81 Très forte***
Madani	**0,87 Très forte**	0,56 Modérée	0,52 Modérée	0,44 Modérée	*0,59 Modérée*
Mahdi	0,75 Forte	0,41 Modérée	0,28 Faible	0,36 Faible	*0,45 Modérée*
Nassim	0,71 Forte	0,40 Modérée	0,46 Modérée	0,31 Faible	*0,47 Modérée*
Hamida	0,54 Modérée	0,40 Modérée	0,56 Modérée	0,47 Modérée	*0,49 Modérée*
Jamila	0,50 Modérée	0,40 Modérée	0,52 Modérée	0,66 Forte	*0,52 Modérée*
Valeur trialectique moyenne par événement	*0,70 Forte*	*0,50 Modérée*	*0,49 Modérée*	*0,55 Modérée*	

Tableau 70. Toutes les valences pour tous les événements (site 2)

Relation / Événement	Binaire E/S	Ternaire I/ES	Trialectique Bloc 1	Binaire I/S	Ternaire E/IS	Trialectique Bloc 2	Binaire I/E	Ternaire S/IE	Trialectique Bloc 3
Valence pour l'événement 1 Création de l'association	0,75 Forte	**0,84 Très forte**	0,79 Forte	0,60 Forte	0,76 Forte	0,69 Forte	0,70 Forte	0,56 Modérée	0,63 Forte
Valence pour l'événement 2 Mariage de Kamel	0,66 Forte	0,46 Modérée	0,56 Modérée	0,56 Modérée	0,52 Modérée	0,55 Modérée	0,58 Modérée	0,19 Très faible	0,38 Faible
Valence pour l'événement 3 La crise du choléra	**0,94 Très forte**	0,44 Modérée	0,65 Forte	0,48 Modérée	0,36 Faible	0,42 Modérée	0,23 Très faible	0,63 Forte	0,44 Modérée
Valence pour l'événement 4 Scolarisation des enfants	0,70 Forte	0,60 Forte	0 65 Forte	0,61 Forte	0,56 Modérée	0,59 Modérée	0,48 Modérée	0,35 Faible	0,39 Faible

Le tableau 70, lui, montre que la création de l'association de développement (l'événement 1) a fédéré de nombreuses bonnes volontés dans le village. C'est l'événement qui rassemble le plus les habitants. Celui qui suit est la scolarisation des enfants (événement 4).

2.5.2. Synthèse interprétative pour tous les événements dans le site 2

La création de l'association s'est traduite par un premier projet orienté vers la création d'une adduction d'eau puis, plus tard, vers la construction de bassins d'assainissement des eaux usées (ainsi que vers l'amélioration de la route). En cela, Kamel pèse sur la situation de crise sanitaire (événement 3, tableau 69), de même qu'il est influent sur la question de l'école pour tous les enfants (tableau 69) et, d'ailleurs, sur les deux autres événements. Les autres villageois ont des valences qui expriment leur inaction, leur responsabilité inconsciente dans la crise du choléra. En acceptant que le village reste à l'écart des progrès indispensables, en ne dénonçant pas le manque criant d'hygiène, chacun porte une responsabilité de fait sur l'advenue de la maladie, et Kamel sans doute également. Il n'appartient à personne de considérer que cette responsabilité est une culpabilité et d'adresser des reproches aux habitants du douar. L'inconscience de ce qui aurait pu être fait, le poids des habitudes et des coutumes, la résignation chez ceux qui étaient conscients des risques, l'incapacité, parfois temporaire (comme pour Kamel et Jamal, notamment), expliquent l'attitude commune face à l'adversité que représente le système archaïque du site 2. Depuis des lustres la question de l'eau était cantonnée à celle de l'irrigation pour l'agriculture et à la nécessité d'abreuver le bétail, les hommes passant après cette ressource vitale qu'est le cheptel.

On voit que, selon l'événement, les individus sont plus ou moins engagés. Parmi ceux qui ont été retenus, ils sont cinq pour la création de l'association (événement 1, tableau 69), événement fondateur de l'évolution du douar. Ils sont quatre pour la scolarisation des enfants et des filles particulièrement. Il n'en reste qu'un pour l'événement 3. Trois figures ressortent, nettement, pour l'événement 1, celles de Jamal, Kamel et Madani qui ont des valences très fortes. Mahdi et Nassim les suivent de près. Seules les trois femmes, Darifa, Hamida et Jamila ne sont que modérément engagées dans cet événement. Nous retrouvons une hypothèse d'explication de ce phénomène déjà émise : dans le site 2, si la condition matérielle des femmes fait l'objet de l'attention des leaders masculins, leur statut reste traditionnel. Elles participent aux assemblées de l'association, mais elles ne l'ont pas fondée, elles n'interviennent dans les chantiers décidés par ces assemblées qu'à leur place traditionnelle de femmes, dont le rôle consiste à faire les repas des hommes qui travaillent sur ces chantiers collectifs.

Pour l'événement 2 (mariage et retour de Kamel dans le site) seul Kamel a une valence très forte. Tous les autres ont des valences modérées. Comment pourrait-il en être autrement, puisque cet événement est tout d'abord privé avant de devenir collectif. Seul Kamel (avec son épouse qui n'a été citée qu'après l'enquête par un responsable d'association) pouvait prendre la décision de se marier et de revenir dans son village natal. Les autres personnes n'ont pu jouer qu'un rôle essentiellement passif. Quant à l'événement 4, la scolarisation des enfants, deux personnes à nouveau dominent, Kamel et Jamal (respectivement 0,77 et 0,73, tableau 69), suivis de près par Darifa, l'institutrice non originaire du douar (0,66), et de Jamila, l'autre institutrice, originaire, elle, du douar.

Le tableau 70 montre les mêmes phénomènes sous l'angle différent des trois types de relations (binaires, ternaires et trialectiques) pour chaque événement. Il est remarquable que, pour l'événement 1, toutes les relations soient fortes, sauf la relation ternaire S/IE qui n'est que modérée et la relation I/ES qui est très forte (0,84). Ce dernier cas indique que le système a été passif dans la création de l'association. Il a incorporé cette nouvelle structure après en avoir favorisé la création du fait de ses insuffisances multiples. Il a donc un poids modéré dans la configuration créée par l'événement 1. À l'inverse, pour l'événement 2 (mariage et retour de Kamel), les relations sont modérées ou faibles, mise à part la relation binaire du bloc 1 (E/S) qui est forte et qui exprime le fait que l'événement a pesé assez lourdement sur le système qu'il a fortement modifié. Pour l'événement 3, la crise du choléra, la relation E/S est très forte, et la relation S/IE est forte, ainsi que la trialectique du bloc 1. Ici, le système a joué un rôle important. Le manque d'hygiène, l'impossibilité d'accéder à une eau potable proche du village, le manque de conscience, la résignation… ont été très négatifs et ont facilité le déclenchement d'une maladie qui a tué plusieurs personnes. Les scores des relations trialectiques du bloc 1 et ternaires du bloc 3 appuient ce qui vient d'être dit, à savoir, le poids important du système dans la configuration liée au choléra. Enfin, pour l'événement 4, la scolarisation des enfants, quatre relations ont des valences fortes : toutes les relations du bloc 1 et la binaire du bloc 2. Nous voyons là que les actions engagées en direction de la scolarisation, plus longue, généralisée, ouverte aux filles autant qu'aux garçons, s'imposent au système antérieur, ont raison des préjugés et des traditions ayant eu cours en ce domaine.

D'ailleurs, parmi les cinq relations modérées ou faibles, deux sont à la limite d'une valence forte (0,56 pour la ternaire E/IS et 0,59 pour la trialectique du bloc 2). Il ne reste donc que trois relations qui montrent des valences faibles ou faiblement modérées.

2.5.3. Synthèse pour le site 2

Le site 2, comme le site 1, a choisi la modernisation des structures matérielles et mentales. Mais il le fait différemment. Ici, cela a déjà été souligné, c'est par l'émancipation des enfants que la modernisation s'exprime et non par celle des femmes, du moins en ce qui concerne le statut de ces dernières. C'est, de manière assez proche de celle du site 1, par la création d'une structure collective, une association, ici, des coopératives, là-bas. Deux événement apparaissent relativement fortuits : la crise du choléra n'a été souhaitée ni organisée par personne. Elle a pourtant joué un rôle supérieur à ce qu'en disent (ou, plutôt, n'en disent pas) les habitants. Cet accident de parcours aurait sans doute pu être anticipé dans un autre lieu, avec d'autres structures, avec d'autres codes culturels... Tel n'a pas été le cas ici. L'autre événement paraissant fortuit est le mariage de Kamel. Imaginons un instant que Kamel n'ait pas rencontré celle qui est devenue son épouse et qui, de ce fait, ne le serait pas devenue. Serait-il revenu dans son village ? Aurait-il créé une association de développement ? Aurait-il pu fédérer les bonnes volontés dans le douar et le choléra ne menacerait-il pas encore ? Les filles resteraient sans doute à la maison après un passage rapide à l'école primaire... Les quatre événements que nous avons retenus ne sont pas les seuls qui auraient pu l'être. Mais ces événements-là forment un ensemble entretenant entre eux des liens forts. Le choléra a certainement eu des conséquences dans les esprits et dans les décisions prises après la crise. La création d'une association était le moyen paraissant le plus efficace pour prendre ces décisions (et d'autres), d'autant qu'il réinterprétait les structures traditionnelles, telles la *jmâa* ou la *meslaha* qui représentaient la collectivité par la décision collective et le travail commun gratuit[181]. Dans le site 2, les leaders et les autres habitants ont choisi et/ou accepté que le développement se fasse à l'intérieur des cadres coutumiers. Bien entendu, ces cadres sont transformés, parfois presque violentés, mais leur maintien rassure sans doute une part des habitants qui auraient peut-être été des opposants sans cela. Ici, on n'a pas recherché le progrès assez nettement orienté contre la tradition, comme dans le premier site. Il a, au contraire, été pensé dans la tradition, quitte à faire parfois de celle-ci une coquille de plus en plus vide, mais capable cependant

---

[181] Il ne faut pas voir seulement dans la *jmâa* un lieu de liberté de parole et de sentiment : la *jmâa* traditionnelle était dominée le plus souvent par les familles les plus puissantes et échappaient à la *meslaha* ceux qui pouvaient payer leur dédit, favorisant, d'ailleurs, une certaine circulation des richesses.

de maintenir une cohésion sociale et culturelle tout en ouvrant les voies de la modernité.

3. ÉTUDE DU SITE 3

Quartier industriel et commercial d'une grande ville marocaine, ce site est le troisième étudié. Plus précisément, c'est le marché central ou PCP de ce quartier qui est l'objet de l'étude. La question posée était la même que pour les deux autres sites et concernait les conditions de développement autonome de l'ensemble humain ainsi représenté, bien que cet ensemble apparaisse dès l'abord comme très différent des deux sites ruraux déjà étudiés.

Tableau 71. Les trois catégories analytiques dans le site 3

Individus	Systèmes (ou éléments de système)	Événements
Site 3 Individus 24, 25, 27, 28, 29, 30, 36, 39	Mode de gouvernance : l'ancien gouverneur + quelques marchands + des associations de commerçant + L'entreprise de gestion du PCP	Structure de décision centralisée : décision du gouverneur
	Le cadre légal du commerce vs illégal + faiblesse du cadre juridique, assurantiel notamment	Influence d'acteurs particuliers : l'appui de quelques commerçants de rue
	Les zones urbaines dangereuses + la propreté des rues et des marchés	Insécurité du site 3
	Processus politique ; pas de retrait par rapport aux pouvoirs centraux	Modernisation de la société : normalisation et sécurisation de la société
	Les valeurs à tendance individualiste	

Des fiches individuelles ont été créées pour ce site comme pour les deux autres sites. Elles permettent de donner un profil de chaque personne interrogée. Leur consultation permet de s'assurer que les affectations de valences sont bien justifiées et étayées. Comme pour les deux autres sites, les tableaux d'affectation de ces valences ont été reportés en annexe.

Nous disposons des informations livrées par les individus qui ont fait l'objet d'une telle fiche individuelle. Partant de là, j'ai produit des tableaux mettant en évidence les valences de toutes les relations (binaires, ternaires et trialectiques) existant entre les trois catégories analytiques (individu, système et événement) pour les 8 personnes interrogées et les 4 événements retenus.

3.1. Événement 1. La décision du gouverneur

Le premier événement est synthétisé sous la formule « mode de gouvernance ». On a trouvé ce type d'événement dans les trois sites, mais sous des formes différentes. Dans les deux sites ruraux, c'était une gouvernance collective étendue essentiellement aux coopérateurs dans le premier, élargi à tous les habitants, pour le second. Ici, c'est par la décision du gouverneur de la province que cette gouvernance apparaît.

3.1.1. Relations pour les trois catégories, toutes les personnes et l'événement 1

3.1.1.1. Relations *binaires* pour tous les individus et l'événement 1 dans le site 3

Tableau 72. Valences des relations binaires pour les personnes et l'événement 1 (site 3)

Individu	E/S	S/E	I/S	S/I	I/E	E/I
Samir	+ +	+ +	- -	+ +	- -	+ +
Saïd	+ +	+ +	- -	+ +	- -	+ +
Youssef	+ +	+ +	+	+ +	+ -	+ +
Layla	+ +	+ +	- -	-	- -	-
Malek	+ +	+ +	- -	+ +	- -	+ +
Malika	+ +	+ +	-	+ +	- -	+ -
Chadli	+ +	+ +	- -	-	- -	+ -
Alif	+ +	+ +	+ +	+	+ -	+

3.1.1.2. Valences des relations *ternaires* pour toutes les personnes et l'événement 1

Tableau 73. Valences des relations ternaires pour les personnes et l'événement 1 (site 3)

Individu	I/ES	ES/I	E/IS	IS/E	S/IE	IE/S
Samir	- -	+ +	+ +	- -	+ +	-
Saïd	- -	+ +	+ +	- -	+ +	- -
Youssef	+	+ +	+ +	+ -	+ +	+ -
Layla	-	-	-	- -	-	-
Malek	+	+ +	+	- -	+ +	
Malika	-	+ +	+ -	- -	- -	- -
Chadli	- -	-	-	- -	+ +	-
Alif	+	+ +	+	+ -	+ -	+ -

3.1.1.3. Relations *binaires*, *ternaires* et *trialectiques* pour les personnes et l'événement 1

Tableau 74. Toutes les valences des relations pour les personnes et l'événement 1 (site 3)

Relation \ Individu	Binaire E/S	Ternaire I/ES	Trialectique Bloc 1	Binaire I/S	Ternaire E/IS	Trialectique Bloc 2	Binaire I/E	Ternaire S/IE	Trialectique Bloc 3	Valeur trialectique moyenne
Samir	+ + + +	+ + - -	6+/2-	+ + - -	+ + - -	4+/4-	+ + - -	+ + -	4+/3-	0,60 Forte
Saïd	+ + + +	+ + - -	6+/2-	+ + - -	+ + - -	4+/4-	+ + - -	+ + - -	4+/4-	0,58 Modérée
Youssef	+ + + +	+ + +	7+/0-	+ + +	+ + + -	6+/1-	+ + + -	+ + + -	6+/2-	0,86 Très forte
Layla	+ + + +	- -	4+/2-	- - -	- - -	0+/6-	- - -	- -	0+/5-	0,23 Faible
Malek	+ + + +	+ + +	7+/0-	+ + - -	+ - -	3+/4-	+ + - -	+ + -	4+/3-	0,66 Forte
Malika	+ + + +	+ + -	6+/1-	+ + -	+ - - -	3+/4-	+ - - -	- - - -	1+/7-	0,45 Modérée
Chadli	+ + + +	- - -	4+/3-	- - -	- - -	0+/6-	+ - - -	+ + -	3+/4-	0,36 Faibles
Alif	+ + + +	+ + +	7+/0-	+ + +	+ + -	5+/1-	+ + -	+ + - -	4+/3-	0,80 Très forte
Valence moyenne	1,00 Très forte	0,60 Forte	0,82 Très forte	0,51 Modérée	0,39 Faible	0,45 Modérée	0,43 Modérée	0,46 Modérée	0,44 Modérée	

3.1.2. Synthèse et interprétation pour l'événement 1 dans le site 3

3.1.2.1. Synthèse descriptive

Tout d'abord, les trois blocs du tableau 74, ci-dessus, sont peu différenciés, si l'on excepte le bloc 1 qui montre des valences très fortes ou fortes pour les trois types de relations, binaires, ternaires et trialectiques. Dans les blocs 2 et 3, les valences sont toutes modérées et proches ou faibles (pour la relation E/IS). Nous voyons dans le bloc 1 que ce sont les relations E/S qui mettent en avant surtout l'événement et le système qui rehaussent le score. Pour la relation binaire E/S, le score est de 1,00 et il n'est plus que de 0,60 pour les relations ternaires faisant intervenir l'individu. Pour le bloc 3, les valences sont identiques. On remarque également que les valences par individu sont plus différenciées. Deux individus ont des valences très fortes (Youssef et Alif), deux autres, des valences fortes (Samir et Malek), les quatre autres se répartissent entre valences modérées (Saïd et Malika) et valences faibles (Layla et Chadli).

3.1.2.2. Synthèse interprétative

Les remarques faites sur le bloc 1 dans l'analyse descriptive montrent que la place de l'individu dans la configuration du site, pour ce qui concerne la décision de création du PCP, n'est pas fondamentale : l'introduction de l'individu dans la dialectique E/S fait fortement baisser la valence des relations ternaires et trialectiques. La décision vient « d'en haut », des autorités locales, les habitants du quartier ne sont pas interrogés, il ne leur est pas demandé leur avis. Le système de gouvernance qui apparaît ici est un modèle hiérarchique traditionnel, la prise de décision est *« top down »*.

Les blocs 2 et 3 font apparaître que seuls quelques individus interviennent (sans doute plus indirectement que directement) dans la prise de décision. Sans grande surprise, on voit dans la dernière colonne du tableau 74 que ce sont Youssef, l'un des responsables du PCP (score 0,86) et Alif, le directeur adjoint de l'administration du PCP (score 0,80). Nous avons vu que deux autres personnes les suivent d'assez loin, Samir qui est un salarié du PCP et Malek, ancien responsable à la préfecture du site. Les autres personnes interrogées sont des clients ou des vendeurs du PCP et ne sont pas impliqués autrement dans le marché.

Les blocs 2 et 3, aux valences plus faibles, montrent que les relations binaires entre les individus et le système (bloc 2) et entre les individus et l'événement (bloc 3) sont bien moins fortes que celles concernant événement et système. Aucune des personnes citées dans l'analyse descriptive comme ayant eu un certain poids sur ces deux variables (E et S) n'apparaît avoir eu l'oreille du gouverneur. Leur positionnement a seulement pu encourager celui-ci à prendre sa décision et permettre au système de se transformer d'une façon que ces personnes jugent favorable. On voit dans le tableau 75 ci-dessous que les relations binaires E/S sont très fortes quelle que soit leur orientation : E➔S = 1,00, S➔E = 1,00. Pour les relations I/S, les valences sont faibles dans le sens I➔S et très fortes dans le sens S➔I. Enfin pour les relations I/E, les valences sont fortes dans le sens E➔I et faibles dans le sens I➔E. On peut dessiner trois groupes : l'un à très forte influence (Youssef et Alif) ; un autre à influence forte, bien qu'inférieure à celle du premier groupe (Samir, Saïd, Malek et Malika) ; le troisième, enfin, à influence plus mesurée (Layla et Chadli). Cela montre que certains acteurs, tels Youssef et Alif, essentiellement, du fait de leur position et de leur engagement précoce auprès du gouverneur, ont pu influer sur l'événement « décision du gouverneur ».

Tableau 75. Valences binaires orientées par personne pour l'événement 1 (site 3)

E/S	Samir	Saïd	Youssef	Layla	Malek	Malika	Chadli	Alif	Valence par relation
E➔S	5	5	5	5	5	5	5	5	40/40 = 1,00 Très forte
S➔E	5	5	5	5	5	5	5	5	40/40 = 1,00 Très forte
I/S									
I➔S	1	1	4	1	1	2	1	4	15/40 = 0,37 Faible
S➔I	5	5	5	2	5	5	2	4	33/40 = 0,82 Très forte
I/E									
I➔E	1	1	3	1	1	1	1	3	12/40 = 0,30 Faible
E➔I	5	5	5	2	5	3	3	3	31/40 = 0,77 Forte

On peut supposer aussi que des personnes comme Samir, Saïd, Malek et Malika, par leurs choix de fréquenter le marché, comme par leur approbation de la création de celui-ci, font partie (ou représentent) des personnes (clients ou vendeurs) dont la présence a pu encourager le gouverneur à prendre la décision de création.

Par ailleurs, les deux premières lignes du tableau 75 montrent qu'événement et système vont véritablement de pair (valences 1,00 quel que soit le sens de E/S), ce qui peut se lire aussi comme le fait que la décision du gouverneur n'est après tout qu'une décision du système dont la partie (locale) la plus importante hiérarchiquement.

Cela confirme que la gouvernance dans le site 3 est hiérarchique, « *top down* », et que le seul appui de quelques personnes à une décision « venue d'en haut » ne lui donne aucun caractère collectif. On voit ici la place secondaire des individus dans la décision de création du PCP.

3.2. Événement 2. L'influence d'acteurs particuliers : l'appui de quelques marchands

Le site 3 n'a pas connu d'événements de façon aussi claire que les deux villages ruraux.

Ici, l'événement le plus repérable, l'événement premier, c'est la décision de création du site.

J'ai considéré que l'influence d'acteurs particuliers pouvait être comptée comme un second événement. On perçoit dans les verbatims, en effet, que quelques personnes se sont rangées derrière le gouverneur, non pas forcément au moment de la prise de décision, mais, en tout cas, dès le démarrage du projet. Ces influences, nous venons de le voir, ne sont pas celles de tous les individus, et même la responsabilité des plus proches du gouverneur dans la décision concernant le PCP reste limitée. Elle permet, cependant, de dire qu'une décision venue du sommet d'une organisation doit, pour être applicable, être reçue positivement par une partie au moins des personnes à qui cette décision doit s'imposer.

3.2.1. Relations pour les trois catégories, les personnes et l'événement 2

3.2.1.1. Relations *binaires* pour les personnes et l'événement 2

Tableau 76. Valences des relations binaires pour les personnes et l'événement 2 (site 3)

Individu	E/S	S/E	I/S	S/I	I/E	E/I
Samir	+ -	+ -	- -	+ -	- -	+ -
Saïd	+ -	+ -	- -	+ -	- -	+ -
Youssef	+	+ -	+	+	+	+ -
Layla	+	+	- -	-	- -	-
Malek	+	+	-	+ -	-	-
Malika	+	+	- -	-	- -	-
Chadli	+	+	- -	+ -	- -	+ -
Alif	+	+	+ +	+ +	+	+ -

3.2.1.2. Relations *ternaires* pour tous les individus et l'événement 2

Tableau 77. Valences des relations ternaires pour les personnes et l'événement 2 (site 3)

Individu	I/ES	ES/I	E/IS	IS/E	S/IE	IE/S
Samir	- -	+ -	+ -	- -	- -	- -
Saïd	- -	+ -	+ -	- -	- -	- -
Youssef	+	+ +	+	+ -	+ +	+
Layla	-	+ -	-	-	- -	- -
Malek	-	+ -	-	- -	+	- -
Malika	- -	-	-	- -	+	- -
Chadli	- -	+ -	-	- -	+	- -
Alif	+ -	+	+	+ -	+	+

3.2.1.3. Relations *binaires*, *ternaires* et *trialectiques* pour 8 individus et l'événement 2

Tableau 78. Toutes les valences des relations pour les personnes et l'événement 2 (site 3)

Relation Individu	Binaire E/S	Ternaire I/ES	Trialec- tique Bloc 1	Binaire I/S	Ternaire E/IS	Trialec- tique Bloc 2	Binaire I/E	Ternaire S/IE	Trialec- tique Bloc 3	Valeur trialectique moyenne
Samir	+ + + +	+ - - -	5+/3-	+ - - -	+ - - -	2+/6-	+ - - -	- - - -	1+/7-	0,33 Modérée
Saïd	+ + - -	+ - - -	3+/5-	+ - - -	+ - - -	2+/6-	+ - - -	- - - -	1+/7-	0,25 Faible
Youssef	+ + -	+ + +	5+/1-	+ +	+ + -	4+/1-	+ + +	+ + +	6+/0-	**0,88** **Très forte**
Layla	+ +	+ - -	3+/2-	- - -	- -	0+/5-	- - -	- - - -	0+/7-	0,17 Très faible
Malek	+ +	+ - -	3+/2-	+ - -	- - -	1+/5-	- -	+ - -	1+/4-	0,31 Faible
Malika	+ +	- - -	2+/3-	- - -	- - -	0+/6-	- - -	+ - -	1+/5-	0,17 Très faible
Chadli	+ +	+ - - -	3+/3-	+ - - -	- - -	1+/6-	+ - -	+ - -	2+/4-	0,31 Faible
Alif	+ +	+ + -	4+/1-	+ + + +	+ + -	6+/1-	+ + -	+ +	4+/1-	**0,82** **Très forte**
Valence moyenne	0,76 Forte	0,37 Faible	0,58 Modérée	0,37 Faible	0,24 Faible	0,30 Faible	0,26 Faible	0,30 Faible	0,28 Faible	

3.2.2. Synthèse et interprétation pour l'événement 2 dans le site 3

3.2.2.1. Synthèse descriptive

La dernière colonne du tableau 78 ci-dessus montre que deux personnes seulement présentent des valences très fortes (Youssef et Alif, dernière colonne) pour l'événement 2, « Influence d'acteurs particuliers ». Les autres personnes ont des valences faibles ou très faibles pour toutes les relations. Dans la dernière ligne, les relations sont toutes faibles, à l'exception de la relation E/S (valence forte, 0,76) et de la relation trialectique du bloc 1 (valence modérée, 0,58).

Toutes les autres valences trialectiques de la dernière colonne sont faibles ou très faibles, soulignant le fait que l'événement 2 a surtout concerné les leaders, si l'on admet que Youssef et Alif peuvent être ainsi étiquetés dans ce site où c'est l'autorité administrative hiérarchique qui prend les décisions. La dernière ligne du tableau 78 renvoie au fait que l'essentiel se joue entre l'événement et le système (E/S, valence = 0,76).

Ceci est confirmé par le tableau 79 qui montre que c'est la relation binaire entre les deux catégories E et S qui est la plus forte, quel que soit son sens (E→S et S→E, montrant respectivement des scores de 0,75 et 0,72 peuvent être considérées comme identiques). Les autres relations sont plus faibles et déséquilibrées : I→S a une valence estimée à 0,40 contre 0,62 pour S→I ; I→E a une valence de 0,37 contre 0,52 pour E→I. La dernière ligne de ce tableau montre que seuls Alif et Youssef ont des relations possédant des valences très fortes (Alif) ou fortes (Youssef).

Tableau 79. Valences binaires orientées par personne pour l'événement 2 (site 3)

E/S	Samir	Saïd	Youssef	Layla	Malek	Malika	Chadli	Alif	Valence par relation
E/S									
E→S	3	3	4	4	4	4	4	4	30/40 = 0,75 Forte
S→E	3	3	3	4	4	4	4	4	29/40 = 0,72 Forte
I/S									
I→S	1	1	4	1	2	1	1	5	16/40 = 0,40 Modérée
S→I	3	3	4	2	3	2	3	5	25/40 = 0,62 Forte
I/E									
I→E	1	1	4	1	2	1	1	4	15/40 = 0,37 Faible
E→I	3	3	3	2	2	2	3	3	21/40 = 0,52 Modérée

3.2.2.2. Synthèse interprétative

Nous avons quelque peu forcé le modèle en lui demandant de reconnaître des relations dans le cadre d'un événement dont on pourrait contester qu'il en soit un véritablement. À proprement parler, en effet, l'influence de personnes favorables au projet de PCP ne répond que partiellement à la définition que nous avons retenue pour l'événement dans le chapitre concernant la modélisation RISE : il s'agit d'une acception de l'événement qui regroupe les caractères suivants :

A. l'*événement doit être rendu public* (« déclaration d'événement »), même s'il est intime, autrement dit, étiqueté comme un événement par les acteurs et par les observateurs ;
B. en ce sens, l'événement *est interprété par les diffuseurs et les récepteurs* ;
C. l'événement *apparaît souvent comme un choc* ; cependant, un changement lent mais en profondeur (dans le statut des femmes, par exemple) peut être considéré comme un événement, si cela déclenche, dans la durée, des modifications importantes de la société ;
D. l'événement *est nécessairement inscrit dans la socialité* ;
E. l'événement *semble souvent improbable, accidentel, a-normal* : c'est la « rupture d'intelligibilité » dont parle Éric Fassin[182].

En reprenant les 5 caractéristiques proposées ci-dessus, on peut dire :
1. qu'il n'y a pas eu véritablement de « déclaration d'événement ». Les personnes qui sont favorables au PCP (et notamment les deux qui ont été interrogées, Alif et Youssef) ne se sont pas regroupées, même de façon informelle, selon nos informations et, encore moins, de façon formelle ;
2. cette existence de personnes favorables n'a pas fait l'objet, nous semble-t-il, d'une interprétation par des récepteurs ;
3. cette existence n'apparaît pas comme un choc.

---

[182] Voir Claude Vautier, « Cette étrange pliure », *op. cit.*, p. 278-279.

Par contre, l'« événement 2 » participe d'une modification, à moyen ou long terme, du système sociétal (point C). Il est inscrit par-là, dans la socialité (point D) et, d'une certaine façon participe aussi de la « rupture d'intelligibilité » dont parle Éric Fassin (point E).

Avec divers membres de la chaire, j'ai donc pensé que nous pouvions tout de même considérer comme « événement » ce phénomène qui semble avoir joué un rôle dans l'évolution du système du site 1.

Cette mise au point étant faite, le tableau 78 montre donc que, pour l'événement 2, deux personnes sont influentes sur les relations (dernière colonne du tableau 78). Toutes deux ont une position dans le PCP, toutes deux ont appuyé le projet dès sa formation. Les autres personnes quelles que soient leurs approbations ou leur critiques n'ont que peu d'impact sur l'existence ou non de personnes favorables, comme elles n'avaient que peu d'effet sur la décision prise par le gouverneur (événement 1).

En conclusion le système du site 3, avec le gouverneur à sa tête, se partage l'influence avec l'événement 2 (l'influence d'acteurs particuliers). Les relations I/S sont assez proches : 0,62 pour S→I et 0,40 pour I→S, mais le système garde la main pour l'essentiel.On voit bien, de ce fait, que ces acteurs peuvent avoir une certaine importance, bien que celle-ci soit limitée. Dans notre échantillon, ils sont peu nombreux et on peut faire l'hypothèse que, dans la réalité observable, ils sont également en nombre limité. Nous avons déjà vu que la gouvernance dans le site 3 est hiérarchique, *« top down »*, et que le seul appui de quelques personnes à une décision venue d'en haut ne donne pas à celle-ci de caractère collectif.

3.3. Événement 3. L'insécurité du site 3

Ce troisième événement correspond intuitivement mieux à la définition de l'événement retenu : il est connu de tous (public, critère 1), il est de ce fait interprété (critère 2) ; on ne peut le considérer comme un choc soudain (critère 3), mais il est inséré dans la socialité (critère 4) ; par contre, il n'apparaît pas comme une rupture d'intelligibilité (critère 5), le fait est connu et admis par chacun depuis longtemps.

3.3.1. Relations pour les trois catégories, les personnes l'événement 3

3.3.1.1. Relations *binaires* pour les personnes et l'événement 3

Tableau 80. Valences des relations binaires pour les personnes et l'événement 3 (site 3)

Individu	E/S	S/E	I/S	S/I	I/E	E/I
Samir	+ +	+ +	- -	+ -	- -	+ -
Saïd	+ +	+ +	- -	+ -	- -	+ -
Youssef	+ +	+ +	+	+	+	+ -
Layla	+ +	+ +	- -	-	- -	-
Malek	+ +	+ +	-	+ -	-	+ -
Malika	+ +	+ +	- -	+ -	-	+ -
Chadli	+ +	+ +	- -	-	-	-
Alif	+ +	+ +	+	+	+	+

3.3.1.2. Relations *ternaires* pour les personnes et l'événement 3

Tableau 81. Valences des relations ternaires pour les personnes et l'événement 3 (site 3)

Individu	I/ES	ES/I	E/IS	IS/E	S/IE	IE/S
Samir	+ -	+ -	- -	- -	- -	- -
Saïd	- -	- -	+ -	- -	+ -	- -
Youssef	+ -	+	+ -	-	+ -	+ -
Layla	- -	-	-	- -	+ -	- -
Malek	-	+ -	+ -	- -	+ -	- -
Malika	-	-	-	+ -	- -	+ -
Chadli	- -	-	- -	- -	-	-
Alif	+	+ +	+ +	+	+	+

3.3.1.3. Relations *binaires*, *ternaires* et *trialectiques* pour les personnes et l'événement 3

Tableau 82. Toutes les valences des relations pour les personnes et l'événement 3 (site 3)

Relation / Individu	Binaire E/S	Ternaire I/ES	Trialectique Bloc 1	Binaire I/S	Ternaire E/IS	Trialectique Bloc 2	Binaire I/E	Ternaire S/IE	Trialectique Bloc 3	Valeur trialectique moyenne
Samir	+ + + +	+ + - -	6+/2-	+ - - -	- - - -	1+/7-	+ - - -	- - - -	1+/1-	0,44 Modérée
Saïd	+ + + +	- - - -	4+/4-	+ - - -	- - -	1+/6-	+ - - -	+ - -	3+/4-	0,36 Faible
Youssef	+ + + +	+ + +	7+/0-	+ +	- - -	2+/3-	+ + -	+ + -	4+/2-	0,72 Forte
Layla	+ + + +	- - -	4+/3-	- - -	- - -	0+/6-	- - -	+ - - -	1+/6-	0,25 Faible
Malek	+ + + +	+ - -	5+/2-	+ - - -	+ - - -	2+/5-	+ - -	+ - - -	2+/5-	0,42 Modérée
Malika	+ + + +	- -	4+/2-	+ - -	+ - - -	2+/5-	+ - - -	+ - - -	2+/6-	0,38 Faible
Chadli	+ + + +	- - -	4+/3-	- - -	- - - -	0+/7-	- -	- -	0+/4-	0,22 Faible
Alif	+ + + +	+ + +	7+/0-	- -	+ + +	3+/2-	- -	+ +	2+/2-	0,75 Forte
Valence moyenne	1,00 Très forte	0,36 Faible	0,71 Forte	0,20 Faible	0,18 Très Faible	0,19 Très faible	0,20 Faible	0,44 Modérée	0,33 Faible	

Tableau 83. Valences binaires orientées par personnes pour l'événement 3 (site 3)

	Samir	Saïd	Youssef	Layla	Malek	Malika	Chadli	Alif	Valence par relation
E/S									
E→S	5	5	5	5	5	5	5	5	40/40 = 1,00 Très forte
S→E	5	5	5	5	5	5	5	5	40/40 = 1,00 Très forte
I/S									
I→S	2	2	4	1	2	1	1	4	17/40 = 0,42 Modérée
S→I	3	3	4	2	3	3	3	4	25/40 = 0,62 Forte
I/E									
I→E	1	1	4	1	2	2	2	4	17/40 = 0,42 Modérée
E→I	3	3	3	2	3	3	2	4	23/40 = 0,57 Modérée

L'insécurité du quartier est une des caractéristiques qui sont relevées à peu près systématiquement par les personnes interrogées. Cette insécurité est l'une des raisons qui ont poussé le gouverneur à créer le PCP. Bien qu'elle ne soit pas la seule, cette raison semble avoir joué un rôle important.

3.3.2. Synthèse et interprétation pour l'événement 3 dans le site 3

3.3.2.1. Synthèse descriptive

La dernière colonne du tableau 82 ci-dessus montre, qu'à nouveau, deux personnes seulement présentent des valences trialectiques fortes (Youssef et Alif) pour l'événement 3 (insécurité du quartier). Tous deux ont une position dans le PCP, tous deux ont appuyé le projet dès sa formation. Les autres personnes quelles que soient leurs approbations ou leurs critiques n'ont que peu d'impact sur l'existence ou non de personnes favorables, comme elles n'avaient que peu d'effet sur la décision prise par le gouverneur (événement 1) et également sur l'influence d'acteurs particuliers. Il s'agit ici d'un site commercial, et non d'un village ou d'un quartier dont les habitants tissent des liens serrés entre eux, partagent des valeurs, notamment de solidarité… Ici les personnes interrogées apparaissent dans une grande dispersion

Si l'on compare les valences des relations dans les trois blocs du modèle (dernière ligne du tableau 82), on note que le premier bloc a des valences plutôt fortes, les autres blocs ont des valences plutôt faibles ou très faible. Les scores en dernière colonne du tableau 82 sont assez homogènes.

3.3.2.2. Synthèse interprétative

Le tableau 83 montre qu'à l'exception des relations de type ES qui sont très fortes et égales quelle que soit leur direction, les autres relations montrent quelques différences selon que la relation adopte un sens ou le sens contraire (dernière colonne). Ainsi, trouve-t-on, dans le tableau 83, pour I→S, un score de 0,42 contre 0,62 pour S→I et un score de 0,42 pour I→E, contre 0,57 pour E→I. Cela suggère que lorsque l'on estime l'influence binaire ou élémentaire de l'individu sur la relation le liant au système ou à l'événement, cette influence est relativement plus faible que si, à l'inverse, on estime l'influence du système ou de l'événement dans les relations les liant à la catégorie individu. Sur la foi de ce tableau, on serait tenté de dire que, des trois catégories du modèle, c'est l'individu qui est le moins actif, précédé par l'événement et par le système, qui sont les catégories les plus actives.

Cette prééminence du système et de l'événement sur l'individu nous ramène à l'éparpillement des individus dont l'influence est globalement plus faible que celle des autres catégories. Seules quelques personnes ont pu jouer un rôle relativement estimable dans l'évolution du quartier et la lutte contre son insécurité. Les autres personnes rencontrées évoquent les changements de façon positive ou non, mais n'y participent pas.

3.4. Événement 4. La modernisation : formalisation et sécurisation du site

Le PCP a été créé pour faire face à divers défis : l'insécurité, l'encombrement des voies de circulation, une volonté de marquer, symboliquement et matériellement, la modernité.

3.4.1. Relations pour les trois catégories, les personnes et l'événement 4

3.4.1.1. Relations *binaires* pour tous les individus et l'événement 4

Tableau 84. Valences des relations binaires pour les personnes et l'événement 4 (site 3)

Individu	E/S	S/E	I/S	S/I	I/E	E/I
Samir	+ +	+ +	-	+ -	-	+ -
Saïd	+ +	+ +	-	+ -	-	+ -
Youssef	+ +	+ +	+	+	+	+
Layla	+ +	+ +	- -	- -	- -	- -
Malek	+ +	+ +	-	+ -	-	+ -
Malika	+ +	+ +	-	-	- -	+ -
Chadli	+ +	+ +	- -	-	- -	-
Alif	+ +	+ +	+ +	+ +	+	+

3.4.1.2. Relations *ternaires* pour les personnes et l'événement 4

Tableau 85. Valences des relations ternaires pour les personnes et l'événement 4 (site 3)

Individu	I/ES	ES/I	E/IS	IS/E	S/IE	IE/S
Samir	-	+ -	+	-	+ -	- -
Saïd	-	+ -	+		+	
Youssef	+ -	+	+ -	+ -	+ -	+ -
Layla	- -	-	- -	- -	- -	- -
Malek	-	+ -	+ -	-	-	-
Malika	-	+ -	+ -	- -	- -	- -
Chadli	- -	-	-	- -	- -	- -
Alif	+	+ +	+	+	+ +	+

3.4.1.3. Relations *binaires*, *ternaires* et *trialectiques* pour les personnes et l'événement 4

3.4.2. Synthèse et Interprétation pour l'événement 4 dans le site 3

3.4.2.1. Synthèse descriptive

La dernière ligne du tableau 86 ci-dessous montre que toutes les relations, à l'exception de la relation binaire E/S et, en conséquence, de la relation trialectique du bloc 1, sont faibles. La dernière colonne montre à nouveau que, seules, deux personnes interrogées ont des relations ayant des valences fortes (Youssef, 0,73) ou très fortes (Alif, 1,00). Les autres relations se situent entre faibles et modérées.

Tableau 86. Toutes les valences des relations pour les personnes et l'événement 4 (site 3)

Relation / Individu	Binaire E/S	Ternaire I/ES	Trialectique Bloc 1	Binaire I/S	Ternaire E/IS	Trialectique Bloc 2	Binaire I/E	Ternaire S/IE	Trialectique Bloc 3	Valeur trialectique moyenne
Samir	+ + + +	+ - -	5+/6-	+ - -	+ -	2+/3-	+ - -	+ - - -	2+/5-	0,39 Modérée
Saïd	+ + + +	+ - -	4+/2-	+ - -	+ -	2+/3-	+ - -	+ - - -	2+/5-	0,44 Modérée
Youssef	+ + + +	+ + -	6+/1-	+ +	+ + - -	4+/2-	+ +	+ + - -	4+/2-	0,73 Forte
Layla	+ + + +	- - -	4+/3-	- - - -	- - - -	0+/8-	- - - -	- - - -	0+/8-	0,21 Faible
Malek	+ + + +	+ - -	5+/2-	+ - -	+ - -	2+/4-	+ - -	- -	1+/4-	0,44 Modérée
Malika	+ + + +	+ - -	5+/2-	- -	+ - - -	1+/5-	+ - - -	- - - -	1+/7-	0,35 Faible
Chadli	+ + + +	- - -	4+/3-	- - -	- - -	0+/6-	- - -	- - -	0+/7-	0,20 Faible
Alif	+ + + +	+ + +	7+/0-	+ + + +	+ +	6+/0-	+ +	+ + +	5+/0-	1,00 Très forte
Valence moyenne	1,00 Très forte	0,37 Faible	0,67 Forte	0,37 Faible	0,33 Faible	0,35 Faible	0,33 Faible	0,31 Faible	0,28 Faible	

3.4.2.2. Synthèse interprétative

Tableau 87. Valences binaires orientées par personne pour l'événement 4 dans le site 3

	Samir	Saïd	Youssef	Layla	Malek	Malika	Chadli	Alif	Valence par relation
E/S									
E→S	5	5	5	5	5	5	5	5	40/40 = 1,00 Très forte
S→E	5	5	5	5	5	5	5	5	40/40=1,00 Très forte
I/S									
I→S	2	2	4	1	2	2	1	5	19/40= 0,47 Modérée
S→I	3	3	4	1	3	2	2	5	23/40 = 0,57 Modérée
I/E									
I→E	1	1	4	1	2	1	1	4	15/40 = 0,37 Faible
E→I	3	3	4	1	3	3	2	4	23/40 = 0,57 Modérée

Sans surprise, ce sont toujours Alif et Youssef qui montrent des valences très fortes ou fortes. Ils apparaissent encore comme ceux qui ont pu peser sur l'événement, ici la modernisation du site 3. Une personne n'a aucune influence sur cet événement, Layla, qui n'est pas du quartier et n'y vient que lorsqu'elle rend visite à sa belle-mère. Toutes les autres personnes interrogées ont peu d'influence sur l'événement, mais l'événement en a eu sur elles, en leur fournissant un emploi dans le PCP ou un marché sécurisé et abrité à la place des marchés de rue.

Le tableau 87 met en évidence le fait que E et S ne se départagent pas en matière d'influence, tandis que S l'emporte sur I (relation I/S) et que E domine sur I. Dans le troisième site, l'individu n'est pas le maître d'œuvre.

3.5. Conclusion pour le site 3 : une émergence discutable

Si l'on accepte pour définition d'une émergence sociétale que c'est le fait qu'un groupe humain, essentiellement par ses propres forces, et collectivement, réussit à s'arracher à la contingence pour assurer ses besoins vitaux et maintient une autonomie minimale tout au long du processus de développement, alors, les deux sites ruraux sont sans doute éligibles à l'appellation d'émergence. Cela semble plus douteux pour le site urbain.

Il ressort à nouveau des informations récapitulées dans le tableau 88 que deux personnes montrent une influence plus élevée que les autres. Nous l'avons vu pour chaque événement, ce sont Youssef et Alif. Les valeurs trialectiques moyennes de leurs relations apparaissent respectivement aux niveaux 0,79 et 0,84 (tableau 88, dernière colonne).

Tableau 88. Valences trialectiques par personne pour tous les événements dans le site 3

	Valeurs trialectiques Événement 1 Décision du gouverneur	Valeurs trialectiques Événement 2 L'appui de quelques commerçants	Valeurs trialectiques Événement 3 Insécurité du site	Valeurs trialectiques Événement 4 Formalisation et sécurisation	*Valeur trialectique moyenne par personne*
Samir	0,60 Forte	0,33 Faible	0,44 Modérée	0,39 Modérée	*0,44 Modérée*
Saïd	0,58 Modérée	0,25 Faible	0,36 Faible	80,44 Modérée	*0,40 Modérée*
Youssef	**0,86 Très forte**	**0,88 Très forte**	0,72 Forte	0,73 Forte	***0,79 Forte***
Layla	4/17=0,23 Faible	0,21 Faible	0,25 Faible	0,21 Faible	*0,22 Faible*
Malek	0,66 Forte	0,31 Faible	0,42 Modérée	0,44 Modérée	*0,38 Faible*
Malika	0,45 Modérée	0,21 Faible	0,38 Faible	0,35 Faible	*0,34 Faible*
Chadli	0,36 Faible	0,31 Faible	0,22 Faible	0,20 Faible	*0,27 Faible*
Alif	**0,80 Très forte**	**0,82 Très forte**	0,75 Forte	**1,00 Très forte**	***0,84 Très forte***
Valeur trialectique moyenne par événement	*0,56 Modérée*	*0,41 Modérée*	*0,44 Modérée*	*0,47 Modérée*	

Toutes les autres personnes ont des valences moyennes modérées ou faibles (4 personnes sur 8), bien que, deux d'entre elles (hormis Youssef et Alif) aient, à des titres divers, occupé des fonctions de responsabilité dans le PCP ou son environnement : si Alif est vice-directeur de l'administration de ce dernier et Youssef vendeur et responsable dans le PCP, Samir en est salarié et Malek, retraité reconverti en vendeur au marché, est un ancien responsable de province à la préfecture. Les valences moyennes par événement sont toutes modérées.

Tableau 89. Toutes les valences pour tous les événements dans le site 3

Relation Événement	Binaire E/S	Ternaire I/ES	Trialec- tique Bloc 1	Binaire I/S	Ternaire E/IS	Trialec- tique Bloc 2	Binaire I/E	Ternaire S/IE	Trialec- tique Bloc 3
Valence pour l'événement 1 Création du PCP	**1,00** **Très forte**	0,60 Forte	**0,82** **Très forte**	0,51 Modérée	0,39 Faible	0,45 Modérée	0,43 Modérée	0,46 Modérée	0,44 Modérée
Valence pour l'événement 2 Soutien de quelques vendeurs	0,76 Forte	0,37 Faible	0,58 Modérée	0,37 Faible	0,24 Faible	0,30 Faible	0,26 Faible	0,30 Faible	0,28 Faible
Valence pour l'événement 3 Insécurité du quartier	**1,00** **Très forte**	0,36 Faible	0,71 Forte	0,20 Faible	0,18 Très faible	0,19 Très faible	0,20 Faible	0,44 Modérée	0,33 Faible
Valence pour l'événement 4 Sécurisation des rues	**1,00** **Très forte**	0,37 Faible	0,60 Forte	0,37 Faible	0,33 Faible	0,35 Faible	0,33 Faible	0,31 Faible	0,28 Faible

Le tableau 88 montre des valences trialectiques moyennes par événement modérées. Il laisse voir également des valences trialectiques moyennes par individu plutôt faibles, à l'exception de celles de Youssef et Alif, nous l'avons vu, et de Samir et Saïd (modérées : 0,44 et 0,40)

Rien ne se joue vraiment au niveau des individus, c'est entre le système (dont le gouverneur est le représentant) et l'événement (la décision de création du PCP, donc de modification du système) que le changement prend racine. Le tableau 89 le confirme qui montre que la plupart des valences pour tous les événements sont faibles, cette remarque valant surtout pour les événements 3, 4 et 5 et pour les blocs du modèle 2 et 3.

Tous ces indicateurs du modèle RISE que sont les valences des liens qui rassemblent individu/système/événement, montrent à nouveau qu'il existe un contraste entre les deux premiers sites et le troisième. Celui-ci n'apparaît pas comme une communauté. Ce n'est pas un village où les personnes vivent en contact permanent, jour et nuit, dans un cadre de vie où ils doivent développer toutes leurs capacités humaines et sociétales. Dans le site 3, c'est la vie professionnelle qui est nourrie par le PCP, pas l'ensemble des facettes de la vie sociale et psychologique. Il n'y a pas de concertation entre les personnes qui y travaillent, encore moins avec celles qui ne sont que client.e.s ou riverain.e.s. Le modèle hiérarchique observé a permis la création d'une structure, cette structure peut sans doute se pérenniser parce qu'elle répond à un besoin à la fois des responsables publics, de certains vendeurs et de certains clients et clientes, voire même de personnes ne répondant pas à ces critères, promeneurs individuels ou en famille, qui apprécient la sécurisation du quartier.

N'est-ce pas, d'ailleurs, en grande partie pour cela que le PCP a vu le jour. La volonté de modernisation, de rationalisation et de sécurisation de l'espace urbain a sans doute joué un grand rôle dans le processus.

Il semble cependant difficile de considérer que le PCP puisse faire émerger un modèle de développement. On a affaire ici à un exemple de politique publique d'aménagement, certes utile, et peut-être efficace, mais, pour dupliquer une telle politique, il faudra toujours une autorité publique capable d'imposer ses choix. Il ne semble pas plausible, en l'état des choses, qu'un consensus spontané puisse naître entre des personnes ne se connaissant pas, sans grande solidarité, ni identité revendiquée. Aucune des personnes interrogées dans le site 3 n'a évoqué l'une ou l'autre.

Ce qui semble avoir été le moteur du développement du site 2, c'est la solidarité entre les villageois, c'est l'identité d'origine revendiquée, ainsi que l'identité liée au village actuel, c'est encore la tradition, qui n'exclut pas la modernité. Si le lecteur se reporte à la figure 8 (Profils comparés des 3 sites selon 6 valeurs affichées), il repèrera les dissemblances entre les sites. Le second est celui qui rassemble le plus de valeurs communes actives. Le premier s'en sépare par l'absence de la tradition dans son lexique, une moindre quête identitaire, une moindre solidarité. Ce douar n'a pas suivi comme un seul homme les pistes dessinées par Brahim et ses cousins, il s'est fracturé et seule une minorité est entrée en projet d'émergence. Dans ce site, on n'est pas indifférent à la tradition, il semble plutôt qu'on la rejette, ce qui, d'une certaine façon peut constituer un liant. Le site 3 est un tout autre profil, fondé sur la valeur « modernité » et en appelant à la sécurité, sans ciment particulier (ce que la tradition peut faire pour le meilleur et pour le pire), sans grande solidarité, sans revendication identitaire. Une autre valeur affichée au PCP est la confiance : des valeurs dont on comprend l'utilité pour un lieu de commerce ; mais des valeurs aussi qui paraissent insuffisantes pour que naisse et puisse se répliquer un modèle d'émergence.

La mise en œuvre du PCP a permis d'améliorer de nombreux aspects de la vie dans le troisième site. Il a, cependant aussi, eu des effets sur des personnes qui, sans être perturbatrices, étaient opposées à la création du marché, préférant la situation antérieure, celle des vendeurs de rue, par exemple, qui constituent peut-être aussi une tradition protectrice pour elles. La question de l'acceptabilité sociale se pose davantage dans ce site que dans les deux sites ruraux, parce que, dans ces derniers, l'opposition est interrogée et les consensus, ou les compromis, intégrés aux projets dès l'amont. La situation est ainsi plus stabilisée. De ce point de vue, le site 2 a sans doute des chances de pérenniser son développement en tant qu'émergence. Le site 1, d'une autre manière, en a sans doute aussi. L'expérience du site 3 se situe dans un cadre résolument différent.

Dernier point, enfin, concernant l'action de modélisation elle-même.

Une modélisation analytique comme la modélisation RISE permet de structurer des informations multiples et disparates. Elle ne permet pas de certitude, elle permet de faire des hypothèses étayées, objectivées par un protocole de recherche et des données issues du terrain. Les conclusions qui ont été tirées de cette modélisation pour chacun des trois sites sont, pour une part non négligeable, des hypothèses qui se sont imposées au fur et à mesure du travail. Ce caractère hypothétique est inévitable, mais il ne compromet pas la suite du travail. Un modèle en sciences sociales n'est pas prédictif, il génère des hypothèses plus ou moins probables, éclairant ainsi la réflexion et l'action et, faute de pouvoir expérimenter, demande une vérification plutôt qu'une preuve.

CONCLUSION GÉNÉRALE

À l'issue de ce travail, deux questions devraient avoir trouvé des réponses.

La première concerne les relations établies entre les configurations des sites en émergence et l'émergence elle-même. Notre hypothèse initiale était que la mise en évidence de ces configurations devait permettre de comprendre ce qui favorisait le processus observé, soit l'émergence de sites humains et un début de développement autonome.

La seconde a trait au type de modélisation qui a permis de parvenir aux résultats évoqués dans la question 1. L'objectif de ce travail était, en effet, au-delà de la compréhension concrète des raisons des phénomènes d'émergences, de démontrer qu'un autre type de modélisation était en mesure de faciliter la compréhension du phénomène sociétal « émergence ».

C'est à répondre à ces deux questions que je vais m'atteler dans cette conclusion.

1. Trois sites, trois modèles de développement ?

Trois sites ont été proposés au début de cette étude dans le cadre de la Chaire « Émergence collective et développement ». Deux d'entre eux correspondent à des villages ruraux, le troisième à une Plateforme de Commerce de Proximité. Dès l'abord, les autres membres de la chaire et moi avons vu les différences entre deux *communautés humaines*, d'une part, et un *ensemble de personnes reliées par des actes sociaux, d'échange marchand essentiellement*, d'autre part. Nous avons cependant traité le troisième site comme les deux premiers pour vérifier si des proximités existaient en même temps que des dissemblances. L'étude des verbatims des enquêtes effectuées dans les trois sites nous a permis de mettre en évidence trois profils.

Le tableau 90 ci-dessous donne les caractéristiques principales de ces profils (figure 8 *supra*) interprétés en termes de poids des différentes valeurs dans le modèle de développement de chaque site.

Tableau 90. Le poids des valeurs dans les trois sites

Valeur Site	Tradition	Sécurité	Solidarité	Confiance	Identité	Modernité
Site 1	Très faible	**Très fort**	Fort	**Très fort**	Modéré	**Très fort**
Site 2	**Très fort**	**Très fort**	**Très fort**	**Très fort**	**Très fort**	Fort
Site 3	Très faible	**Très fort**	Modéré	Modéré	Modéré	**Très fort**

Les valeurs n'ont pas toutes le même poids dans les trois sites. Ainsi, la tradition est-elle très fortement représentée dans le site 2, alors qu'elle l'est très peu dans les deux autres sites. La sécurité est une valeur (et une préoccupation) partagée par les trois sites. La solidarité ne l'est pas autant, par contre. Si elle occupe une place très importante dans le site 2, cette place est un peu moins visible dans le premier et se situe entre modérée et faible dans le dernier site. La confiance joue un rôle plus important dans les deux sites ruraux que dans le site urbain. L'identité ne semble très importante que dans le second site. Dans les sites 1 et 3, son poids est modéré. Enfin, la modernité rapproche les trois sites, le second étant apparemment un peu moins impliqué dans cette valeur.

Le tableau 90 fait apparaître trois formes différentes. Trois modèles ? Sans doute pas.

Tableau 91. Le poids des valeurs dans le site 2

Valeurs Site	Tradition	Sécurité	Solidarité	Confiance	Identité	Modernité
Site 2	**Très fort**	**Très fort**	**Très fort**	**Très fort**	**Très fort**	Fort

D'abord, il y a un site qui apparaît comme le plus fortement attaché à toutes les valeurs retenues, c'est le second (tableau 91). Très ancré dans la tradition, il ne remet pas en cause la place de celle-ci dans le groupe humain. Ce groupe, par exemple, reste dans la tradition religieuse : il reconstruit sa mosquée[183]. Lorsqu'il s'agit de s'occuper du sort des femmes, c'est à l'amélioration de leur cadre et de leur niveau de vie que le village s'attelle, non à leur statut juridique. Il ne s'agit pas d'émanciper le « sexe faible » qui devra le rester en termes juridiques. Ce n'est pas que les leaders refusent en soi cette émancipation. C'est plutôt, semble-t-il, que celle-ci ne doit se produire que progressivement, en évitant une révolution qui saperait les fondements de la société.

Tableau 92. Le poids des valeurs dans le site 1

Valeur Site	Tradition	Sécurité	Solidarité	Confiance	Identité	Modernité
Site 1	Très faible	**Très fort**	Fort	**Très fort**	Modéré	**Très fort**

---

[183] Mais il construit également un terrain de football pour son propre plaisir collectif et aussi pour le louer.

Dans le site 1 (tableau 92), concernant la tradition, on a fait un calcul inverse. En mettant les femmes au cœur du développement, on a tranché pour une évolution rapide, voire brutale. La tradition est visiblement conçue comme un frein au développement. C'est en faisant sauter ce frein que l'émergence se fera. C'est vrai de la place des femmes, mais aussi du développement de la permaculture ou de l'occupation illégale de terres privées, illégale selon le droit actuel, mais répondant à une autre loi que le droit de propriété, celle de l'usage. Paradoxalement (mais le paradoxe n'est qu'apparent), les habitants du site 1 qui se veulent très ancrés dans la modernité, refusent le droit moderne pour en appeler à un droit archaïque, celui des « communs » réadapté au territoire d'habitation et à la contemporanéité.

Tableau 93. Le poids des valeurs dans le site 3

Valeur Site	Tradition	Sécurité	Solidarité	Confiance	Identité	Modernité
Site 3	Très faible	Très fort	Modéré	Modéré	Modéré	Très fort

Il n'est guère étonnant que le site 3 ne laisse pas voir non plus d'attachement important à la valeur « tradition » (tableau 93). Le PCP s'est bâti contre la tradition des vendeurs de rue, pour la modernisation du quartier.

Les trois sites se retrouvent sur la question de la sécurité (tableau 90). Bien que dans les sites ruraux on craigne sans doute un peu moins les risques du fait de l'existence d'une communauté capable de réguler les passions et débordements éventuels de ses membres, on y accorde aussi une forte attention : dans les trois cas, la sécurité est le gage que les activités commerciales, touristiques... peuvent se dérouler de façon paisible. Dans le site 1, au premier regard, la communauté apparaît moins, physiquement. Autant le douar qui constitue le site 2 est un village concentré dont la topographie est visible pour le promeneur comme pour l'habitant, autant celui qui constitue le site 1 n'offre à la vue du visiteur qu'un étalement d'habitations plutôt informel dont les contours restent flous, d'autant que le groupe que nous avons interrogé n'est qu'une fraction dissidente du village portant le nom du douar. Cependant, ces dissidents disent que leur village est sûr, ils insistent sur le fait qu'honnêteté et sécurité règnent. Et il le faut, ici autant que dans le second site, puisque l'un des axes forts de l'émergence dans les deux cas est le tourisme. De même, dans le site 3, la sécurité est-elle importante, puisque, sans elle, les clients ne viendraient pas et les vendeurs ne pourraient pratiquer sereinement leur commerce.

Une autre valeur est mise en avant fortement par les trois sites : la modernité. Nous avons vu que dans le site 2 la modernité emprunte des chemins moins directs que dans le premier. Nul doute, cependant, sur le fait que les leaders, mais aussi les habitants, voient la modernisation comme un changement positif, à condition, semble-t-il, qu'elle ne bouleverse pas les fondements de la communauté. Nous venons de voir que le site 3, également, laisse percer un désir fort de modernité mais, cette fois, venue plutôt des autorités, et non des habitants (en tout cas pas de tous) qui ne sont pas consultés ni intégrés au processus.

On voit que solidarité et confiance rapprochent les deux sites ruraux, alors que ces valeurs ne semblent pas fondamentales pour le troisième. Pour les douars, ces deux valeurs constituent un liant pour la communauté qui ne pourrait résister à l'égoïsme et à la méfiance. Le site 3, par contre, ne cultive pas aussi fortement ces valeurs, surtout la solidarité. On en comprend la raison en songeant que dans le site 3 on n'a pas affaire à une communauté au même sens du terme. Ce que nous avons étudié, c'est, centralement, le PCP, le marché couvert, ne nous référant que marginalement au quartier lui-même. Les femmes et hommes que nous avons interrogés sont reliés par une activité sociale, pas par une identité collective. On le voit, d'ailleurs, à travers la valeur « identité » qui, logiquement, est faiblement affirmée dans le site 3, comme dans le site 1, mais contrairement à ce qui se passe dans le second site. Le site 1 se situe en situation intermédiaire et on peut penser que diverses caractéristiques liées à la dissidence des villageois qui ont retenu notre attention en sont quelques-unes des causes. Il paraît utile de dire également que la dissidence des villageois que nous avons rencontrés peut aussi être un liant entre eux, et pas seulement indice et/ou cause de faible lisibilité.

Ces réflexions nous permettent déjà de voir des différences et des récurrences dans les trois sites. Nous voyons se dessiner :

- Dans le site 2, un site rural traditionnel qui s'est lancé dans le développement en préservant son identité traditionnelle, mais en la corrigeant par des progrès initiés de l'intérieur par les personnes les plus influentes et acceptés, portés par la communauté entière. Le modèle de développement, ici, c'est une évolution dans les modes de vie qui respecte les modes de pensée venus du passé qui doivent être modifiés sans traumatisme collectif. Ici, l'identité est un liant précieux que l'on veut préserver.
- Dans le site 1, un site également rural mais qui souhaite bousculer la tradition au nom de la modernité, qui choisit de faire changer les mentalités avec brusquerie, en espérant que les freins principaux au progrès seront ainsi éliminés. On a ici une identité moins claire, une communauté moins resserrée, puisque c'est contre cette identité jugée paralysante que s'est réalisée la modernisation.
- Dans le site 3, un site urbain, constitué par des individus plus hétérogènes et peu reliés par une identité partagée. Et quand cette identité peut paraître commune à certains individus, celle-ci n'a pas la profondeur anthropologique atteinte dans les deux sites ruraux.

On pourrait donc voir trois modèles de développement dans ces trois figures. Il faut, cependant, aller plus loin. Les tableaux 94 et 95 ci-dessous font apparaître deux approches des configurations des trois sites.

Le tableau 94 fournit une liste de caractéristiques structurelles (éléments de système) qui ont été considérées comme fondamentales pour la capacité de développement d'un site (colonne 1). Les trois autres colonnes montrent l'état de ces caractéristiques dans chacun des trois sites.

Les caractéristiques structurelles retenues sont : le mode de gouvernance, le cadre légal et coutumier, le désir de modernisation exprimé dans le site, l'autonomie ou le désir d'autonomie pour le site et les valeurs dominantes dans celui-ci. J'ai considéré que l'état de ces éléments structurels influait sur les chances d'émergence, sentiment semblant partagé par la majorité des membres de la chaire. Ainsi, pour que se produise une émergence, nous pensions collectivement qu'il était plutôt préférable que le mode de gestion soit participatif. Certes, un mode de gestion centralisé peut aussi permettre une telle émergence. Mais le terme centralisé ne doit pas s'appliquer à une gestion externe par les autorités centrales. Il peut y avoir une autorité locale (Kamel dans le site 2, pourrait hypothétiquement être celle-ci ou Brahim, dans le site 2), dont l'autorité est reconnue et dont les injonctions sont suivies d'effets. Mais les deux exemples que les sites 1 et 2 paraissent montrer est que l'adhésion est plus grande, l'énergie plus concentrée et, finalement, les résultats en terme de développement plus convaincants lorsque les locaux sont appelés à partager les processus de décisions et la mise en œuvre de celles-ci.

Ce que je viens de décrire correspond à l'existence de leaders qui se comportent en chefs d'orchestre, et non en petits chefs autoritaires.

Tableau 94. **Un modèle descriptif et ses déclinaisons selon le site**

Eléments de système ou sous-systèmes	Site 1	Site 2	Site 3
Mode de gouvernance : *top-down* ou *bottom-up* ? Modes de gestion des questions quotidiennes ou structurelles	Coopératives des femmes et des hommes	Association. Délibération collective pour chaque projet. Travail collectif gratuit (*Meslaha*)	L'ancien gouverneur + quelques marchands + des associations de commerçant + l'entreprise de gestion du PCP
Cadres légal et coutumier de la vie quotidienne	Place des femmes dans la société, puis de l'éducation	Place de l'éducation dans la société, puis des femmes	Le cadre légal du commerce *vs* illégal + l'absence d'un cadre assurantiel
Désir de modernisation du site	Tourisme, commerce, permaculture et bio	Confort domestique et touristique	Les zones urbaines dangereuses + la propreté des rues et des marchés
Autonomie et/ou désir d'autonomie	Distance par rapport à la politique	Distance par rapport à la politique	Processus politique
Valeurs dominantes dans chaque site	Les valeurs à tendance moderniste + confiance mutuelle + volontarisme	Les valeurs tendance traditionnalistes + confiance mutuelle + volontarisme	Les valeurs à tendance individualiste

J'ai également admis que le cadre légal et coutumier influait sur la capacité d'un site à se développer. L'émancipation des femmes dans les villages marocains correspond à une volonté de modernisation de la vie des marocains. La contestation de la place traditionnelle des femmes (comme dans le site 1) est un des éléments donnant une capacité d'action. La parité légale et principielle entre hommes et femmes, le changement de perception des femmes par les hommes, notamment de la capacité de ces dernières à apporter leurs talents, leurs forces, toutes leurs richesses, mais aussi le regard des femmes sur elles-mêmes sont de nature à dynamiser les sites[184]. C'est en tout cas ainsi que j'interprète la situation du site 1, mais aussi du site 2 où, même s'il n'est pas question de bousculer l'ordre des choses, le village se préoccupe de la situation des femmes et améliore leurs conditions de vie. Dans cet autre douar (site 2) apparaît la volonté d'améliorer la situation des enfants face au décrochage scolaire. Le calcul est ici que l'amélioration du niveau d'étude des garçons et, cela semble plus important encore, des filles, permettra dans l'avenir que, devenus adultes, ces enfants soient des hommes et des femmes instruits, ayant acquis une plus grande liberté et plus capables de concevoir une égalité des droits et obligations entre eux, entre les sexes.

Le désir de modernisation est apparu fondamental. Lorsqu'il est exprimé par les personnes interrogées, comme c'est le cas dans les sites 1 et 3 et, de façon moindre, dans le second, l'action commune (ou celle de l'autorité centralisée, comme dans le site 3) s'en trouve justifiée. On voit bien, par ailleurs, que cette modernisation souhaitée l'est à la fois pour les aspects matériels et pour les manières de penser.

Pour qu'une émergence soit autonome, il faut certainement que cette autonomie soit souhaitée ou qu'elle soit déjà au moins partiellement acquise. Les deux sites ruraux disent cela. Dans les deux cas il s'agit de compter sur ses propres forces, il s'agit de décider par soi-même ce qui est souhaitable, possible et ce qui ne l'est pas. Il s'agit aussi de ne pas attendre son salut des forces extérieures, comme l'État central ou des acteurs encore plus lointains, grandes institutions internationales, ONG diverses… La maîtrise de la communication, aussi bien dans le site 1 que dans le deuxième, montre la capacité à rester autonome tout en cherchant des relais extérieurs. Dans les deux cas, de plus, on accepte une aide externe, l'association de Rabat pour le site 1, l'association *Nouveau Village* pour le site 2, par exemple.

Enfin, il a été considéré que le type de valeur affiché par les habitants des deux villages était plus ou moins favorable à une émergence autonome. Nous avons vu, dans le tableau 90, que des valeurs fortes sont affirmées au moins dans les deux douars : pour le site 2, respect de la tradition, sécurité, solidarité, confiance mutuelle entre habitants, identité sont très importants et le désir de modernité, bien qu'arrivant derrière les autres valeurs, reste tout de même fort. Le site 1 partage certaines de ces valeurs : sécurité et con-

---

[184] Il me semble également que la perception qu'ont les femmes d'elles-mêmes et du rapport femme/homme intervient dans ce dynamisme. Les femmes du site 1 parlent davantage de leur statut de femme et apparaissent plus directement actives dans le changement que celles du site 2.

fiance. Il s'approche du second site pour la question de la solidarité. Par contre, il n'est pas du tout orienté vers le respect de la tradition qu'il bouscule, et il semble moins préoccupé de son identité que le site 2.

Le lecteur aura remarqué qu'il est beaucoup moins fait référence au site urbain dans ce qui précède. C'est que le PCP n'entre pas vraiment dans cette description. Le tableau 90 montre que les personnes rencontrées dans le marché partagent logiquement les valeurs de sécurité et de modernité que l'on trouve énoncées dans les deux autres sites, mais que leur discours n'est pas du tout orienté vers la tradition contre laquelle la structure s'est édifiée. Il n'exprime pas non plus de valeurs telles que l'identité, la solidarité et, de façon plus surprenante, la confiance.

À l'issue de ce travail de modélisation des émergences autonomes marocaines qui étaient proposées par la chaire, je crois pouvoir valider l'idée que les sites 1 et 2 sont véritablement des émergences autonomes. Je considère que tel n'est pas le cas pour le troisième site.

Bien que ne disposant sans doute pas d'assez de recul avec trois sites, on peut en tirer, pour l'instant, un modèle de développement générique appliqué différemment par deux douars. Malgré leurs différences, les modèles de développement des sites 1 et 2 sont représentatifs du modèle générique qui a été décrit. Les grandes différences entre eux se situent au niveau de la cible choisie pour les changements des cadres légal et coutumier (les femmes pour l'un, les enfants pour l'autre) et l'attitude face à la tradition (respect pour l'un, opposition pour l'autre).

Cela suggère que si le modèle de développement doit respecter certaines caractéristiques des configurations du site étudié, ces caractéristiques peuvent être remplacées par d'autres, lorsqu'elles sont plus adaptées aux « conditions écologiques singulières » dont parle Morin[185].

De ce modèle, le site 3 paraît exclu. Cela ne veut ni dire que le PCP ne va pas perdurer, ni qu'aucun modèle de développement n'est possible en dehors des caractéristiques affichées par les deux douars, par exemple une gouvernance partagée. Mais de tels modèles n'entrent pas dans la définition que nous nous sommes donnée de l'émergence autonome : décidé par l'autorité publique (certes déconcentrée), porté par elle, le PCP n'a pas vu se développer un mouvement de soutien des utilisateurs, clients, surveillants, marchands, ou encore, riverains. Il est vraisemblable que le gouverneur n'a pas refusé ce soutien. Il est vraisemblable que ce soutien collectif n'a pu se créer ni se manifester et qu'il n'a pas été recherché. On peut supposer que le PCP poursuivra son activité au moins tant que la puissance publique le portera, et, pourquoi pas, au-delà, si cette puissance venait à manquer. Mais on peut douter qu'autour de ce marché se développe un mouvement capable de trans-

---

[185] Edgar Morin, *Terre-Patrie, op. cit.* p. 97.

former la vie des quartiers urbains[186] avec leurs vendeurs de rue, sauf à ce que l'État développe, généralise, poursuive dans le temps une telle politique de la ville. Nous savons que ces politiques ne réussissent pas forcément et nous savons surtout qu'elles se perdent souvent dans le sable de toutes les autres priorités auxquelles la puissance publique doit faire face ou qui conquièrent les préférences des dirigeants au cours du temps : effets de mode, autre approche des défis à relever, autres intérêts en jeu... Nous savons aussi que des opérations de modernisation telles que celle du site 3 ont souvent besoin de justifications réelles ou imaginaires pour cacher ce qu'il peut y avoir de motivations sous-jacentes difficiles à laisser paraître au grand jour.

J'ai dit plus haut que le tableau 94 fournit une liste de caractéristiques structurelles qui ont été considérées comme fondamentales pour la capacité de développement d'un site ainsi que l'état de ces caractéristiques dans chacun des trois sites. Le tableau 95, lui, montre comment se sont déclinées les configurations des sites 1 et 2 au travers des événements retenus. Les événements sont des moteurs d'action en même temps que des révélateurs de situation. C'est en ce sens que RISE les utilise : le mode de gouvernance, la rencontre d'acteurs particuliers, les événements résolument collectifs (manifestation, choléra...) et le désir de modernisation ont fait bouger les lignes et nous apprennent diverses choses sur l'état de chaque site. Le passage du tableau 94 au tableau 95 est une mise en ordre qui nous fait passer d'intuitions étayées par des données de terrain à une modélisation formalisée. Intuition étayée par les verbatims, sont les éléments de systèmes et leur déclinaison pour chaque site (tableau 94). Modélisation formalisée, est la construction reliant individu, système et événement (tableau 95). Nous avons distingué « modèle analytique » et « modèle de développement »[187]. Dans les tableaux 94 et 95 on voit que les modèles de développement mis en œuvre, dans les sites ruraux essentiellement, sont interprétés dans le cadre du modèle analytique théorique RISE.

---

[186] C'est là l'un des points importants pour définir une émergence autonome : la capacité à déclencher un mouvement d'auto-transformation permettant au développement de se poursuivre de façon autonome.

[187] On doit distinguer « modèle de développement » et « modèle analytique ». Le modèle analytique est une représentation faisant émerger les caractéristiques principales d'un objet d'étude en fonction de diverses conventions et hypothèses posées. Le modèle de développement est l'ensemble des mesures concrètes qui sont mises en œuvre pour modifier le système sociétal sur lequel on travaille. Le modèle analytique n'est qu'une représentation théorique du système, le modèle de développement en est la projection concrète dans la réalité observable. Je distingue donc entre l'analytique et le praxéologique et nous devons éviter de confondre ces niveaux sous peine de prendre le modèle analytique pour une réalité ontologique.

Tableau 95. Un modèle de développement générique et ses déclinaisons selon le site

Modèle de développement générique \ Site	Site 1	Site 2	Site 3
Mode de gouvernance	Création de structures collectives : coopératives	Création de structures collectives : association	Décision du Gouverneur
Influence d'acteurs particuliers	Rencontre Hassan, Habib, Brahim	Kamel et sa femme	Gouverneur + quelques commerçants de rue
Événement collectif	Manifestation sur la route	Crise du choléra	Insécurité du site 3
Modernisation (désir de)	Émancipation des femmes (commerce du couscous, monétarisation…)	Émancipation des enfants et des jeunes : scolarisation, fin du décrochage scolaire…	Meilleure formalisation et sécurisation de la société et de l'économie

Ce dernier confirme à bien des égards une intuition théorique qui semble de plus en plus partagée par les chercheurs en sciences humaines : les humains ne peuvent décider souverainement de leur devenir[188]. Ils peuvent, par contre, jouer avec les structures et les événements pour déjouer les fatalités apparentes. Ce que nous voyons aussi, c'est qu'il y a plusieurs moyens de « déjouer les fatalités apparentes ». Les stratégies mises en œuvre dans les deux sites ruraux semblent efficaces, celle appliquée dans le site urbain, au contraire, ne semble en tout cas pas en mesure de répondre au projet de la chaire « Émergences collectives et développement », d'un développement autonome, venant essentiellement de l'intérieur et permettant d'initier un processus d'auto-eco-re-organisation (comme dit Morin) de ce développement. Ce qui n'est visiblement pas le cas dans le site 3.

Chacun des sites applique, dans le cadre du modèle analytique, diverses mesures qui constituent son propre modèle de développement.

De même que j'ai fait l'hypothèse que les valeurs de la société et du site influencent le mode de développement choisi, j'ai fait également celle que des types similaires d'événements devaient se retrouver dans tous les sites. Ce sont les quatre événements cités ci-dessus dans le tableau 95. Les actions générant ces événements ou les réactions qu'entraînent ces derniers, nous aident à révéler le modèle de développement choisi par le site concerné. Et on voit que les trois sites n'agissent et/ou ne réagissent pas tous de la même manière.

Désormais, se dégagent plutôt deux modèles de développement : un modèle rural, appliqué dans les sites 1 et 2, un modèle urbain, mis en œuvre dans le site 3. Le premier modèle correspond bien à ce que la chaire de l'École centrale avait souhaité modéliser : *une émergence autonome*. Le

---

[188] « Ma conviction profonde, c'est que l'avenir n'est écrit nulle part, l'avenir sera ce que nous en ferons. Et le destin ? demanderont certains, avec un clin d'œil appuyé à l'Oriental que je suis. J'ai l'habitude de répondre que pour l'homme, le destin est comme le vent pour un voilier. Celui qui est à la barre ne peut décider d'où souffle le vent, ni avec quelle force, mais il peut orienter sa voile », Amin Maalouf, *Les identités meurtrières*, Paris, Grasset & Fasquelle, 1998, p. 113.

second, qui est aussi un modèle de développement possible, n'y correspond pas. Ce qui fait la différence essentielle nous paraît être une capacité très faible du second modèle à enclencher un développement auto-entretenu. D'où viendrait alors cette faible capacité à déclencher un cercle vertueux de développement ?

Le modèle RISE repose sur l'hypothèse que le social vit de relations qui font que des êtres humains, des structures et des événements se transforment mutuellement et sans cesse. J'ai parlé de « métissage » pour exprimer cette propension du social à générer sans interruption des formes nouvelles, des *pattern*, des configurations, parfois en réponse à des situations structurelles internes ou externes, parfois par dynamique interne, par évolution des sujets sociaux, de leurs valeurs, de leurs choix, de leurs intérêts, de leurs passions…

Ce qui semble manquer au site 3 pour favoriser un changement continu et durable se décline d'abord en termes de valeurs collectives. Les valeurs individualistes qui s'affirment dans le PCP, ne sont pas indemnes de sentiment collectif, mais ce dernier n'est pas suffisant pour constituer une communauté autre que d'intérêt. Ce que l'on voit dans les trois sites, c'est l'importance de valeurs qui rassemblent : désir de sécurité, de modernité, de tradition, d'identité, de solidarité et de confiance mutuelle (tableau 90). Dans le site 2, ces six valeurs sont très fortes (ou forte pour la modernité). C'est dans le site 3 que ces valeurs sont les moins fortes : très faible pour la tradition, mais très forte pour la modernité, et seulement modérées pour solidarité, confiance, identité.

Cependant, ces valeurs sont ambivalentes. Notamment, les identités peuvent être meurtrières, nous dit Amin Maalouf[189], elles peuvent fixer des situations non souhaitées, voire être régressives. La tradition, qui a fortement à voir avec l'identité, peut également figer une société humaine, tandis que la modernité peut l'amener à se dissoudre…

Revenant encore au tableau 90 nous pouvons remarquer que le site 2 est le site qui cultive le plus fortement les six valeurs retenues. Certes, la tradition peut stériliser une société, mais si un désir de modernité l'accompagne, celui-ci peut corriger, adoucir le penchant conservateur de la culture traditionnelle. Ce n'est pas le cas dans le site 1 où le désir de modernité s'accompagne plutôt d'un refus de la tradition, comme dans le site 3 (mais, ici, avec nuances, il n'y a pas d'unanimité sur ce point). Dans le site 2, identité, confiance mutuelle et solidarité sont également professées. C'est moins net dans le premier site, et pas vraiment dans le troisième ou ces valeurs sont tout au plus affirmées de façon modérée.

Le sentiment qui domine, à l'issue de cette modélisation, c'est qu'un modèle de développement autonome a d'autant plus de chances de se propager et de perdurer dans une communauté humaine que :

---

[189] Amin Maalouf, *Les identités meurtrières*, *op. cit.*

- les principales valeurs s'appuient mutuellement et ne s'opposent pas frontalement : tradition et modernité doivent pouvoir coexister, solidarité, confiance mutuelle et identité ouverte doivent pouvoir servir de liant et constituer ainsi une véritable communauté ;
- cette communauté a d'autant plus de chances de perdurer et de s'adapter que les valeurs citées ci-dessus permettent davantage d'aborder, d'intégrer, d'absorber les événements qui se produisent en permanence, voire les provoquer ;
- que des structures matérielles ou non (les valeurs, comme les us et coutumes, en font partie) sont capables de s'ajuster ou, au contraire, contraignant trop fortement la communauté, poussent à des basculements, des bifurcations ;
- des leaders incontestés sont à la manœuvre et rassemblent les membres de la communauté sans leur ôter leurs qualités d'êtres intelligents et capables de participer volontairement à l'œuvre commune.

L'existence de cette communauté humaine associée à la capacité à maîtriser les événements et les structures ou à s'y adapter, semble constituer l'une des conditions fortes d'une émergence autonome. C'est une hypothèse et l'on pourrait me renvoyer que c'est plus idéologie que science. La différence entre les deux discours tient à ce que les discours purement idéologiques sont ceux qui ne cherchent pas à se fonder sur des éléments de preuve, qui ne se veulent pas falsifiables au sens de Popper, c'est-à-dire pouvant nourrir un débat argumenté[190]. Il faut, pour « faire science » être capable d'étayer ces idées hypothétiques. C'est ce que j'ai fait en utilisant le modèle RISE et ma conclusion, si elle est effectivement hypothétique, repose sur des données issues des sites étudiés et objectivées par la modélisation. Les annexes que je propose à la fin de cet ouvrage et sur le site de L'Harmattan, permettent ainsi d'ouvrir le débat et d'opposer à mes analyses comme à mes conclusions des analyses et/ou des conclusions autres éventuelles.

2. Un modèle relationnel, pourquoi ?

Reste une question importante : fallait-il, pour parvenir aux résultats qui viennent d'être exposés, changer de modélisation, passer de modélisations fondées sur des principes holistiques ou individualistes, voire hol-individualistes, à une modélisation relationnelle ? Qu'apporte donc ce changement de perspective ?

---

[190] « Théorie scientifique et théorie non scientifique. Elles peuvent n'avoir aucune différence de contenu. Mais la seconde rejette immunologiquement tout élément étranger et veut échapper à tout prix à la modification », Edgar Morin, *Journal de Californie*, Paris, Seuil, 1970, p. 221.

J'espère qu'à ce stade, de nombreux lecteurs auront au moins une esquisse de réponse. Mais, pour le cas où je me serais insuffisamment expliqué et aurais insuffisamment explicité mon travail, je me dois de spécifier ici ce qui m'apparaît fondamental dans ce décentrement de l'acteur et des structures.

Une analyse basée sur les structures aurait sans doute montré que ces dernières représentent fréquemment un obstacle aux changements : les institutions et les symboles cultivent la nostalgie et font souvent barrage aux tentatives de transformation. Elles sont armées pour ce faire, disposant d'un attirail de lois et de règles qui transcendent l'existence quotidienne et rendent celle-ci dépendante de celles-là. La reproduction décrite par Pierre Bourdieu est, en effet, probablement à l'œuvre dans la plupart ou l'intégralité des sociétés et pas seulement de façon négative.

Une autre approche fondée sur la rationalité humaine, sur les capacités des humains à décider et agir aurait montré, je l'imagine sans peine, que les prémices de développement que peuvent être des émergences autonomes étaient très liées à l'existence d'acteurs, locaux et extérieurs, capables de mettre en œuvre des stratégies efficaces, de faire des choix judicieux pour le groupe humain auquel ils appartiennent ou s'intéressent. C'était l'une des hypothèses de mes interlocuteurs au début de l'étude.

Une étude hol-individualiste aurait peut-être conjoint les découvertes des deux autres approches, mettant en scène des acteurs s'appuyant sur des structures et/ou les bousculant pour ouvrir un champ au changement.

Tout cela, nous l'avons vu avec un modèle relationnel. Nous avons repéré que les structures, si elles sont parfois un champ organisé et organisant pour les acteurs, sont aussi (assez souvent, dans notre cas de figure), un obstacle, une force conservatrice, bridant les désirs des humains. Nous avons aperçu des êtres humains prenant des décisions, paraissant souvent judicieuses, capables de faire céder les barrières structurelles, jouant de leur rationalité pour ce faire. Nous avons assisté à des empoignades entre les unes et les autres.

Pourtant, nous avons aussi pu voir que ce ne sont pas tant les structures ou les hommes qui jouent un rôle prééminent, que la combinaison dans laquelle ils nous apparaissent, que la force relative de leurs liaisons, dans des situations particulières, ce qu'Elias appelait des configurations. Nous avons ainsi pu nuancer les approches précédentes : oui ; les structures (ou les éléments de systèmes) jouent un rôle dans les phénomènes d'émergence, parfois un peu plus positif, parfois un peu plus négatif, au regard de l'objectif de développement socio-économique. Bien sûr les humains sont à la manœuvre dans les processus aboutissant aux émergences que nous avons étudiées, ayant parfois plus de réussites que d'échecs, parfois l'inverse. Il n'y a pas de discontinuité entre ces situations qui se déclinent sur des échelles graduées de force du lien ou de la relation.

Mais nous avons vu également que les deux catégories de structures et d'acteurs ne suffisent pas à donner une intelligibilité aux situations rencontrées. Les liens entre les deux catégories peuvent aussi être partagés avec une troisième catégorie. Je l'ai appelée l'événement et elle désigne l'aléa, l'incertitude, mais aussi ce qui vient perturber le jeu, ce qui déjoue les meilleures prévisions, ce qui arrive, bien qu'aucune prévision n'en ait jamais fait mention…

De ce fait, nous ne sommes plus face à une ou deux catégories dont l'action solitaire ou combinée peut être considérée comme cause du mouvement observé. Nous avons désormais un nœud de relations, soit de liaisons entre les catégories choisies pour représenter le phénomène social que l'on a voulu étudier. Il y a, de ce fait, plus de nuances dans le tableau dressé et les conclusions auxquelles on parvient sont plus fines et, dans leur apparence, plus réalistes.

Qu'avons-nous obtenu, en effet ?

D'abord, nous avons vu que les individus se définissent dans leur être comme dans leurs choix, en fonction de valeurs que leurs entretiens laissent percer. Leur rationalité est conjuguée à ces valeurs qui sont de l'ordre de l'émotion autant ou plus que de celui du rationnel. Ensuite, le modèle analytique sur lequel j'ai appuyé mes analyses met en évidence le fait que selon le site, le niveau d'émorationalité est différent et agit plus ou moins sur l'émergence. Autre chose, l'insertion de l'événement dans le modèle permet de sortir d'une certaine téléologie : si les actions humaines ont, par moment, plus ou moins un caractère stratégique, individualiste, intéressé, elles ne sont pas seulement cela, et les processus qui se déroulent dans un collectif humain, s'ils font fréquemment apparaître des positions stratégiques, rationnelles, etc., doivent aussi se confronter à l'imprévisible du monde et aux fictions et imaginaires mêlés aux réalités que le chercheur tente de circonscrire.

Un modèle trialectique tel que RISE tient compte de ces distorsions des conséquences de choix orientés vers un but mais qui en atteignent un autre, parce que les individus, les systèmes et les événements sont en dialogue permanent, s'influencent en permanence, se métissent. Ce que j'ai appelé valence correspond à la force de chaque lien existant entre ces trois catégories. Et c'est la résultante de ces forces qui déforme plus ou moins le champ relationnel et modifie en conséquence la trajectoire de l'objet social étudié. En aucun cas, aucune catégorie ne peut en elle-même et de façon isolée être suffisamment explicative du phénomène. L'état du champ relationnel le peut.

Le modèle utilisé dans cette étude a révélé des éléments que des modélisations plus « classiques » étaient également en mesure de faire apparaître. Cela est rassurant et indique bien qu'il ne s'agit pas de rejeter purement et simplement les analyses traditionnelles en sociologie. Mais ce modèle a permis d'entrer davantage dans l'être des humains, dans la réalité des structures, dans l'instabilité et l'imprévisibilité de la vie et de l'histoire.

De ce point de vue, il est plus efficient que des modèles plus réductionnistes et il ne doit pas non plus être confondu avec des modèles interactionnistes, tels, par exemple, ceux développés par la théorie des réseaux ou, plus loin de nous, ceux de l'interactionnisme symbolique, par exemple. Malgré leur intérêt, ceux-ci se contentent de traiter des relations d'échange entre des acteurs, en général. Guy Bajoit écrit bien clairement qu'une relation sociale est « un échange entre deux acteurs qui poursuivent des finalités (communes ou particulières), qui apportent leur contribution à la poursuite de ces finalités, qui attendent en retour des rétributions...[191] »

Ce que porte en lui le modèle RISE, c'est une autre conception de la relation, s'éloignant de la « relation échange » ou « ontologique » qui parle de relations sociales, de contacts entre êtres humains pour acheter ou vendre, échanger des idées ou des sentiments, ou qui désigne des contacts avec des non humains... Cette conception de la relation ontologique se situe dans l'ordre de la réalité dans laquelle cette relation est incarnée. Dans RISE, la relation, ce peut être ça aussi, mais fondamentalement, ce n'est pas ce qui m'intéresse le plus. Ce qui m'intéresse, c'est le lien plus que l'échange ; c'est le lien entre plusieurs ordres de réalité, ce qui est traduit en catégories porteuses de l'analyse. Ce n'est pas seulement, ce n'est pas foncièrement, le tête-à-tête des acteurs humains entre eux et, plus généralement, avec le monde. C'est l'intrication des catégories analytiques, c'est le mélange, le métissage entre les divers ordres de réalité que les chercheurs convoquent pour rendre compte des processus sociétaux. C'est faire de la relation plus qu'une réalité qui fut, il est vrai, longtemps trop peu reconnue dans les sciences sociales. C'est reconnaître pleinement cette réalité. Mais, au-delà, c'est aussi faire de la relation un principe de modélisation. Les trois catégories de RISE sont irrémédiablement reliées, aucune d'entre elles ne peut rien nous dire seule. C'est ensemble, dans leur intégration, qu'elles sont fécondes.

---

[191] Guy Bajoit, échange de courriers, septembre 2021-2022.

BIBLIOGRAPHIE

Ancori, Bernard, *Le manège du temps*, Paris, ISTE, 2019.
Anderson, Philip W., « More Is Different. Broken Symmetrie and the Nature of the Hierarchical Structure of Sciences », *Science, New Series*, 1972. En ligne : https://www.researchgate.net/publication/308012273_More_is_different_Broken_symmetry_and_the_nature_of_the_hierarchical_structure_of_science, [*Eco* 2014], p. 117-134.
Aron, Raymond, *Les étapes de la pesée sociologique*, Paris, Gallimard, 1967.
Bagaoui, Rachid, « Un paradigme systémique relationnel est-il possible ? Proposition d'une typologie relationnelle », *Nouvelles perspectives en sciences sociales*, vol. 3, n° 1, 2007, p. 151-175.
Bajoit, Guy, *Pour une sociologie relationnelle*, Paris, Puf, 1992.
Bajoit, Guy, *Contribution à une sociologie du sujet*, Paris, L'Harmattan, 2000.
Bajoit, Guy, *Le changement social. Approche des sociétés occidentales contemporaines*, Paris, Armand Colin, 2003.
Bajoit, Guy, *Le modèle civique de la cité grecque*, Louvain-la-neuve, Academia-L'Harmattan, 2015.
Bajoit, Guy, *La maison du sociologue. Pour une théorie sociologique générale*, Louvain-la-neuve, Academia-Bruylant, 2015.
Barel, Yves, *La ville médiévale. Système social, système urbain,* suivi de Christiane Arbaret, *Montpellier, système urbain médiéval*, Grenoble, Presses universitaires de Grenoble, 1977.
Barel, Yves, *La société du vide*, Paris, Seuil, 1984.
Barel, Yves, *Le paradoxe et le système. Essai sur le fantastique social*, Presses universitaires de Grenoble, 1989 (1979), et nouvelle édition de la version augmentée, Grenoble, Presses universitaires de Grenoble, 2008.
Béliard, Aude et Jean-Sébastien Eideliman, « Au-delà de la déontologie. Anonymat et confidentialité dans le travail ethnographique », dans Alban Bensa *et al.*, *Les politiques de l'enquête*, La Découverte/Recherche, 2008, p. 123-141. Disponible sur https://hal.univ-lille.fr/hal-01241977/document

et sur http://www.cairn.info/politiques-de-l-enquete--9782707156563-page-123.htm

Bateson, Gregory, *Une unité sacrée. Quelques pas de plus vers une écologie de l'esprit*, Paris, Seuil, 1996 [Harper & Row, 1991].

Berthelot, Jean-Michel, *Les vertus de l'incertitude*, Puf, 1995.

Berthelot, Jean-Michel, *La sociologie française contemporaine*, Puf, 2000.

Bessin, Marc, Claire Bidart et Michel Grossetti, *Bifurcations. Les sciences sociales face aux ruptures et à l'événement*, Paris, La Découverte, 2009.

Bidart, Claire, Alain Degenne et Michel Grossetti, *La vie en réseau. Dynamique des relations sociales*, Paris, Puf, 2011.

Bipaje, Projet ANR, « Les bifurcations dans l'entrée dans la vie active : une comparaison France-Québec-Argentine, 2011-2014. En ligne : https://bifurc.hypotheses.org/

Bloch, Marc, *Apologie pour l'histoire ou métier d'historien*, Paris, Armand Colin, 1974.

Boudon, Raymond, *L'inégalité des chances, la mobilité dans les sociétés industrielles*, Paris, Armand Colin, 1973.

Boudon, Raymond, *La logique du social. Introduction à l'analyse sociologique*, Paris, Hachette, 1979.

Boudon, Raymond, *Essai sur les sociologues classiques*, T. 1, Paris, Puf, 1998.

Bourdieu, Pierre et Jean-Claude Passeron, *La reproduction. Éléments pour une théorie du système d'enseignement*, Paris, éd. de Minuit, 1970.

Boyer, Robert, Bernard Chavance, Olivier Godard (dir.), *Les figures de l'irréversibilité en économie*, Paris, éd. de l'École des hautes études en sciences sociales, 1995.

Braudel, Fernand, « Georges Gurvitch ou la discontinuité du Social », Paris, *Annales*, vol. 8, n° 3, 1953, p. 347-361. En ligne : https://www.persee.fr/doc/ahess_0395-2649_1953_num_8_3_2187.

Braudel, Fernand, « Histoire et sciences sociales : la longue durée », *Annales. Économie, Société, Civilisations,* vol. 13, n° 4, 1958, p. 725-753.

Caron de Beaumarchais, Pierre-Augustin, « La mère coupable », Acte II, scène X dans *Œuvres complètes de Pierre-Augustin Caron de Beaumarchais*, Tome 2, Léopold Collin, libraire, 1809.

Crozier, Michel et Erhard Friedberg, *L'acteur et le système. Les contraintes de l'action collective*, Paris, Seuil, 1977.

Davy, Georges, « Émile Durkheim », *Revue française de sociologie*, vol. 1, n° 1, 1960, p. 3-24.

Degenne, Alain et Michel Forsé, *Les réseaux sociaux. Une analyse structurale en sociologie*, Paris, Armand Colin, 1994.

Donati, Pierpaolo, « La relation comme objet spécifique de la sociologie », *Revue du Mauss*, vol. 24, n° 2, 2004, p. 233-254.

Donati, Pierpaolo, « Quelle sociologie relationnelle ? Une sociologie non relationniste », *Nouvelles perspectives en sciences sociales*, vol. 13, n° 1, 2017, p. 325-371.

Donnadieu, Gérard, « De quelques illustrations de la trialectique », *ResSystemica* : en ligne :
http://www.res-systemica.org/afscet/resSystemica/Crete02/DonnadieuTrialectique.pdf

Dubet, François, Olivier Cousin, Jean Philippe Guillemet, « Sociologie de l'expérience lycéenne », *Revue française de pédagogie*, vol. 94, 1991 [1984], p. 5-12.

Ducret, André, « Le concept de "configuration" et ses implications empiriques : Elias avec et contre Weber », *SociologieS*. En ligne : La recherche en actes, mis en ligne le 11 avril 2011, http://journals.openedition.org/sociologies/3459.

Durkheim Émile, *Le suicide. Étude de sociologie*, Paris, Puf, 1990 [1930, 1897].

Durkheim Émile, *Les règles de la méthode sociologique*, Paris, Puf, 1990 [1937, 1895].

Elias, Norbert et Éric Dunning, *Sport et civilisation. La violence maîtrisée*, Paris, Fayard, 1994, cité par André Ducret, « Le concept de "configuration" et ses implications empiriques : Elias avec et contre Weber ». En ligne : La recherche en actes, mis en ligne le 11 avril 2011, http://journals.openedition.org/sociologies/3459.

Emirbayer, Mustafa, « Manifesto for a Relational Sociology », *American Journal of Sociology*, vol. 103, n° 2, 1997, p. 281-317. En ligne : https://www.jstor.org/stable/10.1086/231209.

Emirbayer, Mustafa et Ann Mische, « What is Agency ? », *American Journal of Sociology*, vol. 103, n° 4, 199, p. 962-1023. En ligne : https://www.jstor.org/stable/10.1086/231294?seq=1#metadata_info_tab_contents.

Fassin, Éric, « Événements sexuels. D'une affaire l'autre, Clarence Thomas et Monica Lewinwky », *Terrain, Anthropologie et sciences humaines*, n° 38, mars 2002, en ligne : https://journals.openedition.org/terrain/1900, p. 21-40.

Furet, François, *La Révolution 1770-1880. De Turgot à Jules Ferry*, Paris, Hachette, 1990.

Futura Science, en ligne :
https://wwwfutura-sciences.com/sciences/definitions/chimie-catalyseur-676.

Girard, Mélanie et Claude Vautier, « La nécessaire et insuffisante dialectique de l'individu et du système : pour une trialectique de l'individu, du système et de l'événement », dans Denis Martouzet (dir.), *Le projet fait les acteurs. Urbanisme, complexité, incertitude*, Presses Universitaires François Rabelais, 2018, p. 76-107.

Grossetti, Michel, « Eléments de discussion pour une sociologie des bifurcations (contingence, événements et niveaux d'action) », *Anticipation/Cahiers internationaux de sociologie*, 2003/2006. En ligne :

Éléments de discussion pour une sociologie des bifurcations (contingences, évenements, et niveaux d'action) (archives-ouvertes.fr).

Grossetti, Michel, *Sociologie de l'imprévisible. Dynamique de l'activité et des formes sociales*, Paris, Puf, 2004.

Grossetti, Michel, « L'imprévisibilité dans les parcours sociaux », *Cahiers internationaux de sociologie*, 2006.

Gurvitch, Georges, « La crise de l'explication en sociologie », *Cahiers internationaux de sociologie*, Nouvelle série, vol. 21, 2006, p. 3-18.

Hoffman, Lynn, « Foundations of Family Therapy », dans Jean-Claude Benoit, *Dictionnaire clinique des thérapies familiales systémiques*, ESF, 1988.

Jensen, Pablo, *Pourquoi la société ne se laisse pas mettre en équations*, Seuil, 2018.

Laflamme, Simon, *La société intégrée. De la circulation des biens, des idées et des personnes*, New York, San Francisco, Bern, Baltimore, Frankfurt am main, Wien, Paris, Peter Lang, 1992.

Laflamme, Simon, *Communication et émotion. Essai de micrologie relationnelle*, Paris, L'Harmattan, 1995.

Laflamme, Simon, *Des biens, des idées et des personnes au Canada (1981-1995). Un modèle macrologique relationnel*, Sudbury-Paris, Prise de parole-L'Harmattan, 2000.

Laflamme, Simon, *Suites sociologiques*, Sudbury, Prise de parole, 2006.

Laflamme, Simon, « Sciences sociales et approche relationnelle », *Nouvelles perspectives en sciences sociales*, vol. 5, n° 1, 2009, p. 79-85.

Laflamme, Simon, « Les Acteurs sociaux et la modélisation phénoménologique », *Revue canadienne de sociologie*, vol. 49, n° 2, 2012, p. 138-150.

Laflamme, Simon, *Le XXe siècle et les théoriciens en sciences humaines. L'intelligence du social*, Prise de parole 2014.

Laflamme, Simon, « Quelques éléments pour une sociologie du projet. De la difficulté des assises subjectivistes », dans Martouzet, Denis, (dir.), *Le projet fait les acteurs. Urbanisme, complexité*, incertitude, Tours, Presses universitaire François Rabelais, 2018, p. 65-76.

Laflamme, Simon, *Théories en sciences humaines au XXe siècle*, tome 1 : *L'autonomisation des sciences humaines*, Paris, L'Harmattan, coll. « Pour comprendre », 2016.

Laflamme, Simon et Rhun-Min-Zhou, *Méthodes statistiques en sciences humaines*, Sudbury, Prise de parole, 2020 [2014].

Le Moigne, Jean-Louis, *La modélisation des systèmes complexes*, Paris, Dunod, 1995 [1990].

Leibniz, Gottfried Wilhelm, *Principes de la nature et de la grâce fondés en raison*, édition de1740.

Maalouf, Amin, *Les identités meurtrières*, Paris, Grasset & Fasquelle, 1998.

Marcuse Herbert, *L'homme unidimentionnel. Essai sur l'idéologie de la société industrielle avancée*, éd. de Minuit, 1968 [1964].

Maris, Bernard, *Keynes ou l'économiste citoyen*, Paris, Presses de Sciences Po, 1999.

Martouzet, Denis et Claude Vautier, « La représentation du projet : de l'acteur pilote à l'acteur impliqué », dans Denis Martouzet, (dir.) *Le projet fait les acteurs. Urbanisme, complexité, incertitude*, Tours, Presses universitaires François Rabelais, 2018.

Monod, Jacques, *Le hasard et la nécessité. Essai sur la philosophie naturelle de la biologie moderne*, Paris, Seuil, 1970.

Morin, Edgar, *Journal de Californie*, Paris, Seuil, 1970.

Morin, Edgar, « L'événement-Sphinx », *Communication*, n° spécial « L'événement », vol. 18, 1972, p. 173-192.

Morin, Edgar, *Le paradigme perdu : la nature humaine*, Paris, Seuil, 1973.

Morin, Edgar, *La méthode*, T. 1, *La nature de la nature*, Paris, Seuil, 1977.

Morin, Edgar, *Sociologie*, Paris, Arthème Fayard, 1984.

Morin, Edgar (en collaboration avec Brigitte Kern), *Terre-patrie*, Paris, Seuil, 1993.

Morin, Edgar, « Le monde comme notion sociologique », dans Daniel Mercure (dir.), *Une société-monde ? Les dynamiques sociales de la mondialisation*, Presses de l'université de Laval, 2001.

Morin, Edgar, *Les souvenirs viennent à ma rencontre*, Paris, Fayard, 2019.

Nouvelles perspectives en sciences sociales, n° spécial *Modélisation*, vol. 7, n° 2, 2012.

Origgi, Gloria et Frédéric Darbellay (s.d.), *Repenser l'interdisciplinarité*, éd. Slatkine, Paris, 2010.

Ricœur, Paul, « Le retour de l'événement », dans *Mélanges de l'École française de Rome, Italie et Méditerranée*, tome 104, n° 1, 1992, p.29-35.

Rostand, Edmond, *L'Aiglon*, Bibliothèque verte, Paris, 1951.

Rousseau, Jean-Jacques, citoyen de Genève, *Du contrat social ou Principes du droit politique*, Union Générale d'Éditions, 1963 [Amsterdam, Marc Michel Rey, 1762].

Simmel, Georg, *Sociologie et épistémologie*, cité par Alain Degenne, et Michel Forsé dans Jean-Michel, Berthelot, *Sociologie. Epistémologie d'une discipline. Textes fondamentaux*, éd. de Boeck, 2000.

Sirius, Marion de, *L'île sans nom ou le mystère des perles du Pacifique*, Books on Demand, 2014.

Spencer, Dan, « Pourquoi repenser l'interdisciplinarité ? », dans Gloria Origgi, et Frédéric Darbellay (s.d.), *Repenser l'interdisciplinarité*, éd. Slatkine, 2010, p.19-38.

Stoetzel, Jean, « Georges Davy, 1883-1976 », *Revue française de sociologie*, vol. 17, n° 2, 1976, p. 157-163. En ligne : In memoriam : Georges Davy - Persée (persee.fr).

Thom, René, « Halte au hasard, silence au bruit », dans Krzysztof Pomian *et al.*, *La querelle du déterminisme. Philosophie de la science d'aujourd'hui*, Gallimard, 1990, [Le Débat, n° 3, 1980, p. 119-132].

Tomasi di Lampedusa, Guiseppe, *Le Guépard*, Seuil, 2007 [1998].

Vautier, Claude, *Raymond Boudon », vie, œuvres, concepts*, Ellipses, coll. « Les grands théoriciens », 2002, repris dans Claude Vautier, « Raymond Boudon », dans Alain Bruno (dir.) *Les grands sociologues*, Ellipses, 2012, p. 313-360.

Vautier, Claude, « La longue marche de la sociologie relationnelle », *Nouvelles perspectives en sciences sociales*, vol. 4, n° 1, 2008, p. 77-106.

Vautier, Claude, « La faille et la brèche : réflexions sur un dépassement possible des controverses contemporaines en sociologie », *Nouvelles perspectives en sciences sociales*, vol. 9, n° 1, 2013, p. 289-317.

Vautier, Claude, « La revue *Nouvelles perspectives en sciences sociales* et la sociologie contemporaine. Un programme de refondation », *Nouvelles perspectives en sciences sociales*, vol 11, n° 2, 2016, p. 23-41.

Vautier, Claude, « De l'intérêt d'une approche relationnelle dans la modélisation des systèmes complexes », *Nouvelles perspectives en sciences sociales*, vol.11, n° 2, 2016, p. 323-357.

Vautier, Claude, « Un petit monde en Ontario. Application d'un modèle relationnel trialectique à la vie d'une communauté canadienne », *Nouvelles perspectives en sciences sociales*, vol. 13, n° 1, 2017, p. 403-458.

Vautier, Claude, « Cette étrange pliure à partir de laquelle rien n'est plus pareil. La question de la contingence en sciences sociales : l'événement », *Nouvelles perspectives en sciences sociales*, vol. 13, n° 2, 2018, p. 265-291.

Vautier, Claude et Simon Laflamme, *La notion de relation en sociologie*, Paris, L'Harmattan, coll. Logiques sociales, 2021.

Vautier, Claude, *Sociologie et relation. La théorie iconoclaste de Siméon Lafortune*, Paris, L'Harmattan, coll. Logiques sociales, 2022.

Verdalle, Laure de, « Une analyse lexicale des mondes de la production cinématographique et audiovisuelle française », Sociologie, vol. 3, n° 2, 2012, p. 183. En ligne : Annexes électroniques de l'article : Une analyse lexicale des mondes de la production cinématographique et audiovisuelle française (openedition.org).

Weber, Max, *Essais sur la théorie de la science*, [Section « L'objectivité de la connaissance dans les sciences et la politique sociales », 1904], Paris, Plon, 1992 [1965].

Weber, Max, *Économie et société*, 1. *Les catégories de la sociologie,* Plon, 1921.

ANNEXE

Protocole d'entretien

Nom de la personne interrogée
Lieu de l'entretien
Date de l'entretien
Heure du début de l'entretien
Nom de la personne ayant mené l'entretien

L'entretien comporte trois parties : la première concerne l'identité de la personne interrogée ; la seconde consiste en un entretien récursif, la troisième est constituée d'un entretien semi-directif.

1ère parte : identité de la personne interrogée [à remplir par l'enquêteur/trice]

Homme □
Femme □
Tranche d'âge : Moins de 30 ans □ Entre trente et 50 ans □ Plus de 50 ans □
Questions
1. Quel âge avez-vous eu à votre dernier anniversaire ? ans
2. Avez-vous toujours vécu ici : Oui □ Non □
Si Non : Où avez-vous vécu ?
Pourquoi avez-vous changé de lieu de vie ?
3. Êtes-vous :
Marié-e ? □ Célibataire □ Séparé-e ou divorcé-e □ Veuf-veuve □
4. Avez-vous été à l'école ? Oui □ Non □
Si Oui :
5. Quel est le niveau d'instruction le plus élevé que vous ayez atteint
École Primaire □ École secondaire □ École supérieure □
6. Quel travail pratiquez-vous ou avez-vous pratiqué ?

**Aucune réponse n'est obligatoire ou imposée à la personne interrogée.
Demander à la personne interrogée la permission d'enregistrer l'entretien.**

> **2ᵉᵐᵉ partie : entretien récursif**

La technique de cet entretien que nous allons maintenant suivre est assez simple et se fait en deux temps.
    – Je vous demande, dans un premier temps, d'évoquer toutes les idées, toutes les impressions qui vous viennent à l'esprit quand vous pensez au site 1 / site 2 / site 3 [L'enquêteur entoure la bonne réponse]
    – Vous ne faites qu'énumérer vos idées ou vos impressions en un ou deux mots. Je les prends en note.
    – Quand il ne vous vient plus aucune idée ou aucune impression, je reprends chacune de celles que vous avez évoquées et je vous demande d'élaborer, de dire ce que chacune d'elles signifie pour vous.

> **1.** Donc je vous demande d'énumérer, en un ou deux mots, toutes les idées, toutes les impressions qui vous viennent à l'esprit quand vous pensez au site 1 / site 2 / site 3 [L'enquêteur/L'enquêtrice entoure la bonne réponse]

1.
2.
3.
[…]
10.
Eventuels ajouts

> **2.** Revenez sur chacun des mots précédents (notez et prononcez le mot en début)

> **3ᵉᵐᵉ partie : entretien semi-directif**

> **Point 1.** Il s'agit de poser à la personne interrogée les questions ci-dessous. Ces questions sont destinées à approfondir certains aspects qui peuvent avoir valeur d'hypothèses pour nous ou pour d'autres chercheurs.

1. Est-ce que vous estimez que le site 1 / le site 2 / le site 3 [L'enquêteur/L'enquêtrice entoure la bonne réponse] a changé depuis quelques années ?

Si la réponse à la question 1 est positive, appuyez sur les questions 2 à 5
2. D'où vient ce changement, à votre avis ?
3. Y a-t-il dans le site 1 / le site 2 / le site 3 : une assemblée/une association/une coopérative des habitants / coopérateurs / commerçants ? L'enquêteur/L'enquêtrice entoure les bonnes réponses] ? Y participez-vous ? Comment fonctionne-t-elle ?
4. Pensez-vous que ce changement s'est fait lentement, progressivement ou de façon rapide, brutale ?
5. Est-ce que, selon-vous, ce changement était utile ou non ? En particulier, pensez-vous que votre vie personnelle a changé depuis quelques années ?

Si la réponse à la question 1 est négative, appuyez sur les questions 6 à 9
6. Est-ce que, selon vous, le site 1 / le site 2 / le site 3 [L'enquêteur/L'enquêtrice entoure la bonne réponse] doit rester comme il est aujourd'hui ?
7. Est-ce que vous estimez que vous vivez bien ici ?
8. Est-ce que vous participez à des activités collectives ? Lesquelles ?
9. Pensez-vous que le site 1 / le site 2 / le site 3 [L'enquêteur/L'enquêtrice entoure la bonne réponse] a quelque chose de particulier par rapport aux autres lieux marocains

Dans les deux cas de réponse à la question 1, dernière question commune :
10. Y a-t-il des tensions aujourd'hui dans le site 1 / le site 2 / le site 3 [L'enquêteur/L'enquêtrice entoure la bonne réponse] ? De quelle nature ?

> **Point 2.** Vous pouvez poser quelques questions sur tel ou tel point qui vous paraît avoir été oublié ou négligé durant l'entretien. Cette partie n'est pas obligatoire et ne doit pas remplacer les autres questions. Dans le cas, cependant, où vous posez des questions dans cette partie, vous devez noter vos questions ci-dessous et noter aussi la réponse (comme l'entretien est enregistré, pensez à repérer oralement à quelle question correspond la réponse)

TABLE DES TABLEAUX

Tableau 1. Les personnes interrogées, retenues et leurs profils 73
Tableau 2. Tableau synoptique des trois sites 101
Tableau 3. Les personnes retenues dans le site 1 107
Tableau 4. Les personnes retenues dans le site 2 107
Tableau 5. Les personnes retenues dans le site 3 107
Tableau 6. Éléments de système retenus par site 110
Tableau 7. Les événements retenus par site 111
Tableau 8. Synthèse : les individus, les éléments de système, les événements 113
Tableau 9. L'entretien de Brahim 115
Tableau 10. L'entretien d'Aïcha 116
Tableau 11. L'entretien d'Habib 117
Tableau 12. L'entretien d'Hassan 118
Tableau 13. L'entretien d'Assia 119
Tableau 14. L'entretien de Farid 120
Tableau 15. L'entretien de Fatima 121
Tableau 16. L'entretien de Louis 121
Tableau 17. L'entretien de Darifa 122
Tableau 18. L'entretien de Jamal 122
Tableau 19. L'entretien de Kamel 123
Tableau 20. L'entretien de Madani 124
Tableau 21. L'entretien de Mahdi 124
Tableau 22. L'entretien de Nassim 125
Tableau 23. L'entretien d'Hamida 125
Tableau 24. L'entretien de Jamila 126
Tableau 25. L'entretien de Samir 126
Tableau 26. L'entretien de Saïd 127
Tableau 27. L'entretien de Youssef 127
Tableau 28. L'entretien de Layla 128
Tableau 29. L'entretien de Malek 129

Tableau 30. L'entretien de Malika 129
Tableau 31. L'entretien de Chadli 130
Tableau 32. L'entretien d'Alif 130
Tableau 33. Les trois catégories analytiques pour le site 1 135
Tableau 34. Valence des relations binaires pour les personnes et l'événement 1 (site 1) 136
Tableau 35. Valence des relations ternaires pour les personnes et l'événement 1 (site 1) 136
Tableau 36. Toutes les valences des relations pour les personnes et l'événement 1 (site 1) .. 137
Tableau 37. Valences binaires orientées par personnes pour l'événement 1 (site 1) 139
Tableau 38. Valences des relations binaires pour les personnes et l'événement 2 (site 1) 141
Tableau 39. Valences des relations ternaires pour les personnes et l'événement 2 (site 1) 142
Tableau 40. Toutes les valences des relations pour les personnes et l'événement 2 (site 1) .. 142
Tableau 41. Valences binaires orientées par personne pour l'événement 2 (site 1) 143
Tableau 42. Valences des relations binaires pour les personnes et l'événement 3 (site 1) 145
Tableau 43. Valences des relations ternaires pour les personnes et l'événement 3 (site 1) 145
Tableau 44. Toutes les valences pour les personnes et l'événement 3 (site 1) 146
Tableau 45. Valences binaires orientées par personne pour l'événement 3 (site 1) 147
Tableau 46. Valences des relations binaires pour les personnes et l'événement 4 (site 1) 148
Tableau 47. Valences des relations ternaires pour les personnes et l'événement 4 (site 1) 148
Tableau 48. Toutes les valences des relations pour les personnes et l'événement 4 (site 1) .. 149
Tableau 49. Valences binaires orientées par personne pour l'événement 4 (site 1) 149
Tableau 50. Valences trialectiques pour les individus et tous les événements dans le site 1 . 153
Tableau 51. Toutes les valences pour tous les événements dans le site 1 154
Tableau 52. Les trois catégories analytiques pour le site 2 157
Tableau 53. Valences des relations binaires pour les personnes et l'événement 1 (site 2) 158
Tableau 54. Valences des relations ternaires pour les personnes et l'événement 1 (site 2) 158
Tableau 55. Toutes les valences des relations pour les personnes et l'événement 1 (site 2) .. 159
Tableau 56. Valences binaires orientées par personne pour l'événement 1 (site 2) 160
Tableau 57. Valences des relations binaires pour les personnes et l'événement 2 (site 2) 162
Tableau 58. Valences des relations ternaires pour les personnes et l'événement 2 (site 2) 162
Tableau 59. Toutes les valences des relations pour les personnes et l'événement 2 (site 2) .. 163
Tableau 60. Valences binaires orientées par personne pour l'événement 2 (site 2) 164
Tableau 61. Valences des relations binaires pour les personnes et l'événement 3 (site 2) 165
Tableau 62. Valences des relations ternaires pour les personnes et l'événement 3 (site 2) 165
Tableau 63. Toutes les valences des relations pour les personnes et l'événement 3 (site 2) .. 166
Tableau 64. Valences binaires orientées par personne pour l'événement 3 (site 2) 166
Tableau 65. Valences des relations binaires pour les personnes et l'événement 4 (site 2) 168
Tableau 66. Valences des relations ternaires pour les personnes et l'événement 4 (site 2) 168
Tableau 67. Toutes les valences des relations pour les personnes et l'événement 4 (site 2) .. 169

Tableau 68. Valences binaires orientées par personne pour l'événement 4 (site 2)...............169
Tableau 69. Valences trialectiques par personne pour tous les événements (site 2)..............171
Tableau 70. Toutes les valences pour tous les événements (site 2)...172
Tableau 71. Les trois catégories analytiques dans le site 3 175
Tableau 72. Valences des relations binaires pour les personnes et l'événement 1 (site 3).......176
Tableau 73. Valences des relations ternaires pour les personnes et l'événement 1 (site 3)....176
Tableau 74. Toutes les valences des relations pour les personnes et l'événement 1 (site 3)..176
Tableau 75. Valences binaires orientées par personne pour l'événement 1 (site 3)................178
Tableau 76. Valences des relations binaires pour les personnes et l'événement 2 (site 3).....179
Tableau 77. Valences des relations ternaires pour les personnes et l'événement 2 (site 3)....179
Tableau 78. Toutes les valences des relations pour les personnes et l'événement 2 (site 3)..180
Tableau 79. Valences binaires orientées par personne pour l'événement 2 (site 3)................181
Tableau 80. Valences des relations binaires pour les personnes et l'événement 3 (site 3).....183
Tableau 81. Valences des relations ternaires pour les personnes et l'événement 3 (site 3)....183
Tableau 82. Toutes les valences des relations pour les personnes et l'événement 3 (site 3)..183
Tableau 83. Valences binaires orientées par personnes pour l'événement 3 (site 3) 184
Tableau 84. Valences des relations binaires pour les personnes et l'événement 4 (site 3).....185
Tableau 85. Valences des relations ternaires pour les personnes et l'événement 4 (site 3)....185
Tableau 86. Toutes les valences des relations pour les personnes et l'événement 4 (site 3)..186
Tableau 87. Valences binaires orientées par personne pour l'événement 4 dans le site 3......186
Tableau 88. Valences trialectiques par personne pour tous les événements dans le site 3.....187
Tableau 89. Toutes les valences pour tous les événements dans le site 3 188
Tableau 90. Le poids des valeurs dans les trois sites 192
Tableau 91. Le poids des valeurs dans le site 2 192
Tableau 92. Le poids des valeurs dans le site 1 192
Tableau 93. Le poids des valeurs dans le site 3 193
Tableau 94. Un modèle descriptif et ses déclinaisons selon le site 195
Tableau 95. Un modèle de développement générique et ses déclinaisons selon le site..........199

TABLE DES FIGURES

Figure 1. Dialectique tridimensionnelle dans le modèle de Laflamme : logique des régions 62
Figure 2. Dialectique tridimensionnelle dans le modèle de Laflamme : logique des groupes sociaux 62
Figure 3. Le modèle RISE 71
Figure 4. Les grands thèmes évoqués dans le site 1 81
Figure 5. Les grands thèmes évoqués dans le site 2 85
Figure 6. Les grands thèmes évoqués dans le site 3 93
Figure 7. Les grands thèmes évoqués dans les trois sites réunis 100
Figure 8. Profils comparés des trois sites selon les six valeurs affichées..............................103

INDEX DES AUTEURS ET DES NOTIONS

[Les mots en italiques désignent des auteurs]

Abbott, 54
Accident, 37, 41, 43, 47, 98, 108, 111, 151, 174, 181
Acteur, 9, 11, 15, 18, 19, 20, 21, 22, 23, 24, 25, 29, 31, 35, 36, 38, 39, 43, 44, 45, 46, 47, 49, 50, 52, 53, 54, 55, 56, 57, 58, 60, 63, 105, 110, 111, 112, 123, 135, 141, 147, 156, 157, 161, 162, 175, 178, 179, 180, 181, 182, 184, 196, 198, 199, 202, 204
Action, 19, 22, 23, 24, 25, 29, 37, 39, 43, 45, 47, 50, 51, 52, 54, 55, 56, 57, 59, 69, 80, 81, 82, 88, 91, 92, 100, 101, 102, 105, 112, 122, 144, 147, 151, 154, 164, 170, 173, 189, 190, 196, 198, 199, 203
Action collective, 24, 59
Action individuelle, 55
Actionnisme, 45, 50
Actions humaines, 37, 203
Agent, 20, 21, 23, 25, 44, 45, 46, 50, 59, 62
Agriculture biologique, 69, 79, 102, 104, 114, 117, 118, 119, 120, 156
Alceste, 69, 71, 72, 74, 75, 76, 79, 81, 84, 86, 90, 91, 93, 97, 100, 103, 108, 109, 131, 133
Aléa, 37, 40, 45, 47, 54, 55, 65, 203,

Alliage, 48, 71, 105
Amsterdamski, 40
Analyse de réseau, 50
Analyse structurale, 24, 36, 46, 50
Analytique, 15, 16, 22, 24, 25, 27, 28, 31, 39, 48, 49, 53, 56, 57, 58, 66, 69, 71, 72, 109, 131, 133, 135, 157, 175, 189, 198, 199, 203, 204
Ancori, 27
Anderson, 66
Approche des structures sociales, 56
Approche holistique, 19
Approche individualiste, 19
Approche relationnelle, 10, 11, 16, 21, 22, 43, 44, 53, 57, 58, 59, 60, 61, 64, 65
Approche sociologique, 43, 47, 72
Approche substantialiste, 10
Archer, 26, 49
Aron, 33, 34
Assemblée délibérative, 80
Association, 34, 67, 68, 73, 77, 79, 80, 81, 83, 83, 84, 85, 89, 91, 95, 96, 97, 98, 99, 101, 110, 111, 112, 113, 115, 117, 118, 120, 121, 122, 123, 124, 125, 126, 127, 129, 130, 131, 137, 138, 143, 146, 154, 159, 161, 167, 170, 172, 173, 174, 175, 195, 196, 199, 212
Atlan, 25, 26, 40

Atome de la vie sociale, 20
Auto-eco-re-organisation, 199
Autonome, 11, 16, 29, 33, 50, 54, 66, 67, 68, 69, 79, 80, 98, 101, 106, 117, 118, 119, 141, 144, 175, 191, 196, 197, 198, 199, 200, 201, 202
Autonomie, 11, 40, 41, 50, 80, 102, 109, 110, 113, 119, 120, 138, 155, 157, 187, 195, 196
Autonomie dépendante, 138
Auto-production, 47
Auto-reproduction, 47
Autorité publique, 47, 100, 189, 197
Autosuffisance alimentaire, 67, 115, 118
Bagaoui, 49, 56, 57, 66
Bajoit, 50, 51, 52, 53, 54, 66, 204
Barel, 17, 18, 25, 40, 47, 140, 205
Bateson, 26, 42
Beaujon, 47, 48
Beaumarchais, 41
Benoit, 47
Berlioz, 41
Berthelot, 33, 39, 50
Bessin, 40
Bidart, 40, 54, 55
Bifurcation, 27, 31, 38, 39, 40, 43, 47, 54, 105, 201
Binaire, 16, 34, 71, 134, 135, 136, 137, 138, 139, 141, 142, 143, 145, 146, 147, 148, 149, 150, 154, 158, 159, 160, 162, 163, 164, 165, 166, 167, 169, 170, 172, 173, 175, 176, 177, 178, 179, 180, 181, 183, 184, 185, 186, 188,
Bloch, 39, 44
Bonne raison, 21, 35, 46
Bottom up, 102
Bouchard, 26, 49, 66
Boudon, 17, 20, 21, 30, 31, 34, 43, 44, 50
Bouguerra, 49, 66

Bourdieu, 29, 31, 35, 44, 62, 202
Boyer, 39, 40, 47
Braudel, 38
Bruno, 21
Camus, 41
Catalyseur, 138, 141, 157
Catégorie, 70, 71, 72
Catégorie, 15, 16, 23, 24, 25, 26, 27, 31, 42, 44, 46, 48, 52, 53, 56, 57, 58, 61, 62, 65, 66, 68, 70, 71, 72, 105, 106, 108, 109, 112, 113, 131, 133, 134, 135, 141, 143, 144, 145, 147, 148, 157, 158, 160, 162, 164, 165, 168, 170, 175, 176, 179, 180, 183, 185, 202, 203, 204
Catégorie analytique, 15, 16, 24, 25, 27, 28, 31, 56, 57, 66, 72, 109, 131, 133, 135, 157, 175, 204
Catégorie sociale, 24, 52, 62
Centralisé, 101, 110, 112, 113, 175, 195, 196
Champ des relations, 22
Champ relationnel, 44, 48, 49, 56, 57, 58, 105, 160, 166, 167, 203
Changement, 27, 29, 31, 42, 47, 51, 53, 70, 76, 77, 78, 79, 80, 81, 84, 86, 88, 92, 97, 100, 101, 102, 104, 110, 111, 114, 115, 116, 117, 119, 122, 123, 124, 126, 130, 140, 144, 146, 153, 156, 161, 164, 171, 181, 185, 188, 193, 196, 197, 200, 201, 202
Changement de mentalité, 111, 119, 122, 123, 124, 130
Chavance, 39, 40
Choix, 10, 21, 23, 39, 40, 43, 46, 48, 68, 83, 87, 88, 98, 101, 102, 106, 108, 109, 112, 128, 129, 134, 135, 147, 164, 167, 178, 189, 200, 202, 203
Choix rationnel, 21, 46

Choléra, 70, 99, 111, 113, 122, 157, 165, 167, 168, 171, 172, 173, 174, 198, 199
Circuit relationnel, 24
Circulation, 23, 58, 61, 63, 88, 91, 98, 101, 127, 128, 131, 174, 185,
Classe sociale, 24, 62
Colas, 47
Collectif, 19, 20, 34, 52, 73, 82, 85, 86, 92, 95, 98, 100, 101, 102, 111, 112, 117, 124, 126, 156, 163, 167, 173, 178, 182, 192, 194, 195, 197, 198, 199, 200, 203,
Communautaire, 31, 102
Communauté, 11, 16, 31, 81, 85, 92, 99, 101, 102, 124, 125, 152, 165, 188, 191, 193, 194, 200, 201
Communication, 21, 36, 58, 89, 92, 118, 130, 196
Complexité, 9, 10, 11, 15, 18, 21, 22, 23, 25, 28, 31, 32, 37, 38, 43, 44, 45, 47, 48, 49, 50, 63, 64, 65, 106
Comportements réactionnels, 22
Comte, 33
Condition féminine, 100, 101, 125
Confiance, 73, 103, 104, 110, 113, 119, 122, 123, 124, 156, 157, 189, 192, 193, 194, 195, 196, 197, 200, 201
Configuration, 18, 26, 27, 31, 44, 49, 67, 71, 105, 131, 136, 151, 152, 153, 157, 159, 160, 163, 173, 177, 191, 194, 198, 200, 202
Configurations sociales, 105
Configurations sociétales, 44
Contingence, 11, 37, 39, 41, 54, 57, 59, 144, 187
Continuité, 48
Contradiction, 23, 27, 28, 64
Contradictoire, 20, 28, 30, 35, 105

Contrat social, 34
Coopérative, 67, 73, 74, 79, 80, 81, 101, 102, 110, 111, 112, 113, 114, 115, 116, 117, 118, 119, 120, 121, 126, 135, 137, 138, 139, 150, 152, 153, 154, 156, 157, 174, 195, 199
Coopérative des femmes, 67, 73, 81, 101, 116, 118, 119, 121
Coopérative des hommes, 73, 101, 115, 117
Coopérative du couscous, 67, 79, 80, 101, 112, 115, 119, 120, 138, 139, 150, 153, 156, 199
Cournot, 41
Cousin, 40
Crise, 17, 18, 28, 30, 64, 111, 112, 113, 127, 157, 165, 167, 168, 171, 172, 173, 174
Crise de la sociologie, 17, 18
Crozier, 29, 35, 45, 50
Danchin, 40
Darbellay, 18
Davy, 19, 20, 21
Debreu, 70
Décision, 21, 23, 24, 35, 57, 79, 80, 85, 92, 98, 99, 100, 101, 102, 110, 111, 112, 113, 123, 124, 143, 144, 154, 157, 162, 164, 173, 174, 175, 177, 178, 179, 180, 182, 184, 187, 188, 195, 199
Décision collective, 80, 85, 99, 101, 157, 174
Décisions individuelles, 24
Décrochage scolaire, 111, 122, 123, 125, 126, 196, 199
Déformation du champ relationnel, 56, 57, 58
Degenne, 24, 36, 46, 50, 54, 55
Délibération collective, 84, 122, 123, 195,
Dépendance, 9, 25, 80
Descartes, 26
Désir d'autonomie, 120, 195

Désir de modernisation, 195, 196, 198
Désir de modernité, 101, 104, 196, 200
Désir de sécurité, 200
Désordre, 38
Désordre organisateur, 38
Déterminisme, 40, 46
Développement auto-entretenu, 200
Développement autonome, 11, 67, 68, 80, 175, 191, 199, 200
Dialectique, 16, 28, 31, 62, 64, 65, 146, 147, 150, 166, 177
Dialogique, 23, 28, 38
Différenciation, 66
Dignité, 127, 128
Discipline, 10, 18, 22, 31, 33, 38, 45, 50, 52, 64, 66,
Donati, 26, 49, 50, 51, 59, 60, 61
Donnadieu, 37, 38
Dualisme, 15, 18, 20, 21, 23, 25, 26, 30, 31, 34, 36, 39, 44, 46, 50, 59, 63, 65, 69, 70
Dubet, 40
Ducret, 151
Dunning, 151
Durkheim, 9, 10, 18, 19, 20, 33, 34, 38, 43
Dynamique, 26, 31, 38, 39, 40, 41, 43, 45, 49, 54, 55, 56, 67, 140, 147, 200
Dynamique des relations sociales, 55
Dynamique sociale, 38, 41
Dynamiques relationnelles, 54, 55
Eau, 67, 68, 84, 86, 97, 99, 101, 102, 112, 115, 117, 119, 122, 123, 124, 125, 126, 145, 154, 156, 161, 167, 172, 173,
Eau potable, 101, 102, 112, 117, 122, 123, 126, 167, 173,
Eaux usées, 167, 172
École, 25, 35, 82, 83, 84, 86, 88, 95, 99, 101, 123, 172

École de Chicago, 25, 35, 38, 39
Écotourisme, 114
Éducation, 73, 84, 101, 109, 110, 113, 114, 115, 123, 135, 157, 195
Effets pervers, 21
Einstein, 41
Ekeland, 40
Élément, 11, 12, 15, 25, 27, 28, 31, 39, 42, 44, 45, 46, 50, 54, 58, 59, 62, 66, 71, 74, 75, 86, 92, 100, 105, 109, 110, 111, 112, 113, 115, 116, 117, 118, 119, 120, 121, 122, 123, 124, 125, 126, 127, 128, 129, 131, 133, 135, 140, 144, 147, 152, 156, 164, 170, 175, 195, 196, 198, 201, 202, 203
Éléments de système, 31, 44, 74, 109, 110, 112,113, 133, 135, 157, 175, 195, 198, 202
Éléments simples, 25
Elias, 26, 42, 49, 59, 71, 151, 152, 202
Émancipation, 80, 86, 100, 101, 102, 111, 112, 113, 135, 138, 148, 149, 152, 153, 154, 161, 192, 199
Émancipation des enfants, 86, 111, 113, 199
Émancipation des femmes, 100, 101, 102, 111, 113, 135, 139, 141, 148, 149, 151, 153, 154, 199
Émergence, 69
Émergence, 11, 16, 31, 32, 35, 50, 56, 66, 67, 68, 69, 100, 103, 105, 106, 112, 133, 138, 154, 155, 156, 157, 187, 189, 191, 193, 195, 196, 197, 198, 199, 201, 202, 203
Émergence autonome, 196, 198, 199, 201
Émergent, 25, 35, 47, 55, 75
Emirbayer, 49, 58, 59

Émoraison, 21
Émorationalité, 21
Émotion, 21, 24, 29
Enfant, 73, 76, 77, 78, 79, 82, 83, 84, 86, 87, 88, 89, 90, 92, 94, 95, 96, 97, 98, 101, 107, 111, 112, 113, 114, 115, 116, 117, 118, 119, 121, 122, 123, 124, 125, 126, 127, 128, 129, 130, 157, 168, 169, 170, 171, 172, 173, 174, 196, 197, 199
État, 78, 87, 88
Ethnométhode, 35
Ethnométhodologie, 35
Événement, 70, 72
Événement, 11, 16, 26, 27, 29, 37, 39, 40, 42, 43, 44, 48, 49, 54, 55, 61, 65, 67, 70, 71, 72, 74, 105, 106, 111, 112, 113, 115, 116, 117, 118, 119, 120, 121, 122, 123, 124, 125, 126, 127, 128, 129, 130, 131, 133, 135, 137, 138, 140, 141, 144, 145, 146, 147, 148, 150, 151, 152, 153, 154, 155, 156, 157, 158, 160, 161, 162, 163, 164, 165, 167, 168, 170, 171, 172, 173, 174, 175, 178, 179, 181, 182, 184, 185, 187, 188, 198, 199, 200, 201, 203
Événements résolument collectifs, 198
Événements-individus-systèmes, 71
Événement-système, 153
Évolutions structurales, 37
Fassin, 111, 182
Febvre, 39
Feildel, 49, 66
Femme, 20, 67, 73, 74, 76, 78, 79, 80, 81, 91, 95, 96, 98, 99, 100, 101, 102, 107, 108, 109, 110, 111, 112, 113, 115, 116, 117, 118, 119, 120, 121, 122, 123, 125, 126, 128, 129, 130, 135, 137, 138, 139, 140, 141, 143, 148, 149, 150, 151, 152, 153, 154, 155, 156, 157 159, 161, 162, 163, 164, 167, 168, 169, 171, 173, 174, 182, 192, 193, 194, 195, 196, 197, 199
Filet de relations, 49, 56
Fille, 82, 83, 87, 95, 101, 119, 120, 122, 123, 129, 170, 171, 172, 173, 174, 196
Forsé, 24, 36, 46, 50
Friedberg, 29, 35, 45, 50
Furet, 43
Garçon, 122, 123, 170, 173, 196
Gervais, 26, 49, 66
Gestion collective, 68, 93
Gestion des ressources communes, 85
Gestion du changement, 86, 100
Girard, 13, 26, 31, 49, 66
Godard, 40
Gouvernance, 109, 110, 111, 112, 113, 122, 124, 125, 126, 127, 129, 135, 157, 158, 175, 177, 178, 182, 195, 197, 198, 199
Gouverneur, 87, 91, 92, 94, 98, 99, 100, 101, 110, 111, 112, 112, 113, 115, 127, 129, 145, 175, 177, 178, 179, 182, 184, 187, 188, 195, 197, 199
Grossetti, 39, 40, 41, 49, 54, 55, 56
Groupe de Sudbury, 49, 61
Groupes sociaux, 62, 63
Guillemet, 40
Gurvitch, 17, 38
Habermas, 35
Hasard, 30, 40, 41, 42, 43, 65, 75, 108, 141, 144, 152
Histoire, 10, 16, 17, 27, 33, 35, 37, 38, 39, 41, 42, 43, 44, 51, 54, 85, 123, 203
Historicité, 28, 37, 42, 44, 46, 53
Historique, 21, 33, 37, 42, 44, 49, 54, 65, 69, 103, 124, 125, 161,

Hoffman, 47
Hol-individualisme, 31, 36, 46, 65
Holisme, 21, 23, 31, 34, 35, 36, 44, 49, 58, 65, 70
Holisme méthodologique, 35, 44, 59, 70
Holistique, 19, 63, 64, 69, 201
Hologrammatique, 38, 48
Hologrammie, 23
Hologrammique, 28, 48
Homme, 19, 20, 45, 51, 73, 78, 79, 80, 81, 91, 92, 95, 96, 98, 99, 101, 102, 107, 110 111, 113, 114, 115, 116, 117, 118, 119, 120, 121, 122, 123, 124, 125, 126, 127, 129, 130, 135, 137, 138, 148, 151, 153, 155, 156, 159, 171, 172, 173, 189, 194, 195, 196, 199, 202
Humain, 15, 16, 18, 20, 22, 24, 28, 30, 31, 33, 37, 40, 41, 44, 47, 50, 51, 52, 53, 56, 60, 61, 64, 66, 67, 68, 69, 71, 108, 110, 111, 130, 135, 138, 147, 151, 168, 175, 187, 188, 191, 192, 199, 200, 201, 202, 203, 204
Identité, 23, 65, 92, 103, 104, 115, 116, 117, 118, 119, 120, 121, 122, 123, 124, 125, 126, 127, 128, 129, 156, 157, 189, 192, 193, 194, 196, 197, 199, 200, 201
Idéologie, 62, 63, 201
Impondérable, 144
Imprévisibilité, 39, 41, 45, 64, 303
Imprévisible, 39, 40, 41, 54, 55, 56, 65, 106, 156, 203
Imprévu, 31, 65, 147, 156
Improbable, 41, 70, 111, 181
Inattendu, 37, 47
Incertain, 44, 70
Incertain radical, 70
Incertitude, 11, 22, 31, 45, 70
Individu, 70, 72

Individu, 9, 15, 16, 19, 20, 21, 22, 23, 24, 25, 26, 27, 29, 30, 33, 34, 35, 36, 37, 38, 39, 40, 41, 42, 43, 44, 45, 46, 48, 49, 50, 51, 52, 53, 54, 55, 57, 58, 59, 60, 61, 62, 64, 65, 67, 69, 70, 71, 72, 76, 77, 78, 79, 82, 83, 84, 86, 87, 88, 89, 90, 91, 92, 94, 95, 96, 97, 98, 99, 105, 106, 109, 110, 112, 113, 115, 116, 117, 118, 119, 120, 121, 122, 123, 124, 125, 126, 127, 128, 129, 130, 131, 133, 135, 136, 137, 139, 140, 141, 143, 144, 145, 146, 147, 148, 149, 150, 151, 152, 153, 154, 155, 156, 157, 158, 159, 160, 161, 162, 163, 164, 165, 166, 167, 168, 169, 170, 171, 172, 175, 176, 177, 178, 179, 180, 183, 185, 186, 187, 188, 194, 198, 200, 201, 203
Individualisme, 15, 19, 20, 23, 25, 29, 31, 34, 35, 36, 44, 45, 46, 49, 53, 58, 63, 64, 65, 70, 110, 113, 175, 195, 200, 201, 202, 203
Individualisme méthodologique, 20, 21, 23, 25, 30, 39, 50, 62, 65, 69, 70, 65, 69
Individualisme structural, 50
Individu-événement, 71, 140
Individus-systèmes-événements, 71
Individu-structure, 59
Individu-système, 48, 70, 71
Information, 21, 25, 69, 71, 72, 73, 74, 75, 106, 109, 113, 114, 131, 133, 136, 138, 146, 175, 181, 187, 189
Inséparabilité, 36, 57, 147
Intention, 49, 60
Intentionnalité, 21, 43, 62, 63
Intentionnel, 29, 41

Interaction, 19, 21, 23, 25, 30, 31, 35, 36, 38, 45, 46, 48, 49, 50, 55, 56, 57, 59, 60, 65, 66, 70, 106
Interaction sociale, 36, 58
Interactionnisme, 26, 35, 46, 50, 53, 58, 203
Interactionnisme stratégique, 52
Interactionnisme structural, 46, 50
Interactionnisme symbolique, 35, 50
Interdépendance, 24, 152
Interdisciplinaire, 10, 18
Intérêt, 23, 24, 29, 34, 47, 101, 102, 122, 123, 124 125, 126, 170, 198, 200, 204
Irréversibilité, 38, 40, 55
Jalbert, 26, 49, 66
Jensen, 106
Jeu social, 23, 29
Jmâa, 101, 154, 157, 174
Kannas, 47
Kern, 69
Kuhn, 54
Laflamme, 11, 13, 16, 21, 22, 24, 26, 29, 33, 42, 45, 48, 49, 51, 53, 57, 58, 59, 61, 62, 63, 64, 66, 70, 108
Largeault, 40
Le Moigne, 22, 39, 44, 45
Leader, 108, 122, 123, 124, 137, 139, 140, 141, 142, 143, 144, 146, 147, 150, 152, 154, 155, 156, 157, 161, 170, 171, 173, 174, 180, 192, 193, 195, 201
Leibniz, 33
Liaison, 25, 48, 105, 165, 202, 203
Liberté, 15, 30, 35, 55, 110, 121, 196
Libre, 15, 29, 34, 38, 121, 168
Lié, 35, 37, 40
Lien, 22, 24 26, 46, 48, 56, 57, 61, 62, 63, 70, 122, 153, 202, 203, 204

Locke, 26
Lutte des classes, 21
Maalouf, 199, 200
Malarewicz, 47
Marcuse, 62
Maris, 70
Maroc, 11, 16, 30, 31, 66, 67. 68, 77, 96, 97, 117, 123, 154, 155, 175, 196, 197
Martouzet, 11, 31, 44, 45, 49, 66
Marx, 33, 35, 62
Mead, 38
Mentalité, 79, 111, 119, 122, 123, 124, 130, 161, 194
Mercure, 56
Meslaha, 101, 124, 125, 174, 195
Méthode analytique, 28
Méthodologie relationnelle, 59
Métissage, 26, 54, 63, 70, 200, 204
Mische, 58
Modèle, 9, 11, 12, 15, 16, 21, 24, 25, 27, 28, 29, 31, 32, 35, 38, 42, 43, 44, 45, 46, 48, 53, 54, 55, 56, 57, 61, 62, 63, 66, 70, 71, 72, 75, 101, 105, 106, 113, 131, 143, 144, 149, 151, 153, 157, 160, 177, 181, 184, 185, 188, 189, 190, 191, 192, 194, 197, 198, 199, 200, 201, 202, 203, 204
Modèle analytique, 66, 69, 198, 199, 203
Modèle de développement, 157, 189, 191, 194, 197, 198, 199, 200
Modèle relationnel, 11, 43, 57, 61, 63, 201, 202
Modèle rural, 199
Modèle urbain, 199
Modélisation, 11, 13, 15, 21, 23, 24, 25, 26, 27, 31, 42, 43, 44, 45, 47, 48, 49, 51, 52, 53, 55, 56, 57, 59, 60, 61, 62, 63, 64, 65, 66, 67, 69, 70, 75, 106, 107, 148, 150, 181, 189, 190, 191,

197, 198, 199, 200, 201, 203, 204
Modélisation des systèmes complexes, 11, 27, 43, 44, 65
Modélisation relationnelle, 42, 44, 201
Modernisation, 98, 101, 102, 111, 112, 135, 155, 157, 174, 175, 187, 189, 193, 194, 195, 196, 198, 199
Moderniste, 110, 112, 113, 120, 121, 195
Modernité, 101, 103, 104, 128, 156, 157, 175, 185, 189, 192, 193, 194, 196, 197, 200, 201
Modes de gouvernance, 109, 110, 112, 113, 135, 157, 175, 195, 198, 199
Montesquieu, 33
Morin, 9, 10, 17, 22, 23, 25, 26, 27, 28, 36, 37, 38, 40, 41, 42, 56, 64, 66, 69, 70, 106, 138, 197, 199, 201
Mosquée, 100, 122, 123, 124, 125, 192
Newton, 26
Niveau d'action, 39, 54
Non-contradiction, 23
Organisation, 11, 23, 25, 37, 38, 45, 49, 65, 66, 73, 74, 85, 87, 106, 120, 126, 127, 128, 129, 155, 168, 179, 199
Organisé, 45, 68, 71, 72, 79, 91, 112, 122, 128, 129, 130, 131, 144, 145, 148, 167, 174, 202
Origgi, 18
Paradigme relationnel, 51
Paradoxe, 15, 23, 28, 41, 138, 147, 1555, 193
Pareto, 33
Parité, 107, 108, 147, 151, 160, 196
Park, 38
Participatif, 195
Passion, 9, 117, 193, 200

Pattern, 200
Permaculture, 67, 69, 73, 76, 79, 96, 99, 101, 104, 110, 113, 114, 115, 117, 118, 121, 135, 137, 141, 154, 156, 193, 195
Personne, 10, 11, 15, 22, 24, 34, 55, 60, 61, 62, 63, 68, 70, 72, 74, 75, 76, 77, 79, 80, 82, 88, 90, 91, 92, 98, 99, 102, 103, 106, 107, 108, 109, 111, 112, 113, 114, 115, 116, 117, 123, 124, 127, 131, 133, 135, 136, 137, 138, 139, 140, 141, 142, 143, 144, 145, 149, 150, 152, 154, 155, 156, 164, 167, 168, 169, 172, 173, 175, 177, 178, 179, 180, 181, 182, 184, 185, 186, 187, 188, 189, 191, 194, 196, 197
Petitot, 40
Place des femmes, 109, 110, 135, 193, 195, 196
Platon, 33
Pomian, 40
Positions sociales, 21
Prévert, 86
Prigogine, 40, 106
Processus, 27, 32, 37, 38, 39, 42, 44, 45, 58, 59, 65, 67, 68, 110, 113, 117, 151, 159, 175, 187, 189, 191, 194, 195, 199, 202, 203, 204
Projectivité, 23
Psyché, 19, 20, 23, 25, 45, 49
Quételet, 33
Rationalisation, 68, 92, 93, 98, 101, 189
Rationalité, 19, 21, 23, 24, 29, 36, 40, 41, 43, 46, 58, 63, 202, 203
Rationnel, 21, 29, 45, 46, 59, 63, 203
Réaction, 22, 23, 47, 138, 141, 144, 157, 164, 199
Récursivité, 23, 28
Réductionnisme, 23

Reinert, 72
Relation, 9, 10, 11, 15, 16, 18, 22, 23, 24, 25, 26, 28, 30, 31, 39, 42, 43, 44, 46,47, 48, 49, 50, 51, 52, 53, 54, 55, 56, 57, 58, 59, 60, 61, 62. 63, 66, 67, 70, 71, 105, 106, 109, 112, 113, 114, 116, 117, 129, 131, 133, 134, 135, 136, 137, 138, 139, 140, 142, 143, 144, 146, 147, 148, 149, 150, 151, 152, 153, 154, 155, 159, 160, 161, 163, 164, 165, 166, 167, 169, 170, 171, 172, 173, 174, 175, 177, 178, 180, 181, 182, 183, 184, 185, 186, 187, 188, 191, 200, 203, 204
Relation binaire, 134, 139, 143, 160, 163, 167, 173, 177, 180, 186
Relation entre, 24, 25, 46, 49, 55, 58, 63, 133
Relation sociale, 52, 53, 56, 60, 106, 204
Relation ternaire, 71, 134, 142, 143, 159, 160, 163, 167, 169, 173, 177
Relation trialectique, 142, 167, 170, 173, 180, 186
Relationnel, 10, 11, 15, 16, 22, 26, 28, 31, 42, 43, 44, 48, 49, 50, 51, 53, 54, 55, 56, 57, 58, 59, 60, 61, 63, 64, 65, 70, 105, 131, 160, 166, 167, 201, 202, 203
Reliance, 38
Religion, 18, 100
Re-organisation, 65, 66, 67, 199
Représentation, 15, 24, 25
Re-production, 25, 40, 140
Reproduction sociale, 62
Réseau, 22, 23, 29, 45, 46, 55, 58, 66, 80, 112, 120, 123, 124, 203
Réseaux sociaux, 55, 120

Ricœur, 43, 47
RISE, 57, 61, 65, 66, 67, 68, 69, 70, 71, 72, 75, 105, 106, 107, 131, 144, 148, 151, 181, 188, 189, 198, 200, 201, 203, 204
Rostand, 108
Rousseau, 34
Ruelle, 40
Rupture, 27, 40, 42, 104, 111, 181, 182
Science des relations, 18, 51, 64
Scolarisation, 101, 105, 111, 112, 113, 122, 123, 157, 168, 169, 170, 171, 172, 173, 199
Scolarité, 24, 74, 86, 101, 102, 124, 125
Sécurisation, 91, 92, 93, 98, 101, 111, 113, 175, 187, 188, 189, 199
Sécurité, 34, 68, 73, 74, 91, 92, 101, 102, 103, 104, 105, 111, 115, 116, 117, 119, 120, 124, 127, 128, 129, 130, 154, 156, 189, 192, 193, 196, 197, 200
Sewell, 54
Simiand, 39
Simmel, 33, 42, 50, 59
Simon, 24
Sirius, 41
Sivadon, 47
Social, 9, 11, 15, 16, 17, 19, 20, 21, 22, 23, 24, 28, 29, 30, 31, 32, 34, 35, 36, 37, 38, 39, 40, 41, 43, 45, 47, 50, 51, 52, 53, 54, 55, 56, 57, 58, 59, 60, 62, 63, 64, 65, 66, 69, 70, 78, 80, 85, 105, 105, 110, 138, 147, 151, 164, 175, 181, 182, 188, 189, 190, 194, 200, 203, 204
Socialité, 111, 181, 182
Société, 9, 17, 19, 20, 21, 24, 25, 26, 28, 30, 33, 34, 35, 37, 39, 44, 50, 51, 52, 55, 57, 60, 61, 63, 67, 70, 71, 99, 105, 109, 110, 111, 112, 113, 120, 135,

147, 151, 156, 157, 170, 175, 181, 192, 195, 199, 200, 202
Sociologie, 11, 16, 17, 18, 19, 20, 21, 22, 24, 25, 26, 27, 28, 29, 30, 31, 33, 35, 36, 38, 39, 40, 41, 42, 43, 44, 45, 47, 49, 50, 51, 52, 53, 54, 55, 56, 57, 59, 60, 61, 63, 64, 65, 66, 70, 72, 74, 151, 203
Solidarité, 69, 73, 102, 103, 104, 118, 120, 121, 122, 123, 124, 126, 130, 156, 184, 189, 192, 193, 194, 196, 197, 200, 201
Spencer, 33
Statique comparative, 27
Statut des femmes, 111, 120, 151, 181, 196
Stengers, 40
Stoetzel, 20
Stratégie, 22, 29, 45, 50, 53, 120, 121, 203
Structuralisme, 39, 50, 53
Structure, 15, 16, 21, 23, 26, 29, 30, 31, 35, 46, 47, 48, 49, 50, 51, 52, 53, 54, 55, 56, 58, 59, 61, 63, 64, 65, 66, 67, 68. 69, 75, 79, 80, 81, 84, 92, 111, 112, 113, 115, 135, 136, 137, 138, 139, 140, 141, 147, 152, 153, 154, 155, 157, 160, 161, 171, 173, 174, 175, 188, 195, 197, 198, 199, 200, 201, 202, 203
Structure collective, 153, 154, 155, 157, 160, 161, 171, 174
Structure sociale, 21, 35
Stuart Mill, 33
Substance, 18, 65
Substantialisme, 18, 38, 58
Sujet, 22, 23, 46, 50, 51, 52, 53, 60, 200
Synchronie, 38, 39
Système, 15, 16, 18, 21, 23, 24, 26, 27, 28, 29, 32, 35, 36, 38, 39, 40, 41, 42, 43, 44, 45, 46, 47, 48, 49, 50, 53, 54, 55, 56, 57, 58, 60, 61, 65, 66, 67, 70, 71, 72, 74, 101, 105, 106, 109, 110, 112, 113, 115, 116, 117, 118, 119, 120, 121, 122, 123, 124, 125, 126, 127, 128, 129, 130, 131, 133, 135, 138, 139, 140, 143, 144, 146, 147, 148, 150, 151, 152, 153, 155, 156, 159, 160, 161, 163, 164, 165, 166, 167, 168, 170, 172, 173, 175, 177, 178, 180, 182, 185, 188, 195, 198, 202, 203
Système complexe, 11, 23, 27, 28, 37, 39, 43, 44, 47, 48, 49, 65
Système social, 16, 23, 29, 35, 43, 47, 48, 67, 70, 147, 164
Système sociétal, 65, 70, 182
Systémique, 22, 38, 61, 105
Temps, 10, 13, 16, 17, 20, 21, 26, 27, 28, 29, 36, 38, 40, 41, 42, 43, 45, 47, 48, 49, 55, 58, 59, 64, 65, 70, 72, 87, 118, 151, 155, 157, 161, 167, 198
Ternaire, 71, 134, 135, 136, 137, 142, 143, 146, 149, 154, 159, 160, 163, 166, 167, 169, 170, 172, 173, 174, 175, 176, 177, 180, 184, 186, 188
Théorie, 9, 15, 16, 20, 22, 25, 28, 29, 31, 33, 37, 38, 39, 43, 45, 46, 48, 50, 51, 52, 53, 57, 58, 59, 62, 63, 69. 106, 201, 203
Thom, 40
Thomas, 38, 39
Tocqueville, 33
Top down, 177, 178, 182
Touraine, 50, 51
Tradition, 9, 45, 56, 64, 67, 100, 101, 103, 104, 110, 113, 119, 124, 125, 147, 150, 154, 157, 161, 173, 174, 177, 189, 192, 193, 194, 196, 197, 200, 201, 203
Transdisciplinaire, 18
Tremblay, 34

Triadique, 37
Trialectique, 11, 15, 16, 37, 38, 61, 134, 135, 136, 137, 142, 146, 149, 150, 152, 153, 154, 159, 163, 166, 167, 169, 170, 171, 172, 173, 174, 175, 176, 177, 178, 180, 183, 184, 186, 187, 188, 203
Trinitaire, 21
Unité complexe, 25
Valence, 71, 133, 134, 135, 137, 139, 142, 147, 149, 150, 153, 154, 159, 160, 161, 163, 166, 167, 170, 171, 172, 173, 174, 176, 177, 180, 186, 188, 203
Valeur, 21, 29, 35, 39, 44, 56, 75, 103, 108, 110, 112, 113, 120, 133, 134, 135, 137, 142, 146, 149, 153, 156, 157, 159, 160, 163, 166, 169, 171, 175, 176, 180, 183, 184, 186, 187, 189, 191, 192, 193, 194, 195, 196, 197, 199, 200, 201, 203
Verbatim, 69, 71, 72, 75, 91, 92, 103, 104, 106, 109, 114, 135, 179, 191, 198
Verdalle, 74
Verdi, 41
Volonté de modernisation, 98, 101, 189, 196
Voltaire, 41
Weber, 9, 10, 18, 19, 22, 29, 33, 34, 45, 151
Zhou, 108

TABLE DES MATIÈRES

AVERTISSEMENT AU LECTEUR 11
REMERCIEMENTS 13
PRÉFACE 15

INTRODUCTION GÉNÉRALE
De la crise à la « grande transformation » ? 17

    1. Crise 17
    2. Une tentative de synthèse 19
    3. Complexité et relation 21
    4. Complexité relationnelle 22
    5. La question de la relation 25
    6. Le « manège du temps » 27
    7. Crise et sortie de crise 28
    8. Individus, systèmes et événements 29
    9. Plan de l'ouvrage 30

PREMIÈRE PARTIE
Du contrat social rousseauiste au relationnisme contemporain 33

    1. Vers le relationnisme 34
        1.1. Individus et société : construction de la société et contrat social 34
        1.2. Les « bonnes raisons » : l'approche interactionniste et ses limites 35
        1.3. Un holisme et un individualisme tempérés : le hol-individualisme 36
        1.4. La sociologie peut-elle être asynchronique ? 38
        1.5. Vers une « sociologie de l'imprévisible » ? 40
        1.6. Une sociologie incluant le hasard et/ou l'événement 42
        1.7. Une modélisation relationnelle des systèmes complexes 43
        1.8. Relation et complexité 47
        1.9. Proposition 49
    2. Pour un relationnisme avancé 49
        2.1. Le tournant relationniste 50
        2.2. Les relations selon Guy Bajoit 51
        2.3. Les relations selon Michel Grossetti 54
        2.4. Le *Manifesto* d'Emirbayer 58
        2.5. La relation selon Pierpaolo Donati 59

  2.6. La relation selon Simon Laflamme 61
 3. Conclusion de la première partie 64

DEUXIÈME PARTIE
Le modèle RISE (Relation, individu, système, événement) 65

 1. Les trois sites retenus 67
  1.1. Site 1 67
  1.2. Site 2 67
  1.3. Site 3 68
  1.4. Des proximités, des ressemblances et des différences 68
  1.5. Remarques sur la question du développement durable et autonome 69
  1.6. Le protocole de recherche 69
   1.6.1. Quelques idées générales sur le modèle analytique RISE 69
   1.6.2. Les entretiens 71
   1.6.3. Les analyses textométriques 72
  1.7. Les éléments de discours dans les trois sites 75
   1.7.1. Le discours dans le site 1 75
   1.7.2. Le discours dans le site 2 81
   1.7.3. Le discours dans le site 3 86
   1.7.4. Le discours des trois sites mêlés 93
   1.7.5. Synthèse des analyses Alceste pour les trois sites mêlés 100

TROISIÈME PARTIE
La mise en œuvre du modèle RISE 105

 1. Les trois catégories du modèle 106
  1.1. Les individus 106
  1.2. Les éléments de système 109
  1.3. Les événements 111
  1.4. Synthèse : les individus, les éléments de systèmes, les événements 113
 2. Les fiches individuelles 114
  2.1. Site 1 114
   2.1.1. Brahim (personne 06) 114
   2.1.2. Aïcha (personne 08) 115
   2.1.3. Habib (personne 20) 117
   2.1.4. Hassan (personne 22) 117
   2.1.5. Assia (personne 02) 118
   2.1.6. Farid (personne 09) 119
   2.1.7. Fatima (personne 21) 120
   2.1.8. Louis (personne 01) 121
  2.2. Site 2 121
   2.2.1. Darifa (personne 11) 121
   2.2.2. Jamal (personne 12) 122
   2.2.3. Kamel (personne 13) 123
   2.2.4. Madani (personne 14) 124
   2.2.5. Mahdi (personne 16) 124
   2.2.6. Nassim (personne 17) 124
   2.2.7. Hamida (personne 19) 125

2.2.8. Jamila (personne 23) 126
2.3. Site 3 126
   2.3.1. Samir (personne 24) 126
   2.3.2. Saïd (personne 25) 127
   2.3.3. Youssef (personne 27) 127
   2.3.4. Layla (personne 28) 128
   2.3.5. Malek (personne 29) 128
   2.3.6. Malika (personne 30) 129
   2.3.7. Chadli (personne 36) 129
   2.3.8. Alif (personne 39) 130
2.4. Synthèse : Les trois sites marocains et leurs caractéristiques 131

QUATRIÈME PARTIE
Force des relations et émergence dans les sites 133

1. Étude du site 1 135
   1.1. Événement 1. Le mode de gouvernance : la création
   de structures collectives 135
      1.1.1. Relations pour les trois catégories, les personnes,
      les éléments de système et l'événement 1 135
         1.1.1.1. Relations *binaires* pour les personnes et l'événement 1
         dans le site 1 136
         1.1.1.2. Relations *ternaires* pour les personnes et l'événement 1 136
         1.1.1.3. Relations *binaires*, *ternaires* et *trialectiques*
         pour les personnes et l'événement 1 136
      1.1.2. Synthèse et interprétation pour l'événement 1 dans le site 1 137
         1.1.2.1. Synthèse descriptive 137
         1.1.2.2. Synthèse interprétative... 140
   1.2. Événement 2. L'influence d'acteurs particuliers : la rencontre
   avec Hassan 141
      1.2.1. Relations pour les trois catégories, toutes les personnes
      et l'événement 2 141
         1.2.1.1. Relations binaires pour tous les individus et l'événement 2
         dans le site 1 141
         1.2.1.2. Relations ternaires pour tous les individus et l'événement 2
         dans le site 1 142
         1.2.1.3. Toutes les relations pour les personnes et l'événement 2,
         site 1 142
      1.2.2. Synthèse et interprétation pour l'événement 2 dans le site 1 142
         1.2.2.1. Synthèse descriptive 142
         1.2.2.2. Synthèse interprétative... 144
   1.3. Événement 3. La manifestation sur la route 144
      1.3.1. Relations pour les trois catégories, les personnes et l'événement 3 145
         1.3.1.1. Relations *binaires* pour tous les individus et l'événement 3 145
         1.3.1.2. Relations *ternaires* pour tous les individus et l'événement 3 ... 145
         1.3.1.3. Relations *binaires*, *ternaires* et *trialectique*s
         pour les personnes et l'événement 3 146
      1.3.2. Synthèse et Interprétation pour le site 1 et l'événement 3 146
         1.3.2.1. Synthèse descriptive 146

- 1.3.2.2. Synthèse interprétative 147
- 1.4. Événement 4. Modernisation : l'émancipation des femmes 148
  - 1.4.1. Relations pour les trois catégories, les personnes et l'événement 4 .. 148
    - 1.4.1.1. Relations *binaires* pour les personnes et l'événement 4 dans le site 1 148
    - 1.4.1.2. Relations *ternaires* pour les individus et l'événement 4 dans le site 1 148
    - 1.4.1.3. Relations *binaires*, *ternaires* et *trialectiques* pour les personnes et l'événement 4 149
  - 1.4.2. Synthèse et Interprétation pour Site 1 et l'événement 4 149
    - 1.4.2.1. Synthèse descriptive 149
    - 1.4.2.2. Synthèse interprétative 150
- 1.5. Conclusion pour le site 1. Le statut des femmes et la modernisation ... 151
  - 1.5.1. Synthèse descriptive pour tous les événements 152
  - 1.5.2. Synthèse interprétative pour tous les événements 154
  - 1.5.3. Synthèse générale pour le site 1 156
2. Étude du site 2 157
- 2.1. Événement 1. Le mode de gouvernance. La création de structures collectives 158
  - 2.1.1. Relations pour les trois catégories, les personnes et l'événement 1 dans le site 2 158
    - 2.1.1.1. Relations binaires pour tous les individus et l'événement 1 dans le site 2 158
    - 2.1.1.2. Relations *ternaires* pour les personnes et l'événement 1 158
    - 2.1.1.3. Relations *binaires*, *ternaires* et *trialectiques* pour les personnes et l'événement 1 159
  - 2.1.2. Synthèse et interprétation pour l'événement 1 dans le site 2 159
    - 2.1.2.1. Synthèse descriptive 159
    - 2.1.2.2. Synthèse interprétative 160
- 2.2. Événement 2. L'influence d'acteurs particuliers : Kamel et sa femme .. 162
  - 2.2.1. Relations pour les trois catégories, les personnes et l'événement 2 .. 162
    - 2.2.1.1. Relations *binaires* pour tous les individus et l'événement 2 dans le site 2 162
    - 2.2.1.2. Relations *ternaires* pour tous les individus et l'événement 2 dans le site 2 162
    - 2.2.1.3. Relations *binaires*, *ternaires* et *trialectiques* pour les personnes et l'événement 2 163
  - 2.2.2. Synthèse et interprétation pour l'événement 2 dans le site 2 163
    - 2.2.2.1. Synthèse descriptive 163
    - 2.2.2.2. Synthèse interprétative 164
- 2.3. Événement 3. La crise du choléra 165
  - 2.3.1. Relations pour les trois catégories, les personnes et l'événement 3 dans le site 2 165
    - 2.3.1.1. Relations binaires pour tous les individus et l'événement 3 dans le site 2 165
    - 2.3.1.2. Relations ternaires pour tous les individus et l'événement 3 165
    - 2.3.1.3. Relations *binaires*, *ternaires* et *trialectiques* pour les personnes et l'événement 3 166
  - 2.3.2. Synthèse et Interprétation pour l'événement 3 dans le site 2 166

  2.3.2.1. Synthèse descriptive 166
  2.3.2.2. Synthèse interprétative... 167
 2.4. Événement 4. L'émancipation des enfants : la scolarisation 168
  2.4.1. Relations pour les trois catégories, les personnes
  et l'événement 4 dans le site 2 168
   2.4.1.1. Relations binaires pour tous les individus et l'événement 4
   dans le site 2 168
   2.4.1.2. Relations *ternaires* pour tous les individus et l'événement 4
   dans le site 2 168
   2.4.1.3. Relations *binaires*, *ternaires* et *trialectiques*
   pour les personnes et l'événement 4 169
  2.4.2. Synthèse et interprétation pour l'événement 4
  (scolarisation des enfants)... 169
   2.4.2.1. Synthèse descriptive 169
   2.4.2.2. Synthèse interprétative... 170
 2.5. Conclusion pour les quatre événements dans le site 2 171
  2.5.1. Synthèse descriptive pour tous les événements 171
  2.5.2. Synthèse interprétative pour tous les événements dans le site 2 .. 172
  2.5.3. Synthèse pour le site 2 174
3. Étude du site 3.. 175
 3.1. Événement 1. La décision du gouverneur 175
  3.1.1. Relations pour les trois catégories, toutes les personnes
  et l'événement 1 176
   3.1.1.1. Relations *binaires* pour tous les individus et l'événement 1
   dans le site 3 176
   3.1.1.2. Valences des relations *ternaires* pour toutes les personnes
   et l'événement 1 176
   3.1.1.3. Relations *binaires*, *ternaires* et *trialectiques*
   pour les personnes et l'événement 1 176
  3.1.2. Synthèse et interprétation pour l'événement 1 dans le site 3 177
   3.1.2.1. Synthèse descriptive 177
   3.1.2.2. Synthèse interprétative... 177
 3.2. Événement 2. L'influence d'acteurs particuliers :
 l'appui de quelques marchands 178
  3.2.1. Relations pour les trois catégories, les personnes et l'événement 2 .. 179
   3.2.1.1. Relations *binaires* pour les personnes et l'événement 2 179
   3.2.1.2. Relations *ternaires* pour tous les individus et l'événement 2 ... 179
   3.2.1.3. Relations *binaires*, *ternaires* et *trialectiques* pour 8 individus
   et l'événement 2 180
  3.2.2. Synthèse et interprétation pour l'événement 2 dans le site 3 180
   3.2.2.1. Synthèse descriptive 180
   3.2.2.2. Synthèse interprétative... 181
 3.3. Événement 3. L'insécurité du site 3 182
  3.3.1. Relations pour les trois catégories, les personnes l'événement 3 ...183
   3.3.1.1. Relations *binaires* pour les personnes et l'événement 3 183
   3.3.1.2. Relations *ternaires* pour les personnes et l'événement 3.......... 183
   3.3.1.3. Relations *binaires*, *ternaires* et *trialectiques*
   pour les personnes et l'événement 3 183
  3.3.2. Synthèse et interprétation pour l'événement 3 dans le site 3 184

   3.3.2.1. Synthèse descriptive 184
   3.3.2.2. Synthèse interprétative... 184
 3.4. Événement 4. La modernisation : formalisation et sécurisation du site 185
  3.4.1. Relations pour les trois catégories, les personnes et l'événement 4 185
   3.4.1.1. Relations *binaires* pour tous les individus et l'événement 4..... 185
   3.4.1.2. Relations *ternaires* pour les personnes et l'événement 4.......... 185
   3.4.1.3. Relations *binaires*, *ternaires* et *trialectiques*
   pour les personnes et l'événement 4 186
  3.4.2. Synthèse et Interprétation pour l'événement 4 dans le site 3 186
   3.4.2.1. Synthèse descriptive 186
   3.4.2.2. Synthèse interprétative... 186
 3.5. Conclusion pour le site 3 : une émergence discutable 187

CONCLUSION GÉNÉRALE 191

 1. Trois sites, trois modèles de développement ? 191
 2. Un modèle relationnel, Pourquoi ? 201

BIBLIOGRAPHIE 205

ANNEXE
Protocole d'entretien 211

TABLE DES TABLEAUX.. 215

TABLE DES FIGURES 219

INDEX DES AUTEURS ET DES NOTIONS 221

Structures éditoriales du groupe L'Harmattan

L'Harmattan Italie
Via degli Artisti, 15
10124 Torino
harmattan.italia@gmail.com

L'Harmattan Hongrie
Kossuth l. u. 14-16.
1053 Budapest
harmattan@harmattan.hu

L'Harmattan Sénégal
10 VDN en face Mermoz
BP 45034 Dakar-Fann
senharmattan@gmail.com

L'Harmattan Congo
219, avenue Nelson Mandela
BP 2874 Brazzaville
harmattan.congo@yahoo.fr

L'Harmattan Cameroun
TSINGA/FECAFOOT
BP 11486 Yaoundé
inkoukam@gmail.com

L'Harmattan Mali
ACI 2000 - Immeuble Mgr Jean Marie Cisse
Bureau 10
BP 145 Bamako-Mali
mali@harmattan.fr

L'Harmattan Burkina Faso
Achille Somé – tengnule@hotmail.fr

L'Harmattan Togo
Djidjole – Lomé
Maison Amela
face EPP BATOME
ddamela@aol.com

L'Harmattan Guinée
Almamya, rue KA 028 OKB Agency
BP 3470 Conakry
harmattanguinee@yahoo.fr

L'Harmattan Côte d'Ivoire
Résidence Karl – Cité des Arts
Abidjan-Cocody
03 BP 1588 Abidjan
espace_harmattan.ci@hotmail.fr

L'Harmattan RDC
185, avenue Nyangwe
Commune de Lingwala – Kinshasa
matangilamusadila@yahoo.fr

Nos librairies en France

Librairie internationale
16, rue des Écoles
75005 Paris
librairie.internationale@harmattan.fr
01 40 46 79 11
www.librairieharmattan.com

Librairie des savoirs
21, rue des Écoles
75005 Paris
librairie.sh@harmattan.fr
01 46 34 13 71
www.librairieharmattansh.com

Librairie Le Lucernaire
53, rue Notre-Dame-des-Champs
75006 Paris
librairie@lucernaire.fr
01 42 22 67 13